| 中国当代研学丛书 |

文化

王安石哲学思想与
《三经新义》研究

胡金旺 | 著

中央编译出版社

CCTP　Central Compilation & Translation Press

图书在版编目（CIP）数据

王安石哲学思想与《三经新义》研究/胡金旺著
. —北京：中央编译出版社，2020.3
ISBN 978-7-5117-3809-7

Ⅰ.①王…
Ⅱ.①胡…
Ⅲ.①王安石（1021—1086）—哲学思想—研究
Ⅳ.① B244.55

中国版本图书馆 CIP 数据核字（2019）第 294102 号

王安石哲学思想与《三经新义》研究

出 版 人：葛海彦
责任编辑：杜永明
责任印制：刘　慧
出版发行：中央编译出版社
地　　址：北京西城区车公庄大街乙 5 号鸿儒大厦 B 座（100044）
电　　话：(010) 52612345（总编室）　　　(010) 52612339（编辑室）
　　　　　　(010) 52612316（发行部）　　　(010) 52612346（馆配部）
传　　真：(010) 66515838
经　　销：全国新华书店
印　　刷：三河市华东印刷有限公司
开　　本：710 毫米×1000 毫米　1/16
字　　数：300 千字
印　　张：16.5
版　　次：2020 年 3 月第 1 版
印　　次：2020 年 3 月第 1 次印刷
定　　价：93.00 元

网　　址：www.cctphome.com　　　**邮　　箱**：cctp@cctphome.com
新浪微博：@中央编译出版社　　　**微　　信**：中央编译出版社(ID: cctphome)
淘宝店铺：中央编译出版社直销店(http://shop108367160.taobao.com) (010)55626985

本社常年法律顾问：北京市吴栾赵阎律师事务所律师　闫军　梁勤
凡有印装质量问题，本社负责调换，电话：(010) 55626985

前　言

我的这本著作主要是对王安石的哲学思想与《三经新义》展开研究，同时在这个基础之上探讨它们之间的关系。

王安石的哲学思想与《三经新义》的关系给我们的一种印象就是：王安石用来指导变法的著作《三经新义》好像有些沦为变法的政治宣传资料之嫌，其学术成就也就可想而知了。

王安石的哲学思想本身就是一个内圣外王并重的体系：既将德性放在一个非常重要的地位，同时也注重对功利主义的追求，这是其哲学思想体系的一个本质特点。王安石的哲学思想是以"道"为本体的思想体系，他提出了"法其意"和"道之全"的思想。"法其意"就是要效法其精神实质，所以形式上可以而且必然与先王不同，他以此强调了"变"的思想。"道之全"与理学家以五常为道本体的体系有很大不同，王安石以"道之全"的思想为指导主张公开吸收佛道诸子百家的思想，他从"惟理之求"和"合吾心者"的标准出发，挣脱了一些条条框框的束缚，因而他所确立起的道不仅仅包括了一些道德伦理的内容，而且还有功利主义的因素。王安石的道本体作为最高的范畴表现在万物之中的人身上，就是人性。与其道本体相对应，王安石人性论的内涵中既有德性的一面，又有智性的一面。德性是道德心性修养的根据，智性是外在事功的依据。所以，王安石的哲学思想本质上是一个内圣外王兼重的思想体系，与理学家偏重内圣的思想体系有很大的不同。

　　王安石哲学思想重视内在修养和功利主义的特性必然要在适当的时候以外王的形式体现出来，而王安石变法正是其哲学思想外王实践的形式，这个形式又是通过《三经新义》这个媒介将二者有机地联系在一起。所以，王安石哲学思想是"本"，这个"本"在注释《三经新义》的过程中将其思想贯彻和体现了出来。所以《三经新义》主要体现了王安石的哲学思想，在学术上也取得了重要成就。当然作为变法期间颁布的《三经新义》因政治环境的影响不免染上了为变法服务的色彩，也出现了一些与其哲学思想不相协调的因素。主要表现为用《字说》的解字方式来训释经典，因而造成了穿凿和形式主义的弊病。但是简单地将其等同于为变法服务的工具则是不合实际的。

Contents

目 录

导　论

王安石的学术之所以在北宋一代兴起并逐渐占据了学术界的主导地位，主要是因为王安石适应了学术的时代需求，积极地投身其中，对时代的学术课题做了及时准确的回应，因而能激发学人们闻风响应，共同掀起了新时代学术的狂潮。自中唐以来由于佛道思想兴盛的逼迫和自身发展的停滞不前等原因，儒学学术界出现了与经传训诂、谨守家法的汉学风格不同的学术动向。这种力求发掘经典中义理思想的学术精神一直缓慢地发展着，与韩愈提出的道统说及李翱的《复性篇》相结合，形成了宋学产生的前奏。王安石以其思想家的敏锐准确地捕捉到了这个时代的学术动向，并做出了积极而又恰当的回应，因而一代学人学术应运而生。

第一节　宋学的产生与王安石学术思想的兴起

汉代时期的儒家学者，在为弟子传授儒家经典的过程中，都是以字词句的训释为主，汉儒著作中大量的篇幅也留给了章句训诂之学。这样汉儒虽对经义也有所关注，但是经义在连篇累牍的训诂中就不占据主要地位了。可以说经义淹没在训诂学之中。不仅如此，汉儒在传授章句训诂中，恪守从老师那里所接受的解释，不敢越雷池一步。训诂相传，无不相同，篇章字句也恪守所闻，学生完全成了老师的传声筒，一点自己的思想见解都不能有，只能全部接受老师所做的解释。师徒代代相传，这就是所谓的注重师法（也叫家法）。这样做的结果，一方面，束缚了儒学思想的发展，使其不能按照时代发展的需要跟上时代的步伐；另一方面，佛道思想在思想领域对儒学的宗主地位构成了严重的挑战。统治阶级虽然仍以儒学为治理国家的官方思想，但是佛道思想的深入人心，尤其是佛教发达的心性之学对士大夫的吸引力使得儒家思想在人们心目中的主导地位发生了动摇。儒释道三家在思想界和大众心理地位的消长变化，让我们看到了儒学日趋衰退的态势。

面对儒学在思想界的日益衰败之景，自中唐开始，在经学领域孔颖达的《五经正义》虽然仍然占据主导地位，但经学训释的恪守家法也出现了一些松动的迹象。《五经正义》在学统上属于汉学，注重经传中的章句训诂之学。这种研究在学科属性上仍然属于文字学、史料学，很少上升到哲学的高度，不注重对经义的挖掘和发挥。但是唐朝的学术并不全都是在朝派，还包括在野派。啖助（724—770）、赵匡（生卒年不详）、陆淳（？—约806）三人就是很有影响的在野派。陆淳撰写的《春秋集传纂例》《春秋集传辨疑》《春秋微旨》三书，之所以为清儒所不齿，就是因为陆淳没有恪守汉儒家法，恪守对经义做从经典到传疏的解释，而肆意对经典作独出己意的解释。《四库全书总目提要》斥之为"臆断"，说道："舍传求经，实导宋人之先路。生臆断之弊，其过不可掩；破附会之失，其功亦不可没也。"①

当然，《四库提要》"臆断"的说法是站在汉学立场上的一种对宋学的偏见，是相对于严格恪守先儒之家法而言的。但是既然要有创新，就必然要有发挥，就必须走出严格恪守家法的藩篱，否则还是汉学，而不能过渡到宋学。皮锡瑞说："自汉以后，六朝及唐皆好尚文辞，不重经术，故《左氏传》专行于世，《春秋》经义，委之榛芜。啖、赵、陆始兼采三《传》，不专主左氏，推明孔子褒贬之例，不以凡例属周公，虽未能上窥微言，而视杜预、孔颖达，以《春秋》为录成文而无关系者，所见固已卓矣。"②

紧接着啖、赵、陆三人在经学领域表现出要走出恪守经传家法的藩篱以后，韩愈（768—824）就在这个思想转型的关头提出了道统说。韩愈强调自尧舜至孔孟一脉相传的道统，维护儒家的正统地位，他说："尧以是传之舜，舜以是传之禹，禹以是传之汤，汤以是传之文、武、周公，文、武、周公传之孔子，孔子传之孟轲。轲之死，不得其传焉。"③ 韩愈提出道统说是儒家第一次站出来有意识地反对汉唐好尚文辞的学说，同时也是对佛学的挑战做出的回应。所以韩愈道统说对振兴儒学、抵抗佛老的挑战至少有如下作用：第一，韩愈用儒家的道统来对抗佛教的法统，使得儒家在反对佛教的过程中至少可以团结在道

---

① 永瑢、纪昀等：《四库全书总目·经部》，见《四库全书》第1册，上海古籍出版社2003年版，第532页。

② 皮锡瑞：《经学通论》四《春秋·论杜预专主左氏似乎春秋全无关系无用处不如啖赵陆胡说春秋尚有见解》，中华书局1954年版，第73—74页。

③ 韩愈：《原道》，见《韩昌黎全集》，中国书店1991年版，第174页。

统这面旗帜之下，不至于在反佛过程中儒家力量成为一盘散沙。第二，认为儒家的道统起自尧舜，比起佛教道统起自释迦牟尼，更加源远流长；第三，儒家道统是中国的正统，而佛教自境外而来，所以，佛教来到中土是企图以夷变夏，因此，儒家对此要保持高度警惕与关注；第四，在研习经典的过程中，要注意发现经典中的微言大义，不可用章句训诂之学使得经典中的义理边缘化。

不仅如此，韩愈在他的著作中，也涉及了后来属于宋学核心论题心性道德之学的性与情的关系。韩愈说："性也者，与生俱生也。情也者，接于物而生也。性之品有三，而其所以为性者五。情之品有三，而其所以为情者七。"① 韩愈所提出的"性三品说"影响了他的学生李翱及之后的理学家对性情关系论的探讨。李翱在性情关系论上持性善情恶说的观点，这种观点受到佛教宣扬的"灭情见性"的影响，通过"未尝有情"的修养功夫，达到"弗虑弗思，情则不生"的纯性的境界，因此具有浓厚的禁欲主义的倾向。韩愈的道统说及性情论与李翱的《复性书》预示着宋学的开端。

"宋初三先生"即胡瑗（993—1059）、孙复（990—1057）、石介（1005—1045），他们通过援旧说而"开伊洛之先"，被称为"理学先驱"。② 三先生通过对经典义理的阐发宣扬他们的教化思想的为学风格具有宋学追求义理的特色，而且他们所谈论的一些重要思想也为后来繁荣期的宋学所接续。因此，三先生在宋学发展的历史上起着上乘韩愈、下启宋学繁荣期的不可缺少的具有过渡环节的重要作用。胡瑗的易学思想对程颐有很大的影响，在列举学易的必读的三本书中就有胡瑗的《周易口译》。胡瑗崇扬孟子贬抑荀子，强调人性善，但并不认为情与欲本身就是坏的，而认为"情有正与不正，若欲亦有正与不正"③。孙复治经力主以义理为主，"不惑传注，不为曲说以乱经。……得之经之本为多"④，孙复亦继承了韩愈的道统说。石介（世称徂徕先生）维护道统的态度最坚决，他说："故自孔子来二千余年矣……若孟轲氏、扬雄氏、王通氏、韩愈氏，祖述孔子而师尊之，其智足以为贤。孔子后，道屡空，辟于孟子，而大明于吏部。"⑤

朱熹在谈到在宋学中占据主导地位的道学的发展时，与问学者有这样一段

---

①　韩愈：《原性》，见《韩昌黎全集》，中国书店 1991 年版，第175页。

②　侯外庐主编：《宋明理学史》（上卷），人民出版社 1984 年版，第31页。

③　黄宗羲、全祖望：《宋元学案》，中华书局 1986 年版，"安定学案"，第39页。

④　黄宗羲、全祖望：《宋元学案》，中华书局 1986 年版，"泰山学案"，第101页。

⑤　石介：《尊韩》，见《全宋文》第 29 册，上海辞书出版社/安徽教育出版社 2006 年版，第304页。

对话。"某问：'已前皆衮缠至成风俗。本朝道学之盛，岂是衮缠？'先生曰：'亦有其渐，自范文正以来已有好议论，如山东有孙明复，徂徕有石守道，湖州有胡安定。到后来遂有周子、程子、张子出。故程子平生不敢忘此数公，依旧尊他。'"① 又说：'本朝孙（明复），石（守道）辈忽然出来，发明一个平正底道理自好，前代亦无此等人。如韩退之已自五分来，只是说文章。若非后来关洛诸公出来，孙、石便是第一等人。'"② 虽然朱熹站在道学的立场上来评价对道学的兴起有直接作用的宋初三先生有过誉之嫌，但是从宋初三先生经典的注经方式和关注儒学的中心内容来看，三先生无疑为宋学繁荣期的到来做了必要的思想准备，铺平了道路，三先生在宋学上取得的成就使他们成为宋学的先驱。

从中唐时期的啖助等以民间学者的身份改变经学的解释方式，到韩愈提出道统说和李翱提出性情关系学说，宋学的雏形已然显现，其轮廓也逐渐清晰起来。再到宋初三先生在新的注经方式上形成的具有社会影响的规模效应和新的时代论题的基本定型，预示着一个全新的学术时代繁荣期的即将到来。

王安石在这个新时代学术的转折关头，恰逢其时地提出了适应时代需要的思想学说。王安石是在前人的基础之上将宋时代的学术思想的核心论题做了首次集中的阐述。王安石对宋学这方面的贡献主要体现在他早年发表的《易解》和《淮南杂说》中，这两部著作奠定了王安石在宋学特别是其中的性理之学中开创者的地位。南宋晁公武在《郡斋读书后志》卷二《王氏杂说》十卷条中引北宋蔡卞《王安石传》之言说："自先王泽竭，国异家殊，由汉迄唐，源流浸深。宋兴，文物盛矣，然不知道德性命之理。安石奋乎百世之下，追尧舜三代，通乎昼夜阴阳所不能测而入于神。初著《杂说》数万言，世谓其言与孟轲相上下。于是天下之士始原道德之意，窥性命之端。"③ 蔡卞认为王安石在北宋首倡道德性命之说，将先王之道接续过来，在北宋思想界起到了振臂一呼众人响应的率先作用。

蔡卞作为王安石女婿我们或许觉得他对王安石的评价有溢美之嫌，但是即便王安石政治上的反对派也不否认王安石在道德性命之学上的首倡作用。试看《靖康要录》卷四载钦宗靖康元年（1126 年）四月二十三日臣僚上言："熙宁间王安石执政，该祖宗之法，附会经典，号为新政，以爵禄招诱轻进冒利之人，

---

① 黎靖德编：《朱子语类》卷一二九，中华书局 1986 年版，第 3089—3090 页。

② 黎靖德编：《朱子语类》卷一二九，中华书局 1986 年版，第 3091 页。

③ 晁公武：《郡斋读书后志》，见《四库全书》第 674 册，上海古籍出版社 2003 年版，第 394 页。

使为奥援，挟持新政。期于必行，自比商鞅，天下始被其害矣，以至为士者非性命之说不谈，非庄老之书不读。上慕轩黄，下比尧舜三代，以汉唐为不足法，流弊至今为害日久。"①

以上这些评价都是基于王安石最早的成名作《易解》和《淮南杂说》而言的。在王安石的大力倡导下，性命之说一时成为北宋思想界争相谈论的话题，"以至为士者非性命之说不谈，非庄老之书不读"，这种风气的盛行无论是王安石学说的信奉者，还是王安石的反对派都从或褒扬或贬抑的心态将之归于王安石的首倡作用。

王安石的《易解》大约作于皇佑年间即王安石任舒州通判期间（1051—1053），是其早年的作品。对于王安石的《易解》，二程持肯定的态度，说："若欲治《易》，先寻绎令熟，只看王弼、胡先生、王介甫三家文字，令贯通，余人《易》说，无取枉费功。"② 程颐之所以对王安石的《易解》有好评，主要是因为王安石是用义理来解《易》的。这种解释方式与邵雍等为代表的象数学派很不相同。王安石的《易解》也蕴涵着道德性命之学，可以将其与作于同期的《淮南杂说》看作具有同样思想倾向的书。二程对《易解》的推崇，表明王安石所倡导的道德性命之学得到了他们的认同。

"嘉祐年间大行于世的《淮南杂说》一书，早在庆历二年王安石任淮南判官时已开始创作，庆历年间已成一编并以手稿本的形式在士大夫中间流布。……庆历四年，程颢兄弟方十二三岁，过二三年才从他父亲的僚属周敦颐那里听到关于'孔颜乐处'一类的议论。而王安石完成了'其言与孟轲相上下'的《淮南杂说》十卷的写作。被认为'居今世，行古道，其文章称其行，今之人盖希，古之人固未易也。'"③ 二程对《淮南杂说》也给予了高度的评价："王介甫为舍人时，有《杂说》行于世，其粹处有曰：'莫大之恶，成于斯须不忍。'又曰：'道义重，不轻王公；志意足，不骄富贵。'有何不可？伊川尝曰：'若使介甫只做到给事中，谁看得破？'"④ 王安石早期作品在人们心目中的地位与王安石的德行相配，真可谓是德义双全，为王安石赢得了极大的声誉，王安石一时号称通儒。时人对他的评价可谓一时好评如潮。

---

① 〔宋〕佚名：《靖康要录》卷四，见《四库全书》第329册，上海古籍出版社2003年版，第491页。
② 程颢、程颐：《二程集》，见《河南程氏文集》卷九，中华书局1981年版，"与金堂谢君书"，第613页。
③ 陈植锷：《北宋文化史述论》，中国社会科学出版社1992年版，第231页。
④ 程颢、程颐：《二程集》，见《河南程氏外书》卷十二，中华书局1981年版，第434页。

　　由以上的分析可见，王安石之学的兴起是时代发展的产物。在对汉学的反动中，宋学兴起的时代因素形成了。王安石敏锐地把握到了新时代学术思想发展的需求，适时地在他的著作中阐明了对这些问题的思考和看法，因而王安石在宋学的兴起上起到了领头羊的作用，为宋代的学术发展做出了开创性贡献。

第二节　王安石的学术地位及其与宋学、理学之间的关系

　　要明了王安石学术地位及其与宋学、理学之间的关系，就必须首先对宋学、道学及理学有一个清晰的界说。什么是宋学？宋学的产生是在儒学衰退的背景下，儒家知识分子振兴儒学的过程中所形成的一种儒学新形式。这种形式的儒学不仅是内外影响的结果，而且也是儒释道三家学说经过长期斗争互相影响的产物。宋学是汉学的对立物，是在反对汉学的解经方式中逐步形成的。周予同先生对汉学与宋学做了具体的区分。他说："第一，学术范围不同。汉学研究的是语言文字学、史料学，很少的学者达到哲学高度。宋学是道德学、伦理学……谈论正心诚意，发展成为形而上学、唯心主义哲学。他们之间互相争正统，争道统，想做孔子的嫡传者。第二，研究的方法不同。汉学家大体上采用归纳法，根据许多资料得出结论……宋学家一般采用演绎法，从一个思想产生各种说法。……第三，学术效能不同。汉学家比较功利，想要发挥社会作用。宋学家偏于玄想，企图在根本问题上加以解决。前者骂后者'不切实用'，后者称前者是'无本之学'。第四，学术重点不同。汉学的重点是五经，后来演化成九经、十三经等。宋学的重点在'四书'……"[1] 从周予同先生对汉宋学的比较中，更能看出宋学的治学特点。在这四点比较中，笔者认为第一点是最重要的，因为这是宋学与汉学的根本差异，其他几点均可从这一点引申出来。邓广铭先生以为："如果把萌兴于唐代后期而大盛于北宋建国以后的那个新儒家学派称之为宋学，我以为是比较合适的。……理学是从宋学中衍生出来的一个支流，我们却不应该把理学等同于宋学。"[2]

　　所以，概括地说，宋学是儒释道三家学说，经过长时期互相交流、互相作用和互相影响的一个产物。宋学的主要特点就是偏重义理的发挥和心性上的修养，并且坚持了儒家经世致用的原则。理学则是由程颐所开创的那个学派，后

---

[1]　周予同：《周予同经学史论著选集》，上海人民出版社 1983 年版，第894—895 页。

[2]　邓广铭：《邓广铭治史丛稿》，北京大学出版社 1997 年版，第164—165 页。

来由朱熹发扬光大，在南宋晚期和元明清一直占据官方哲学的宝座。这个程朱理学所开创的学派是指狭义上的理学，广义上的理学还包括陆王为代表的心学。而狭义上的理学又称为道学。

在上面讨论宋学、理学等概念的基础上，我们再来看看王安石的学术思想在宋代学术中的地位及与其他各派的关系。邓广铭先生以为王安石的学术在宋学中占有"高踞首位"的地位。他说："如上所说，在北宋一代，对于儒家学说中有关道德性命的义蕴的阐释和发挥，前乎王安石者实无人能与之相比。由于他曾一度得君当政，他的学术思想在士大夫间所产生的影响，终北宋一代也同样无人与之相比。……再概括一下：王安石援诸子百家学说中合乎'义理'的部分以儒，特别是援佛老两家学说中的合乎'义理'的部分以儒，这就使得儒家学说中的义理大为丰富和充实，从而也就把儒家的地位提高到佛道两家以上。因此，从其对儒家学说的贡献及其对北宋后期的影响来看，王安石应为北宋学者中高居首位的人物。"① 从王安石的学术在北宋的影响来看，邓先生的这个定位是非常恰如其分的。方健先生给北宋学派重新排定座次，他说："王学"应"置于'庐陵学案'之后，而'高平学案'也应列于'安定学案'之前而冠于卷首。"② 这些看法可谓是接续钱穆先生的观点而来，钱穆先生以为王安石"是初期宋学一员压阵大将，而中期宋学亦已接踵开始了"③。

侯外庐先生认为"王学"是"新儒学"的先锋，④ 是汉学走向宋学的标志。陈植锷先生也认为王安石在性理之学上取得的成就，使得宋学中的义理之学过渡到了性理之学。⑤ 其次，在经学领域，学者们以为《三经新义》的颁布，作为士子们晋升的阶梯，具有了广泛的影响。汉唐的解经方式基本上为义理的解经方式所取代。⑥ 以上的论述表明，王安石对宋学的性理之学做出了开创性贡献和在以经典阐发义理为主的解经方式最终取代章句训诂为主的解经方式上取得了突出的成绩。所以，王安石对宋学思潮具有开一代新风的作用。从王安石在北宋思想界的主导地位来看，王安石在北宋思想界的确占据首位的位置。

对于王学与宋明理学及道学的关系，在前面对这些概念界定的基础之上，

---

① 邓广铭：《邓广铭治史丛稿》，北京大学出版社 1997 年版，第189 页。
② 方健：《范仲淹评传》，南京大学出版社 2001 年版，第372 页。
③ 钱穆：《初期宋学》，见《中国学术思想史论丛》（五），安徽教育出版社 2004 年版，第5 页。
④ 侯外庐：《中国思想史》（第四卷上），人民出版社 1959 年版，第423 页。
⑤ 陈植锷：《北宋文化史述论》，中国社会科学出版社 1992 年版，第231 页。
⑥ 张广保：《经世致用：荆公新学对经学原典精神的复归》，见姜广辉主编：《经学今诠续编》（中国哲学第二十三辑），辽宁教育出版社 2001 年版，第500 页。

我们对这些关系基本上有一个大致的认识。学者金春峰以为："理学作为一个思潮，内部包括各种倾向、观点和成分，形成了不同的学派，如王安石的新学、张载的关学、二程的洛学，等等，但尽管如此，这些派别总的特征和精神都又是同属于理学的。"① 在这里，金春峰先生将理学的概念当作宋学的概念来使用，它包括王安石的新学、张载的关学、二程的洛学。很显然，在这个前提下，我们说王安石的新学是理学的先导②也不为过。但是，在大家都将理学理解为主要是指程朱理学的前提下，我们如果再说王学是理学的先导，容易引起误解。金先生主要是从"理学"之"理"来裁定王学也为理学，这是宋学的共同特点，但是这种看法可能改变大家都认可的概念的意义。

还有一种看法认为王安石的哲学思想是心学的先驱，例如贺麟就是这样看待的，他说："（王安石的哲学）由建立自我，以自我之内心所是随机应变为准则，而反对权威，反对泥古，注重随时，权变革新，以作自由解放及变法维新的根本。……'唯其迹与圣人不同，是以同也'一语，指出不同的言行事迹正所以实现同一的道，不唯洞见一与多的真正关系，而且对泥古拘迹者揭示其弊害，加以有力的排斥，并提供变法革新以一种坚实的理论基础。这是他由建立自我，求心同不求迹同的心学，而发挥出自由革新的精神的地方，也是中国思想史上少见的卓识，而为陆王思想中所特有的色彩。"③ 王安石的最高哲学范畴是道，道为衡量是非的最高标准。但是怎样认识道，王安石以为要靠我们的心去认识、去体悟。王安石认为符合理义的标准的行为就是符合道的，也就是正确的，而义理的内容又不完全等于五常。这与程颐他们所主张的五常为道就很不一样，因为五常是封建伦理规范，是不可以凭一己之理义来判断事物之是非的，只能按照五常的标准来判断。所以，王安石以心来判断是否合乎理义将主体之见解提高到一个非常高的位置，这也就是贺麟所说的"建立自我"。只有建立自我，才能发挥主体对理义的判断功能。所以，认为王安石的思想是主观唯心主义是针对王安石以心为确认道义的标准而言的，认为王安石的思想是客观唯心主义是针对王安石是以道为衡量外物的标准而言的，但是这个标准最后还要落实到心上才能加以确定。所以我们认为王安石在哲学思想的倾向上更主要地表现为主观唯心主义的思想。从这个角度考察，王安石的哲学思想的确有心

---

① 金春峰：《概论理学的思潮、人物、学派及其演变和终结》，载《求索》，1983 年第 3 期。

② 刘泽华、张分田主编：《中国政治思想史》（隋唐宋元明清卷），浙江人民出版社 1996 年版，第292 页。

③ 贺麟：《文化与人生》，商务印书馆 2005 年版，第292—293 页。

学的色彩，可以说是心学的先驱。

第三节　王安石学术的分期与名称

　　王安石的哲学思想的分期，有人主张三分法，如学者杨天保；有人主张二分法，如学者肖永明。杨天保将王安石学术分为三个阶段：即原生形态的金陵王学，是对王安石入京拜相前的学术而言；第二个阶段是官学化形态的荆公新学，指的是王安石在变法时期的学术；第三个阶段是晚年演化形态。① 杨天保之所以将王安石学术分为三个形态，是基于王安石学术史的分期而言，同时对学界中王安石学术的研究笼统地用"荆公新学"来指称王安石的全部学术提出批评。以为这个名称只是指王安石的官学化形态，以此涵盖王安石其他时期的学术不仅不准确，还从侧面反映出学界偏重王安石官学化形态的研究，从而指出了学界对王安石学术研究的不足。

　　肖永明将王安石的学术分为两个主要的时期。他说："荆公新学是北宋中期兴起的儒家学派。其发展明显可以划分为早期和后期两个理论特点非常鲜明的阶段。早期新学围绕重振儒学纲常、挽救价值失落的主题，重视对性命道德之理的探究。后期新学的理论重心则在于为现实社会的改革提供思想指导和理论依据。"② 我们通读肖永明先生的文章后，发现他也在文章结尾部分谈到了王安石晚年的学术，因而他所说的王安石学术分期的两个阶段不包括王安石晚年的学术思想，如果将王安石的晚年也算做一个阶段，则也是三个阶段。因此，这两位学者对王安石学术的二分法与三分法没有本质的差别，只是肖永明先生更加突出了王安石早期的学术和变法期间的学术在其学术中的重要地位。肖永明先生认为王安石后期的"理论重心则在于为现实社会的改革提供思想指导和理论依据"，王安石在《三经新义》中的确有为变法的具体政策和策略寻求理论依据的一面，如在《周礼》中寻求出青苗法、保甲法和免役法的依据。③ 但是王安石除掉寻求政策的根据以外，在经典的训释中，这种为改革提供的思想指导

---

① 参见杨天保：《金陵王学研究——王安石早期学术思想的历史考察（1021—1067）》，上海人民出版社 2008 年版，第二章。

② 肖永明：《荆公新学的两个发展阶段及其理论特点》，载《湖南大学学报》（社会科学版），2000 年第 1 期，第 22 页。

③ 参见肖永明：《荆公新学的两个发展阶段及其理论特点》，载《湖南大学学报》（社会科学版），2000 年第 1 期，第 26—27 页。

和理论依据不仅仅是寻求出表面上先圣先贤曾经这样做过或者说过，更多或更普遍的是寻求一种义理上或者道德性命上的内在根据。所以我们认为王安石即使在变法期间所训释的《三经新义》主要也是以他的哲学思想为指导的，而不全是为变法寻求经典依据，其学术价值也是很显著的。

从《三经新义》哲学思想研究紧密的关联可见，即使王安石的学术思想有着明显的几个阶段的分期，但是他的学术思想还是具有一定的稳定性。王安石在前期所形成的学术思想——内圣外王并重，而内圣是外王基础的哲学思想终其生都没有改变。虽然如此，王安石的解经方式却发生了明显的变化，这种变化就是由于《字说》的思维方式引起的。这种变化遂产生了王安石解经穿凿的习气。

第一章

道与元气

王安石始终将对内圣的追求，即学而成圣成贤，作为自己的理想和目标，这就是王安石的道德性命之学。在王安石的内圣之学中，各部分形成了一个有机而又和谐的整体。在这个整体中，王安石阐述了道与元气、道与心性命的思想及它们之间的关系。在这一章中，我们首先阐述王安石的道与元气的思想。

第一节　以"道"为本体的形而上学本体论体系的建立

一、学术界对王安石道本体论的研究

目前，学界对王安石道本体论的研究可以归结为两种基本观点，一是以为王安石在其哲学体系中建立起了本体论思想体系，如魏明福，他认为王安石建立起了"道气一元的本体论世界观"①，另一种看法则持否定的态度，如刘成国。下面就王安石哲学的最高范畴"道"来看看王安石是否建立起了本体论体系，以便对目前学术界对王安石的道本体论的研究有一个总体的认识。学界认为王安石没有建立起这种思想体系主要是出于以下两种原因。

其一，因为对王安石体用论使用的误解而认为王安石没有建立本体论体系。

王安石有关道的思想的建构主要是在注释《老子》一书中形成的。《老子》说："道可道，非常道。名可名，非常名。"（《老子》第一章）"有物混成，先天地生……吾不知其名，字之曰道，强为之名曰大。"（《老子》第二十五章）老子从道不是具体的事物论述了道的超越性，具有本体论思维的特征。王安石在注解《老子》的时候，不仅汲取了《老子》道论中超越性的一面，而且吸收

---

① 魏明福：《王安石与老子哲学》，载《江苏社会科学》，2004 年 3 期，第 39 页。

了魏晋时代注解《老子》的本体论思想。① 虽然王安石所论之道具有超越性的特点，但是刘成国认为王安石实际上没有建立起本体论世界观的体系，他说："他在形式上运用了王弼的'体''用'，内容上却依然属于宇宙的生成论。这样，安石的宇宙论往往与本体论的问题混为一谈……"② 这个结论是在王安石以下两则话的基础上做出的，这两则话是：

"道，一也，而为说有二，所谓二者何也，有无是也。无则道之本，而所谓妙者也；有则道之末，所谓徼者也。故道出于冲虚杳渺之际，而其末也散于形名度数之间。是二者其为道一也。……夫无者名天地之始，而有者名万物之母，此为名则异，而未尝不相为用也。盖有无者若东西之相反而不可以相无。故非有则无以见无，而无无则无以出有。有无之变，更出迭入，而未离乎道，此则圣人之所谓神者矣。"③

"体者，元气之不动。用者，冲气运行于天地。……道有本有末。本者，万物之所以生也；末者，万物之所以成也。"④

对于这两则话，刘成国总结道："在上述两则中，王安石以'本末''体用'等概念来解释'有''无'，明显是受到王弼注老的影响，讨论的是本体论的问题。但从'体者，元气之不动；用者，冲气运行于天地'来看，王安石所谓的'体'和'用'都是指'气'，惟其动静不同，故一为'元气'，一为'冲气'，实际上是一物所处的不同形态而已。……所谓的'体'并不是指'存有论'上的本体，而更多地是指本原、本始。所谓'体用''本末'之间的关系，也不是实在与表象之间真实与虚幻的关系，而是指源流、根枝而言。他在形式上运用了王弼的'体''用'，内容上却依然属于宇宙的生成论。"⑤

王安石的确是"形式上运用了王弼的'体''用'，内容上却依然属于宇宙的生成论"，但这不足以得出王安石将体用论与宇宙生成论混为一谈的结论。这个结论只有在确定"体""用"这对范畴只能适用于体用论中而不能在宇宙生成论中使用的前提下才是正确的。但是事实上，王安石在不同的意义上使用了这对范畴，这体现了王安石的为学风格，总是在不同的地方在不同的意义上使用同一范畴。这种对范畴概念的借用，的确容易引起误解，但是另一个方面，对概念的借用、引申可以在原概念基础之上更好地理解新问题。王安石这种对

---

① 魏明福：《王安石与老子哲学》，载《江苏社会科学》，2004年3期，第39页。

② 刘成国：《荆公新学研究》，上海古籍出版社2006年版，第134页。

③ 王安石：《王安石老子注辑本》，容肇祖辑，中华书局1979年版，第2—3页。

④ 王安石：《王安石老子注辑本》，容肇祖辑，中华书局1979年版，第8页。

⑤ 刘成国：《荆公新学研究》，上海古籍出版社2006年版，第134页。

概念类比使用的思维特性在其著作不是个别现象，说明此种思维特性已经成为他的治学风格。我们要从这些概念使用的上下文中揣摩出它们当下的含义来。

"道有体有用，体者，元气之不动；用者，冲气运行于天地之间。"①

很显然，这是从宇宙生存论的角度来讨论体用问题的。这个体就不具有本体论的含义。体者是本原，用者是本原所生成之物。

"道有本有末，本者，万物之所以生也；末者，万物之所以成也。本者，出之自然，故不假乎人之力而万物以生也；末者，摄乎形气，故待人力而后万物以成也。……老子者，独不然，以为摄乎形器者皆不足言也、不足为也，故抵去礼乐刑政而惟道之称焉。"②

这段论述之体，显然不是上一段中的那个本原，而是一种基础的意思。因为与人力不相关的自然生成之过程，既算不上是宇宙论的本原的含义，更算不上是本体论上的本体的含义，而应当理解为：自然是我们从事人为活动基础的意思。所以，王安石的本体与体用这些范畴是灵活使用的，我们不能囿于这些字面上的意思，而对其做出错误的理解。王安石的这种用法是从道的不同层面来说的。道无处不在，所以其形式也是多方面的，其体用的表现形式也不一样。

王安石将体用范畴用之于宇宙论和本体论两个领域是与王安石对道的看法相一致的，因为王安石也将道分为本体论意义上的一个层次和宇宙论意义上的一个层次。所以，王安石的道本体论既不是本体论气一元论，也不是以本体论的形式行宇宙论之实；而是既有本体论的特征，又有宇宙生成论的内容，其元气说中的元气很显然不是本体论意义上的本体，因为他的元气已经超出了本体论中的本体所涵盖的范围，因此，只能算是宇宙生成论的一个阶段。

尽管王安石对道与体用范畴的用法有些特别，既可以用于本体论领域，又可以用于宇宙论领域。但是我们又不能由此否认王安石建立起了形而上学本体论体系。因为王安石所运用的魏晋以来的体用论的思维模式，不仅仅是一种形式，而且确实在他的哲学体系的建构中形成了形而上学本体论的体系。在前文的分析中，我们知道他是用体用论来说明有和无的关系，无是体，有是用，无则道之妙，有则道之徼，并且有无是并存的。他说："有无不能以并存，此所以蔽而不能自全也。"③ "无"是一种超越性的存在，又必须与"有"并存，则这个"无"就具有本体论之本体的色彩了。所以这个"无"就具有道本体的性

① 王安石：《王安石老子注辑本》，容肇祖辑，中华书局1979年版，第8页。
② 王安石：《王安石老子注辑本》，容肇祖辑，中华书局1979年版，第19页。
③ 王安石：《王安石老子注辑本》，容肇祖辑，中华书局1979年版，第2页。

质，我们也只是在这个意义上说王安石的道是一种形而上学的超越存在。

从这个角度看，王安石并非没有建立起形而上学本体论的思想体系。他在以道为本体的本体论中以体用范畴建立起了形而上学的思想体系，亦在宇宙生成论中采用了体用范畴来说明各种概念之间的关系。王安石这样做的结果使得一些研究者误以为王安石将体用范畴用之于宇宙论是其将本体论与宇宙论混为一谈。我们看到王安石之所以在宇宙论中也用到了体用论这对范畴，主要是王安石在宇宙论上也采用了体用论的思维方式对道之用进行了不同层次的阐发。学者肖永明对王安石这种将体用论范畴用之于宇宙论的做法反倒持赞同态度，他说："这种宇宙生存理论，非常明显地体现出新学本体论体用不二的特点，是对佛学体用悬绝本体理论的明确否认。"①

其二，认为王安石只有道之用没有道之体。

有论者以为："二程之所谓'格物''穷理'，是要通过对眼前事物的了解，以达到把握客体精神'理'的目的；他们的'理'，则是由法则而伦常而本体，是派生世界的根源。荆公则不然，其之'格物''穷理'乃是通过对眼前事物的了解，以达到把握事物之发展法则的目的，以用于变法的实践，因此他不能强调'理'之纲常伦理内涵，不能像二程那样把现实的一切看成合理的存在。"② 这种看法即是认为二程的最高哲学范畴'理'具有本体的性质，而王安石的哲学范畴"道"不具有本体的性质，只是将道看作事物发展的规律。

的确，从王安石主张"道之全"的看法来看（详后），他所认为的在体用论意义上的用层面的道确实不具有本体的性质，也就是说王安石将一些"用"也看成是道的时候，则这个道就不是本体。但是王安石所论之道的确也具有本体之道的意义。现在我们要探讨王安石的道在本体之体中的用法与在体之作用之中的用法到底存在怎样的关系。如果这个本体之道只是虚有其名，那么，我们可以说王安石的道不具有本体的内涵；相反，如果王安石的本体之道的确是名副其实，则我们不能说王安石的本体之道"乃是通过对眼前事物的了解，以达到把握事物之发展法则的目的，以用于变法的实践"，而应该说是通过对眼前事物的了解以达到对本体之道的认识。

从前面对王安石道本体的分析中，我们知道王安石本体意义上的道是一种

---

① 肖永明：《王安石的本体论建构及其特点》，载《湖南大学学报》（社会科学版），2001年第2期。

② 范立舟、徐志刚：《论荆公新学的思想特质、历史地位及其与理学之关系》，载《西北师大学报》（社会科学版），2003年第3期，第90页。

形而上意义的超越存在。由此可见，王安石道论的诸层面中确实包含着具有本体意义之道，因此那种认为王安石只是根据现实的需要论证变法的合理性，而没有像二程那样将行为的根据追溯到超越层面的道上的说法，恐怕有些不符合事实。因为，王安石也是从道的根源上着眼，论证他的所作所为具有道德的形上根据，也是从道的根源性上来寻求最后的根据。

王安石以为只要符合道义的就是合理的（详后），而这个符合道义的标准又不仅是儒家的，而且还包括佛道和诸子百家的思想，这是王安石"道之全"思想的体现，所以，王安石所谓的道与正统儒家所认为的五常之道不是完全一样的。道之体不同，所以在道之用的层面上，王安石认为的道与正统儒家所认为的封建伦理道德也不完全一致。王安石以为这种在自我看来合于理的道之用是本体之道在现实层面的体现，所以，是绝对正确的。由于判断的标准不一样，王安石与正统儒家在对道的认识上存在着重大的分歧，这种分歧成为一般士大夫批判王安石的主要原因。虽然如此，但是我们不能因此认为王安石没有将道本体上升到超越的层面，而只能说王安石的道具有与一般士大夫不同的内涵。

一些论者以为王安石没有建立起形而上本体论思想体系，多是以为王安石没有将作用之道上升到本体的高度，因而缺乏了本体论中本体之道的一截。但是经过以上的分析，我们可以看出，这种认识要么出于对王安石体用范畴的误解，要么出于王安石也将作用之道称为道的原因。从王安石的道本体具有超越性和形上性而言，王安石的哲学思想建立起了以"道"为本体的形而上学的本体论体系。

二、道与天

王安石在论述作为最高范畴的道本体时，有时将它与"天"相提并论。王安石说，"道者天也"①，"天与道合二为一"②。那么这时的天是自然之天还是道德之天呢？

有学者以为，像佛教的体用分为二橛一样，王安石的本体论亦存在天人二分的缺陷。所谓以天人为二，就是将自然规律与伦理纲常一分为二。王安石所论之道具有自然规律之义，尚未完全具有价值之内涵，或者说，并没有把二者融合为一。这一点也正是洛学与新学最根本的分歧处。③ 肖永明也持相同的看

---

① 王安石：《王安石老子注辑本》，容肇祖辑，中华书局1979年版，第23页。
② 王安石：《王安石老子注辑本》，容肇祖辑，中华书局1979年版，第23页。
③ 刘成国：《荆公新学研究》，上海古籍出版社2006年版，第177页。

法。他说:"在王安石那里,天为自然之天,道为自然之道,自本自根,自然如此,不涉人为,不包含价值色彩和伦理特性。""因而,在王安石这里,自然的天道本体究竟如何成为人间仁义道德、礼乐刑政制度的根据,还无法得到说明。儒家的政教伦理与自然的天道本体之间还存在着巨大的裂痕。"①

但本书认为,王安石之道不仅是具有规律之义的自然之道,还具有价值含义。王安石说:"万物待是而后存者,天也;莫不由是而之焉者,道也;道之在我者,德也;以德爱者,仁也;爱而宜者,义也。……尧者,圣人之盛也,孔子称之曰'惟天为大,惟尧则之',此之谓明天;……至后世则不然,仰而视之曰:'彼苍苍而大者何也? 其去吾不知其几千万里,是岂能知我何哉? 吾为吾之所为而已,安取彼?'于是遂弃道德,离仁义,略分守,慢形名,忽因任,而忘原省,直信吾之是非,而加人以其赏罚。于是天下始大乱,而寡弱者号无告。"②

天是万物存在的总根源,道是万物发展的根据,天与道实际上是处在同一层次的范畴。人之道德来自何处,王安石说:"道之在我者,德也。"很显然,王安石认为人的道德观念来自与天一样超越存在的"道"。正是在这个观念背景之下,王安石才批评那些抛弃具有惩恶扬善具有道德意义之天、道的人,王安石深知人脱离道德根源的天是造成"天下始大乱"的根源。在这个意义上,王安石所论之道富有伦理价值的含义。具有价值含义的道是人们行为之所以必须遵守道德律令的最后根源,这样就很好地实现了天人之际的沟通,做到了天人合一。王安石天道等概念同样既有自然之含义,又有超越的价值之含义("道非物也""道者天也""天与道合二为一"这个意义上的道与天应当属于道德之道、道德之天)。本书认为,只要按照王安石"以意逆志"和"求其旨"③ 的方法去理解,则他的这些看法在他的体系中都能自圆其说。王安石要求人们以这种方法理解别人的思想,实际上也包含要我们以这种方法理解他本人的思想。王安石的这种为学特性常常被他的论敌用来指责他问学的混乱与善变。

将王安石的道德之天再与其所论的"道法自然"的思想合看,我们可以看出王安石也借用道家的说法表达了道本体论思想。

王安石说:"人法地,王亦大是也。地法天,地大是也。道法自然,道大是

---

① 肖永明:《王安石的本体论建构及其特点》,载《湖南大学学报》(社会科学版),2000 年第 2 期,第 10 页。
② 王安石:《王文公文集》(上),唐武标校,上海人民出版社 1974 年版,第 324—325 页。
③ 王安石:《王文公文集》(上),唐武标校,上海人民出版社 1974 年版,第 314 页。

也。盖自然者，犹免乎有因有缘矣。非因非缘。然道之自然，自学者观之，则所谓妙矣。由《老子》观之，则未脱乎因缘矣，然《老子》非不尽妙之妙，要其言且以尽法为法，故曰'道法自然'。"又说："人谓王也。人法地之安静，故无为而天下功。地法天之无为，故不长而万物育。天法道之自然，故不产而万物化。道则自本自根，未有天地，自古以固存，无所法也。无法者，自然而已。故曰'道法自然'。……夫道者，自本自根，无所因而自然也。"① 王安石在这里将道家的"道法自然"进行了改造，以为自然就是无所因的意思，就是说道是外物之所以如此的根源而其自身是无所因的。所以"无所因而自然也"。王安石强调的仍是最高本体意义的道。将道家一切因顺自然、任其发展的自然观做了颠覆性解释。道先于自然意义上的天地，道自本自根。万物之所以存在的根源是道，所以一切存在的根源都可以归因于道，包括万物运行之法则和人间的伦理道德法则。

所以，王安石的道、天、天道不仅是万物之所以如此运行之根据，而且是人间的伦理道德的总根源。天与道这两个概念是从不同角度来说的，实际上具有相同的含义。

第二节　对"道之全"的阐述

王安石的道论既有本体论的特色，又有宇宙生存论的特点，还有将体用论作为一种类比方法使用在道之"用"上，所有这些用法都体现了王安石"道之全"的思想。

王安石提出了"道之全"范畴有多方面的含义。首先是体用之全，王安石说："有无不能以并存，此所以蔽而不能自全也。"② 其次，就是从道之体来说，大道之本体是一种超越性的存在。佛道二家在这方面是深有所见的，所以对它们也加以吸收利用。在《老子》中，王安石坦率地承认道家在本体论上要优于儒学，所以自我承担建立儒学之道之大全以便恢复到三代之时道之盛况的使命就被认为是崇高和神圣的。再次，道之用无处不在，所以所有的道之用才是全。从道之体用都必须全的角度，王安石对佛道思想和诸子百家的思想进行广泛的吸收，从儒家的内圣外王相统一的立场以合于道义、理的原则建立他的哲学思

① 王安石：《王安石老子注辑本》，容肇祖辑，中华书局1979年版，第29页。
② 王安石：《王安石老子注辑本》，容肇祖辑，中华书局1979年版，第2页。

想体系。

王安石在《答韩求仁书》中提出了自己的道论，他说："语道之全，则无不在也，无不为也，学者所不能据也，而不可以不心存焉。道之在我者为德，德可据也。以德爱者为仁，仁譬则左也，义譬则右也。德以仁为主，故君子在仁义之间所当依者，仁而已。……韩文公知'道有君子有小人，德有凶有吉'，而不知仁义之无以异于道德，此为不知道德也。"① 王安石在这里提到的韩愈这句话所在的原文是"博爱之谓仁，行而宜之之谓义，由是而之焉之谓道，足乎己，无待于外谓之德。仁与义为定名，道与德为虚位。故道有君子小人，而德有凶有吉。"② 韩愈所说之道是虚位，就是说这个道德没有一个确定的内容，可以为不同的人所借用。儒家也说道，道家也说道，释家也说道，所以说道是虚位，而仁义是儒家一家之言。王安石则以为道与仁义是无以异的。在这里，王安石调和了儒佛道在道之体上的差异性，以为各家都有合理的成分，有利于建立儒学的本体论。在调和各家道之本体的基础上，王安石试图建立自己从道到仁义的儒学形而上学体系，将道和仁义用一以贯之之道贯穿起来。从韩愈和王安石有关对道与仁义的关系的论述比较来看，王安石试图涵容佛道之体来建立自己的道体的思想展露无遗。所以，从此角度看出，王安石也主张要从道之体来做到道之全。

在另一段文字中，王安石明确提出要吸收佛道有关道体的见解来建立儒学的本体论。王安石说："道之不一久矣。……盖有见于无思无为，退藏于密，寂然不动者，中国之老、庄，西域之佛也。"③ 王安石在这里肯定了佛道对于"退藏于密，寂然不动"的道之体是"有见的"，所以，可以汲取和借鉴过来构建儒家的道之体。

对于道之不全久矣的不满，使得王安石要从用的层面多方面多角度地吸收佛道及诸子百家的思想。王安石对曾巩反对他读佛经不以为然，他说："连得书，疑某所谓经者佛经也，而教之以佛经之乱俗。某但言读经，则何以别于中国圣人之经？子固读吾书每如此，亦某所以疑子固读经有所不暇也。然世之不见全经久矣，读经而已，则不足以知经。故某自百家诸子之书，至于《难经》《素问》《本草》，诸小说无所不读，农夫、女工无所不问，然后于经为能知其

---

① 王安石：《王文公文集》（上），唐武标校，上海人民出版社 1974 年版，第 80 页。

② 韩愈：《韩昌黎全集》，中国书店 1991 年版，第 174 页。

③ 王安石：《王文公文集》（上），唐武标校，上海人民出版社 1974 年版，第 422 页。

大体而无疑。盖后世学者与先王之时异矣，不如是不足以尽圣人故也。"①

对于为什么要获得全经的思想，王安石又说："庄子岂不知圣人者哉？又曰：'譬如耳目鼻口，皆有所明，不能相通，犹百家众技，皆有所长，时有所用。'用是以明圣人之道其全在彼而不在此……"②

阐明了各家各有所长的道理，所以要放手大胆地吸取各家可用的思想。要得到全经就必须多方面阅读和汲取各家各派有用的思想资料。所以，王安石对诸子百家思想资料亦毫无偏见地加以吸收借鉴。先秦法家主张"天道尚变"，王安石吸取了这一进步的历史观。王安石说："尚变者，天道也。"③ "有阴有阳，新故相除者，天也；有处有辨，新故相除者，人也。"④ "太古之人不与禽兽朋也几何……太古之道果可行之万世？……回归之太古，非愚则诬。"⑤

王安石力图援法入儒，用儒家内圣外王的框架将王霸之道统一起来，强化了儒家相对于法家薄弱环节的外王一面。

王安石还汲取了杨朱墨翟之道中的"为己"与"为人"思想，纠正了孟子对于扬墨全盘否定的看法。王安石说："杨子之所执者为己。为己，学者之本也。墨子之所学者为人。为人，学者之末也。是以学者之事必先为己，其为己有余而天下之势可以为人矣，则不可以不为人。"⑥

对于王安石以海纳百川的胸怀不拘一格地吸收佛道及诸子百家的思想为己用的治学态度，前辈早已给出了评价。邓广铭先生说："王安石在'道德性命之理'方面之所以能有超越前人的成就，主要还归功于他对佛老两家的学术和义理不存门户之见，凡其可以吸取之处，一律公开地而不是遮遮掩掩地加以吸取之故。"⑦ 漆侠先生也表达了同样的看法，他说："王安石可以说是最早的拿来主义者，宋学之所以取得蓬勃的发展，就在于大量摄取老庄佛道的思想，从而使其更加丰富、更加绚丽多彩。王安石立足'惟理之求'的立场上，敢于公然宣布自己的拿来主义，推动了宋学的发展；而吸收禅宗和道教的理学诸派，对此却讳莫如深，不敢面对事实，迫使理学陷入故步自封的境地，只有枯萎凋

① 王安石：《答曾子固书》，见《全宋文》第 64 册，上海辞书出版社/安徽教育出版社 2006 年版，第120—121 页。
② 王安石：《王文公文集》（上），唐武标校，上海人民出版社 1974 年版，第312 页。
③ 王安石：《王安石老子注辑本》，容肇祖辑，中华书局 1979 年版，第29 页。
④ 杨时：《龟山集》，见《四库全书》第 1125 册，上海古籍出版社 2003 年版，第164 页。
⑤ 王安石：《王文公文集》（上），唐武标校，上海人民出版社 1974 年版，第332 页。
⑥ 王安石：《王文公文集》（上），唐武标校，上海人民出版社 1974 年版，第308 页。
⑦ 邓广铭：《邓广铭治史丛稿》，北京大学出版社 1997 年版，第183 页。

谢下去了。"①

第三节　"道"的内涵及判定"道"的标准

对王安石大胆、公开地宣称要吸收佛道及诸子百家的思想，以二程为代表的洛学派及其继承者们不以为然。程颢说："介甫只是说道，云我知有个道，如此如此。只他说道时，已与道离。他不知道，只说道时，便不是道也。"②

程颐在《明道先生墓表》中说："周公没，圣人之道不行；孟轲死，圣人之学不传。道不行，百世无善治；学不传，千载无真儒。先生生千百年之后，得不传之学于遗经，志以斯道觉新民。"③ 程颐在说这话时一定想到了在学术上与他们针锋相对的以王安石为代表的新学学派，他认为新学学派没有见道，只有他们洛学派才真正地领悟了千年未接续的大道。

二程以为王安石"不知道"，表明二程与王安石在"道"的思想上存在着重大的差异。正是因为他们在具有本体意义的"道"上存在着重大的差异，所以才导致了他们在其他一系列问题上的分歧。二程的道有如下几种含义：第一，无形是道。"有形皆器也，无形惟道。"④ 第二，自然法则。"天之法则谓天道也。"⑤ 第三，五常为道。程颐说："且如五常，谁不知是一个道？"⑥（《河南程氏》卷二十五）又说："道之大本如何求？某告之以君臣父子夫妇兄弟朋友，于此五者上行乐处便是。"⑦ 二程将五常上升到本体之道，即天理，从而五常就成了不可违反的律令。而王安石所指之道却与此不同，安石所指之道，就是道之全，是所有各家之学合乎理的部分。因此，在以二程为代表的洛学派看来，王安石就是没有见道。

集理学之大成的朱子继承理学开创者的观点对王安石融通佛道的做法亦持批判态度。他认为儒家的仁义礼乐就是道之体用，不能再去需求什么其他的道。如果这之外还有什么道，则就是将体用分裂为二。如朱熹在《杂学辩·苏黄门

---

① 漆侠：《宋学的发展与演变》，载《文史哲》，1995 年第 1 期。
② 程颢、程颐：《二程集》，中华书局 1981 年版，第5页。
③ 程颢、程颐：《二程集》，中华书局 1981 年版，第640页。
④ 程颢、程颐：《河南程氏粹言》卷一，《二程集》，中华书局 1981 年版，第 1178 页。
⑤ 程颢、程颐：《周易程氏传》卷一，《二程集》，中华书局 1981 年版，第 703 页。
⑥ 程颢、程颐：《河南程氏遗书》卷二十五，《二程集》，中华书局 1981 年版，第 223 页。
⑦ 程颢、程颐：《河南程氏遗书》卷一八，《二程集》，中华书局 1981 年版，第 187 页。

老子解》中说："愚谓道者，仁义礼乐之总名，而仁义礼乐皆道之体用也。圣人之修仁义、制礼乐，凡所以明道故也。"① 朱熹这种思想完全是站在儒家宗法社会伦理道德原则基础之上的一种观念，力图将道之体用规范在仁义礼乐之内，而将其他各家的思想完全排除在道之外。但是，王安石却不是如此。他以为道是全，而不仅仅是儒家所谓的仁义礼智之道，其他诸家思想也包含了道的部分真理。

对于洛学派的批评余英时先生以为，王安石吸收佛道的思想太多，且是站在佛家的立场上来看待佛家的思想，而不是像二程那样站在儒家的立场上来批判佛家的思想。所以，王安石的内圣已经不是儒家的故物，是应该批判的对象。所以二程以为整顿介甫之学是头等大事。② 大凡对待异端思想儒家知识分子表现出三种态度：排斥，调和，再排斥。显然，王安石在对待异端思想方面表现为调和的态度，而二程表现为再排斥的态度。但是王安石仍然不失为一个儒家，"他的基本立场决为儒家无疑……"③

王安石对诸家思想的吸收并非采取毫无原则的拿来主义的做法，如果是这样，那么他就是一名名副其实的杂家。正是因为在吸收儒家以外思想的同时能够坚守有利于儒家思想发展的原则和立场，不离儒学入世的情怀，我们才说王安石是一名开明的儒家，而非杂家。王安石大量涵容众家思想的原则就是"惟理之求""合于理"。王安石说："善学者读其书，惟理之求。有合吾心者，则樵牧之言犹不废；言而无理，周、孔所不敢从。"④

据史书记载，王安石曾与神宗讨论佛学，"安石曰：'臣观佛书，乃与经合，盖理如此，则虽相去远，其合犹符节也。'上曰：'佛，西域人也，言语即异，道理何缘异？'安石曰：'臣愚以为苟合于理，虽鬼神异趣，要无以易。'上曰：'诚如此。'"⑤

因为"道术将为天下裂""道之不一久矣"，各家各派所见的道理是"一隅之见"，所以必须将这些"合于理"的看法统统加以吸收，才能够获得道之全。所以正是在道之全思想的指导下，王安石才公开大胆地吸收各家各派的思想。

① 朱熹：《杂学辩·苏黄门老子解》，见《朱子全书》第二十四册，上海古籍出版社/安徽教育出版社2002年版，第3470页。
② 余英时：《宋明理学与政治文化》，吉林出版集团有限公司2008年版，第51页。
③ 余英时：《宋明理学与政治文化》，吉林出版集团有限公司2008年版，第53页。
④ 僧惠洪：《冷斋夜话》卷六，四库全书本。
⑤ 李焘：《续〈资治通鉴〉长编》卷二百三十三，中华书局1986年版，第5660页。

王安石能够抛弃千百年来儒家所形成的不分是非地打击异端的陋习、成见①，敢于大胆地吸收佛道、诸子百家的思想，表现出他大无畏的精神气度和敢于开一代新风气的博大胸怀。

王安石"道之全"的思想使得他充分吸收其他诸家的思想，但对传统儒家坚守的伦理道德造成很大的冲击。因为从"惟理之求"与"有合吾心者，则樵牧之言犹不废；言而无理，周、孔所不敢从"来看，王安石所求之理，也是"合吾心者"而不是外在固定不变的理。所以，是否合理完全由自我之心所决定。这就不是以孔孟之是非为是非，所以就有"周、孔所不敢从"的时候。这对封建伦理道德形成了极大的挑战。所以，二程在此意义上批评王安石"不知道"。他们在"道"上的分歧完全由对"道"的规定之不同而来。

王安石用"合吾心者"的标准来识别"道"，而不以儒家的五常为道之内涵，使得一般士大夫都以此批判王安石"不知道"。朱弁曾记载了熙宁变法期间的一则小事："介甫对裕陵论欧阳文章，晚年殊不如少壮时，且曰：'惟识道理乃能老而不衰。'人多骇此语，予与韩秉则正言论此，秉则曰：'道理之妙当求于圣人之言，圣人之言其在六经，不可掩也，欧公识与不识，姑置不勿问，不知介甫所谓道理果安在？抑六经之外，别有道理乎？'……时坐客颇众，莫不以秉则之言为然。"② 王安石这句"惟识道理乃能老而不衰"的话，本来无可挑剔，但是论者因为王安石对道的认识的不同，因而就此借题发挥，批判王安石在六经之外求道是错误的做法。王安石在六经之外求道当然不是以六经的标准来求道，而是以"合吾心者"的标准来求道，所以遭到了封建卫道士的反对。从这则小事中，我们可以看出王安石对道的看法在士大夫群体中形成了很大的影响，引起了他们的广泛关注，并对此评头论足。

第四节　道的展开
——"万物之变，遂至于无穷"的变易思想

王安石以为道本体论是"无"，但是他又强调了"道之全"的思想。很显然，王安石有见于佛道"无思无为，退藏于密"的本体，在修养身心和体验道

---

① 参见魏明福：《论王安石兼收并蓄的思想特征》，载《江苏行政学院学报》，2008 年 4 期。

② 朱弁：《曲洧旧闻》，见《四库全书》第 863 册，上海古籍出版社 2003 年版，第 313 页。

本体上的作用，因而，他提出了"无则道之本"的思想。这种思想受到了魏晋玄学思想尤其是王弼思想的影响，王弼玄学的主题是"以无为本"，他的所谓"无"的基本内容之一是指"顺自然"（《老子》三十七章"道常无为"句注）。王安石也以为"无则道之本"。但是很显然，王安石的道本体并非什么都没有，而是道之用的超越形式，是道之作用之所以如此的根源。

在以"无"为道之体的同时，王安石强调了"一阴一阳之为道"的思想，就是说大道从本体论层面到现实层面展开的过程是一个阴阳对立引起不断发展变化的过程。由此可见，变化是王安石道的一个根本品质。

王安石说："一阴一阳之为道。道之在天，日月以运之，星辰以记之。"[①]在这个一阴一阳的变化发展中，事物就表现为不断地向前发展变化，这就是万物之所以变化的总根源。万物之所以变化就在于任何物质都有阴阳两个互相对立的方面。

王安石说："体者，元气之不动。"元气是体，首先一分为二成为阴阳，而"阴者，阳之配，亦阳之贼"[②]，阴阳是既相对立又相统一的，其性质表现为："盖阳以圆为形，其性动。阴以方为体，其性静。"[③]"阳极上，阴极下"[④]，"北方阴极而生寒""南方阳极而生热""东方阳动以散""西方阴止以收"[⑤]。阴阳在形体、状态、性质及方位等各种对立引起事物不断向前发展变化。

"耦"这个概念，在王安石哲学中指五行的各种性质表现为以对立的双方的形式出现。王安石说："盖五行之为物，其时、其位、其材、其气、其性、其形、其事、其色、其声、其臭、其味，皆各有耦。推而散之，无所不通。一柔一刚，一晦一明，故有正有邪，有美有恶，有丑有好，有凶有吉。性命之理，道德之意，皆在是矣。耦之中又有耦焉，而万物之变，遂至于无穷。"[⑥]

"有之与无，难之与易，高之与下，音之与声，前之与后，是皆不免有所对。"[⑦]

"夫美者，恶之对；善者，不善之反，此物理之常。盖善者，恶之对也。有善则必有其恶。"[⑧]

———————

① 王安石：《周官新义》卷九。
② 《老子注》，见彭耜：《道德真经集注》卷十五。
③ 王安石：《议郊祀坛制札子》，见《临川集》卷四十二。
④ 王安石：《洪范传》，见《临川集》卷六十五。
⑤ 王安石：《洪范传》，见《临川集》卷六十五。
⑥ 王安石：《王文公文集》（上），唐武标校，上海人民出版社 1974 年版，第281 页。
⑦ 王安石：《王安石老子注辑本》，容肇祖辑，中华书局 1979 年版，第4 页。
⑧ 王安石：《王安石老子注辑本》，容肇祖辑，中华书局 1979 年版，第4 页。

有高就有矮，为什么是这样？因为假设没有高矮，则万物就是一样的高、一样的矮，则万物就非常奇怪了。这反映了世界的多样性，世界不可能是一个模式的，而是多种多样的。其实这也是万物变化的结果，是阴阳二者对立运动的结果，没有阴阳对立的运动，就没有这个丰富多彩的世界，也就没有多样性。所以运动变化的表现形态必然是多样性。总括而言，万事万物的变化是由事物内部的阴阳对立运动引起的结果，而运动变化的结果就表现为高矮、长短、有无等二者对立的形式。

王安石的这个"万物之变"的思想也吸收了同时代学者特别是李觏的思想。李觏认为万物都在易中，易即变易、变化、发展的意思。物质的起源是气，气是由阴阳这一对既对立又统一的矛盾所组成。阴阳二气相互交感，变化不息，产生了万物。也就是说，由气所构成的世界在不停地运动变化发展之中，即万物都在易中。李觏接着又提出了"常"与"权"的概念。他说："常者，道之纪也。道不以权，弗能济矣。是故权者，反常者也。事变矣，势异矣，而一本于常，犹胶柱而鼓瑟也。……若夫排患解纷，量时制宜，事出一切，愈不可常也。"① 王安石在论述权与常时几乎与李觏如出一辙，可见，李觏的思想对王安石的影响很大。

阴阳、耦等二元对立的形式不仅是引起物质内部变化的根本动因，而且也是现实社会及其社会生活中各种事件变化的根本原因。王安石在一首诗中写道："山川在理有崩竭，丘壑自古相虚盈。谁能保此千世后，天柱不折泉常倾。"② 王安石认为变化的形式是多种多样的，他说："物变极万殊，心通才一曲。"③ 王安石又认为变化是新事物产生和旧事物消亡的原因，他说："有阴有阳，新故相除者，天也。有处有辨，新故相除者，人也。"④ 王安石还认为新陈代谢是自然界的规律，人也应当效法自然，自觉去推陈布新。王安石说："物以终为始，人从故得新。"⑤

王安石在《九变而赏罚可言》一文中阐述了社会良好管理秩序的形成是一个由天道而不断有序发展演变开来的过程。王安石说："万物待是而后存者，天也；莫不由是而之焉者，道也；道之在我者，德也；以德爱者，仁也；爱而宜

① 李觏：《李觏集》，中华书局1981年版，第41页。
② 王安石：《九井》，见《临川集》卷十二。
③ 王安石：《寄吴冲卿》，见《临川集》卷七。
④ 杨时：《龟山集》，见《文渊阁四库全书》第1125册，上海古籍出版社2003年版，第164页。
⑤ 王安石：《次韵冲卿除日立春》，见《临川集》卷十五。

者，义也。仁有先后，义有上下，谓之分；先不擅后，下不侵上，谓之夺。形者，物此者也；名者，命此者也。所谓物此者，何也？贵贱亲疏，所以表饰物之其物不同者是也。所谓命此者，何也？贵贱亲疏，所以称号之其命不同者是也。物此者，贵贱各有容矣，命此者，亲疏各有号矣，因亲疏贵贱任之以其所宜为，此之谓因任。因任之以其所宜为矣，放而不察乎，则又将大弛，必原其情，必省其事，此之谓原省。原省明而后可以辨是非，是非明而后可以施赏罚。"① 由道而至赏罚，其中总共历经九变，可见其演变之多。变在天道的展开中起着举足轻重的重要作用。如果我们将王安石的天道看作形而上者向现象世界展开的根源的话，那么王安石社会良好有序秩序的形成的思想就是非常具有哲学特色的，而这种哲学特色的表现形式就是发展变化的思想。可见，变化成了王安石哲学思想的一个重要属性。

根据王安石继承先王之政的思想，先王之政的精神实质未尝与现在不同，但是，先王之政所在的形势与现在发生了很大的变化，所以法先王之政是要"法其意"，而不是要踵武其迹。王安石说："夫以今之世，去先王之世远，所遭之变，所遇之势不一，而欲一二修先王之政，虽甚愚者，犹知其难也。然臣以谓今之失，患在不法先王之政者，以谓当法其意而已。夫二帝、三王，相去盖千有余载，一治一乱，其盛衰之时具矣。其所遭之变，所遇之势，亦各不同，其施设之方亦皆殊，而其为天下国家之意，本末先后，未尝不同也。臣故曰：当法其意而已。"② 先王之政是符合道的精神实质，所以我们对于先王之道的继承，也是法其精神实质，而不是要照搬其形式。王安石说："虽二仪之高厚，王者之至尊，咸法于道。"③ 他明确提出了"法于道"的思想。所以，在王安石看来，要效法的是道的精神实质，道的精神实质未尝有任何变化④，但是道的形式却在发生着不断的改变。道的形式为什么发生着不断的变化，就是因为道在将其自身体现出来的现实层面中的载体物质形式发生了不断的变化。

王安石在《非礼之礼》一文中说："古之人以是为礼，而吾今必由之，是未必合于古之礼也；古之人以是为义，而吾今必由之，是未必合于古之义也。夫天下之事，其为变岂一乎哉？固有迹同而实异者矣。今之人愚愚然求合于其迹，

① 王安石：《王文公文集》，唐武标校，上海人民出版社 1974 年版，第324 页。
② 王安石：《王文公文集》，唐武标校，上海人民出版社 1974 年版，第2 页。
③ 王安石：《王安石老子注辑本》，容肇祖辑，中华书局 1979 年版，第29 页。
④ 王安石显然也将"圣王之道作为儒学的真精神，把经学传习作为儒学的存在形式，把儒学创始人孔子看作是古代圣王之道的继承者"（李祥俊：《王安石的儒学人物评价及其道统观》，载《江西社会科学》，2002 年第 7 期）。

而不知权时之变，是则所同者古人之迹，而所异者其实也。事同于古人之迹而异于其实，则其为天下之害莫大矣，此圣人所以贵乎权时之变者也。"① 正是因为万事万物发展变化了，所以，我们在办事的时候就不能生搬硬套古人已有的成法，而必须有所变更，这才是我们应当遵循的合适的行为准则。我们今天经常提到的要与时俱进，就是这个意思。时代变了，一切都要跟着变，这样我们的事业才能真正有所成就。

王安石从哲学的高度论证了万事万物都是变化发展的，所以，当我们的政治经济制度和政策措施再也不能适应社会发展需要的时候，我们就必须对社会的政治经济等制度进行改革，方能适应社会发展的实际需要。

第五节　自然之天、道德之天与天人感应论

在第一节中，我们了解了王安石的道本体论思想，现在我们来看看王安石用道本体论对天人感应论回应的思想。王安石有时说到惧怕天变，是就道德之天而言的，这种意义的天就是道；有时说到天变不足畏，是就自然之天而言的，以反对天人感应论者的人格意义之天。

晁公武在《郡斋读书志》中说："安石以刘向、董仲舒、伏生明灾异为蔽，而别著此传（指《洪范传》）。……大意言：天人不相干，虽有变异而不足畏也。"② 这段话表明王安石著《洪范传》的目的是为了反对和批判刘向、董仲舒、伏生这些人所宣扬的灾异说而作的，但更是借古讽今。

天人感应指天意与人事交感相应。认为天能干预人事，预示灾祥，人的行为也能感应上天。天人感应论的基础就是将天看作具有人格意义的神，汉董仲舒在答武帝的《策问》中做了具体的阐述。董仲舒说："人之为人，本于天。天亦人之曾祖父也。"③ "天亦有喜怒之气，哀乐之心，与人相付。以类合之，天人一也。"④

宋人对天人感应说的继承就是以为天是人格意义的天。整个北宋王朝，大多数儒家学者喜欢用天人感应论来批评时政，劝谏皇帝，不管他们是不是真的

①　王安石：《王文公文集》（上），唐武标校，上海人民出版社 1974 年版，第323 页。
②　晁公武：《郡斋读书志》，见《四库全书》第 674 册，上海古籍出版社 2003 年版，第165 页。
③　董仲舒：《春秋繁露·为人者天》，山东友谊出版社 2001 年版，第405 页。
④　董仲舒：《春秋繁露·阴阳义》，山东友谊出版社 2001 年版，第457 页。

相信天人感应论。寇准援引《尚书·洪范》用大旱批评朝廷用刑不当。他说："《洪范》天人之际，其应若响。大旱之证，盖刑有所不平。顷者祖吉、王淮皆侮法受赇，赃数万计。吉既伏诛，家且籍没，而淮以参知政事沔之母弟，止杖于私室，仍领定远主簿。用法轻重如是，亢旸之咎，怠不虚发也。"①

宋真宗为了粉饰太平，于大中祥符年间亲自导演了一场"降天书"的神话故事，可见北宋时期相信天神的社会氛围是非常浓厚的。一些人利用这种社会氛围制造天命的神话，从而达到自己的政治目的，而不是真的相信这种天人感应论。如韩琦这个人，为了达到自己的政治目的，一会赞同天人感应论，一会又反对天人感应论。庆历新政期间，他和范仲淹都主张国家治乱在人不在天。他说："某尝谓自古国家之治乱，生民之休戚，在人不在天。人或不然之。今于文正范公，然后知其说之胜，或者不足疑，而于教之有补也。"②

当王安石实行变法之时，他却利用天人感应论来反对变法。他说："臣伏以去冬多南风，今春多西北风，乍寒乍暑，欲雨不雨，又有黑云蔽日，此皆人事之所感动也。黑气，阴也，小人也；日，阳也，君象也。黑气蔽日者，阴侵阳、小人感君也。欲雨不雨者，政事不决也。"③

在此，韩琦又是一个赞同天人感应论者。可见，那时候人们的信仰也是左右摇摆的，但是用天人感应论或反天人感应论来对时政进行干预则是他们的共同目的。

在王安石变法期间，反对派更是借天人感应论竭力反对王安石变法。当时刚卸任的宰相富弼在给皇帝的上书中说："臣上所云天变地震，此天下皆知之，皆见之，大可惧者也。昔仲尼做《春秋》，不书祥瑞而独书灾异者，盖欲以警戒人君，使恐惧修德，以应天地之变，不闻以灾异归之于时数也。至西汉董仲舒传仲尼《春秋》之学，对武帝策曰：'臣观天人相与之际，甚可畏也。国家将有失道之败，天乃先出灾害以遣告之。不知自省，又出怪异以警惧之。尚不知变，而伤败乃至。'董仲舒为西汉群儒之首，所陈灾异，谓尽由朝政而致，岂虚语哉！"④

---

① 李焘：《续〈资治通鉴〉长编》，中华书局1979年版，第274页。
② 韩琦：《文正范公奏议集序》，见《全宋文》第40册，上海辞书出版社/安徽教育出版社2006年版，第20页。
③ 韩琦：《论黑气蔽日及风雨寒暑变异疏》，见《全宋文》第40册，上海辞书出版社/安徽教育出版社2006年版，第188页。
④ 富弼：《论灾异而非时数奏》，见《全宋文》第28册，上海辞书出版社/安徽教育出版社2006年版，第365页。

针对这些天人感应论者以为天是人格意义上的神的观点，王安石说："夫天之为物也，可谓无作好，无作恶，无偏无党，无反无侧。"①

王安石从哲学高度否定了人格意义上的天，因为他认为天就是客观自然，这种自然之天彻底否定了天的人格性，从而从根本上否定了天人感应论。王安石认为天地化育万物是一个和谐的过程，是无声无息的，并不存有一个最高的神在支配这一切。王安石说："天有过乎？有之，陵历斗蚀是也。地有过乎？有之，崩弛竭塞是也。天地举有过，卒不累覆且载者何？善复常也。"②

天地之过与复常，都是由于天地自身的原因，并不存在一个神由于人事的关系而实施灾异和瑞祥。倘若天真的有意志，那么在实施他对人间奖惩的时候，就会由于奖惩的原则而出现自相矛盾的尴尬结果。王安石说："僭常旸若，狂常雨若。使狂且僭，则天如何其顺之也？尧、汤水旱，奚尤以取之邪？"③

按照惩罚的原则，僭就旱，狂就雨，那么假如一个人既僭且狂那么如何惩罚他呢？旱与雨是不能同时同地并存的，则实施惩罚之神就会陷入不能作为的尴尬境地。王安石以此揭示了天人感应论的荒谬性。

王安石反对天人感应论的态度，使得一些人以为他提出了"三不畏"之说。④

据《长编补遗》记载："上谕安石曰：'闻有三不足之说否？'王安石曰：'不闻。'上曰：'陈荐言：外人云今朝廷为天变不足惧，人言不足恤，祖宗之法不足守。昨学士院进试馆职策，专指此三事，此是何理？朝廷亦何尝有此，已别作策问矣。'安石曰：'陛下躬亲庶政，无流连之乐，荒亡之行，每事唯恐伤民，此亦是惧天变。'"⑤

又据《长编》记载："上以久旱忧见于色，每辅臣进见未尝不叹息恳恻，欲尽罢保甲、方田等事。王安石曰：'水旱常数，尧、汤所不免，陛下即位以来累年丰稔，今旱暵虽逢，但当益修人事以应天变，不足贻圣虑耳。'上曰：'此岂细故，朕今所以恐惧如此者，正为人事有所未修也。'"⑥

从这两则有关天变的言辞中，我们可以看出王安石都赞成"惧天变"的态

---

① 王安石：《王文公文集》（上），唐武标校，上海人民出版社 1974 年第 1 版，第287 页。
② 王安石：《王文公文集》（上），唐武标校，上海人民出版社 1974 年第 1 版，第370 页。
③ 王安石：《王文公文集》（上），唐武标校，上海人民出版社 1974 年第 1 版，第355 页。
④ 有关"三不畏"的考证请参见邓广铭先生的文章《论王安石的"三不畏"精神》，见《邓广铭自选集》，首都师范大学出版社 2008 年版，第211—212 页。
⑤ 黄以周：《续〈资治通鉴〉长编补遗》，上海古籍出版社 1986 年版，第346 页。
⑥ 李焘：《续〈资治通鉴〉长编》，中华书局 1979 年版，第2399 页。

度。联系王安石所谈论的道的思想，他在这里所指的天正是道本体意义上的天，因为王安石认为"道者天也"，道就是天，天就是道。

正是因为具有形而上的最高本源的道的存在，当人间世事的道德秩序发生了很大混乱的时候，天就可能以灾害的形式向人们提出警告。基于这个原因，我们对天变的警告唯一要做的事情除掉要有"惧天变"的态度，在行为上最主要的是要努力修人事以回应天变。

综上所述，王安石既有天变不足畏之时，这时的天是指自然之天而言，有时又有惧怕天变之时，这时的天是指道德之天而言。

第六节　宇宙生成论——王安石的元气说

在前面的几节中，笔者阐述了王安石的道论思想，指出道有不同层次的含义，其中之一就是道具有本体论的最高范畴的含义，即道本体。在这一节里，我主要阐述王安石哲学体系中的宇宙生成论思想。在前面笔者论述到，道是有体有用的，道本体在其作为本体的同时，也要将其本体体现于可见的用之中，即道要将它自身显现在现实的物质之中。这样，从本体论就过渡到宇宙生成论。王安石的宇宙生成论具体表现为从元气到冲气再到五行的一个完成过程。可见，属于物质范畴的元气还是落在了体用论之用这个范围。元气与本体之道比起来还是属于用、末，所以世界的起源问题不能从元气上来寻绎，只能从道本体上来确定。王安石的道是"无"，是"无形无象"者。所以从根源上讲，如果要评判王安石的哲学思想的属性，我以为不能说它是唯物主义的。但是王安石的元气说又有唯物主义的因素，因为毕竟万物都导源于元气。一些论者得出王安石的元气说是唯物主义思想是基于王安石元气为本的思想做出的，但是王安石不曾有这种思想。之所以得出这种结论主要是对王安石的体用范畴多层次运用的误解而造成的，而这正是王安石为学的一个特性。

一、道、元气与冲气

王安石说："道有体有用，体者，元气之不动；用者，冲气运行于天地之间。"[1] 道有体有用，王安石在这里说元气是道之体、冲气是道之用是对本体论中体用范畴的借用。这一点，我们在前面对体用范畴的分析中已经做了交代，

---

[1]　王安石：《王安石老子注辑本》，容肇祖辑，中华书局 1979 年版，第 8 页。

即王安石不只是在本体论上使用体用这对范畴，而且将其借用到其他的领域，其目的是为了使具有相似关系的概念得到更好的阐释，即在已知熟悉的体用范畴上去理解其他概念之间的关系。

从道本体的角度来说，在现实层面上的元气与冲气都是道之用，但是王安石依然用体用这对范畴来看待元气与冲气的关系。由此，引起了众多解释者的误解，以为王安石的道本体是元气说，王安石是从唯物主义立场来阐述这一问题的。如马振铎先生认为："……'气'是王安石唯物主义哲学的最重要概念。王安石在其重要著作《洪范传》《周官新义》和其他诗文中，多次肯定'气'是万物的本源。如他说：'万物一气也。'（《周官新义》卷十）在王安石看来，'气'是天地万物的基础，而'气'则是物质。……一元气——道之本体。"① 很显然，这是将王安石的元气看作本体论意义的本体而将王安石的哲学思想定性为唯物主义。

但是我们看到王安石用体用来阐述元气和冲气的关系不是以道本体是元气，冲气是用来看待的；而是与冲气比较而言的，元气更为根本，冲气更具有用和运动的特点。因此，大多数研究者根据王安石的元气说而将王安石的道本体划入唯物主义阵营是对王安石使用体用这对概念的误解。王安石对原有概念的使用总是与众不同，这足以体现王安石的思想和为学的特性：即不是按照概念的原有固定的意思来使用这个概念，而是将这个概念的外延进行了引申。

这种用法与理学家如张载、二程对体用这对范畴在其通常意义的用法上有了很大的不同。张载"太虚之气及其属性为宇宙本体，以万事万物为本体的表现和作用，二者是实体和现象的关系"，"但张载不仅以实体（气）为本体，而且以实体的属性，即性与神为本体"②。"二程所谓的'体'，并不是实体，而是潜在的本质存在或全体，'用'则是具体存在及其表现过程。"③ 张载与二程基本上是遵循着体用范畴的基本意义，并没有进行引申，但是王安石的体用范畴从以上的分析可以看出并不局限于体用的基本用法，而且进行了引申和借用。

王安石的元气，是指阴阳未分的真元之气。"混沌死，乾坤至，造作万物丑妍巨细各有理。……造始乃与元气并。"④ 元气是造化的开始，是整个物质世界的基础。"混沌死，乾坤至"，很显然是受到了《庄子》中寓言故事的影响，以

---

① 马振铎：《政治改革家王安石的哲学思想》，湖北人民出版社 1984 年版，第76 页。

② 蒙培元：《理学范畴系统》，人民出版社 1989 年版，第153 页。

③ 蒙培元：《理学范畴系统》，人民出版社 1989 年版，第154 页。

④ 王安石：《和吴冲卿鸦鸣树石屏》，见《临川集》卷七。

为世界开始是一片混沌，混沌死才出现了宇宙乾坤。王安石说"造作万物丑妍巨细各有理"，在混沌状态中何尝不也体现了这种理。这种理正是来源于道本体，是一种本体的发用，它要在现实物质中体现出道本体来，在物质变化上就表现为一定的规律性，这就是王安石所说的"各有理"。

很显然，在这一点上，王安石与同时代的二程思想有相似之处。程颢说："故有物必有则……万物皆有理，顺之则易，逆之则难，各循其理，何劳于己力哉？"① 另外，二程同样也认为道是比起气来更根本的存在。二程说："有形总是气，无形只是道。"② "离了阴阳更无道，所以阴阳者是道也。阴阳，气也。气是形而下者，道是形而上者；形而上者，则是密也。"③ 王安石所认为的道本体在元气之前类似于理学集大成者的朱熹所认为的"理在气先"。④ 朱熹所谓的先，不是从时间上来说的，而是就这二者之间的逻辑关系而言的。他认为从时间上来说，理气没有先后，"本无先后之可言"。但是，"自形而上下言，岂无先后？"⑤ "理与气，本不可以先后言，然就中间截断言之，则亦不害其先后也。"⑥ 朱熹的意思就是认为理气只是逻辑上有先后关系，时间上无先后关系，朱熹将这个问题说得很是明白了。他反复强调的也是这个意思。他又说"必欲推其所从来，须说先有是理"，"但推上去时，却如理在先气在后相似"。⑦ 从王安石讨论道与气，到二程讨论理与气，再到朱熹所认为的理在气先，我们可以看到王安石在这个问题上所起的肇始作用，王安石虽然没有将这些问题做细致的阐释，但是却引起了后来者继续讨论这些问题的兴趣。

王安石在《老子注》中使用元气、冲气这对概念，在其他的地方则很少使用这对概念，而更经常使用太极、五行、阴阳这些范畴。从这些概念使用的一般意义来看，五行、阴阳与冲气是在同一个层次和意义上使用的概念，而太极与元气有些类似。王安石在使用太极时还使用过太始、太初等概念。王安石在《原性》中说："夫太极生五行，然后利害生焉。"又说："夫太极者，五行之所

① 程颢、程颐：《二程集》，见《河南程氏遗书》卷一一，中华书局1981年版，第123页。
② 程颢、程颐：《二程集》，中华书局1981年版，第83页。
③ 程颢、程颐：《二程集》，中华书局1981年版，第162页。
④ 从理学范畴的发展看，无论是张载，还是二程，都没有系统论述理气关系。真正解决这个问题的，是理学集大成者朱熹（蒙培元：《理学范畴系统》，人民出版社1989年版，第16页）。
⑤ 朱熹：《朱子语类》卷一，黎靖德编，中华书局1986年版，第3页。
⑥ 朱熹：《朱子文集》卷四九。
⑦ 朱熹：《朱子语类》卷一，黎靖德编，中华书局1986年版，第3页。

由生，而五行非太极也。"① 从中我们看到太极与元气的概念大致可以互换，五行、阴阳与冲气是从不同的角度来说明物质在生存过程中的变化情况，这些概念各有其用，不可缺少。

按照王安石的设想，元气是不动的，是本体，而冲气为元气所生，冲气与元气的不同就在于冲气是动的，是"运行于天地之间"的，正是由于冲气的运行不息才产生了万物。冲气这个概念，最早见于《老子》："万物负阴而抱阳，冲气以为和。"（《老子·道生一》第四十二章）在《老子》那里，冲气是阴阳之气的一种冲和状态，是对于阴阳之气的状态描述。王安石对《老子》中的冲气加以创造性的发挥，以为冲气是生成万物的一个重要环节。王安石对"道冲而用之，或不盈"中"不盈"的解释是："盖冲气为元气之所生，既至虚而一，则或如不盈。"②《字说》中又说："冲气以天一为主，故从水；天地之中也，故从中。又水平而中，不盈而平者，冲也。"③ 不盈就是不满，不满就要变化，但又处于一种平的状态，即冲气是平静中具有变化的因素，这是冲气最大的特性。作为万物形成的材料的冲气就像万物一样既有稳定性，又有不稳定性。稳定性是暂时的状态，不稳定性是事物总是在不停地变化发展中。冲气是事物变化的一个中间环节，而万物生成的过程中还经历了哪些环节呢？王安石于是引进了阴阳、五行这些范畴，用以阐明万物具体的形成过程。

二、从元气到冲气和阴阳之气再到五行的一个万物生成的过程

元气是如何产生冲气的。按照《庄子》的说法，"混沌死，乾坤至"。混沌死，不仅乾坤至，而且冲气、阴阳之气都相应产生。所以，冲气与阴阳之气不存在谁先谁后的问题，也不存在谁产生谁的问题，而只是对元气转化以后的一种物质存在状态的描述。冲气是一个总体的概括，而阴阳是对冲气属性的一种描述，但同时也用于称呼具有阴阳属性之气。有学者指出："中国古代哲学中，标志实体和标志属性的概念之间没有明确的分化，有些概念是兼有多重含义的。其中，阴阳这一对概念就是如此。在王安石的论述中，阴阳就既是标志实体的阴阳之气，又是标志属性、规律的阴阳之道、阴阳之理。"④ 从冲气的角度来说，冲气具有阴与阳的属性。正是因为冲气的一阴一阳的变化才产生了万物，

---

① 王安石：《王文公文集》（上），唐武标校，上海人民出版社 1974 年版，第316 页。
② 王安石：《王安石老子注辑本》，容肇祖辑，中华书局 1979 年版，第8 页。
③ 彭耜：《道德真经集注》卷十一。
④ 李祥俊：《王安石学术思想研究》，北京师范大学出版社 2000 年版，第69 页。

这个一阴一阳之变化就是道在具体事物中的表现，或者说就是道，当然这是道之用。乾坤本身也是对元气之散以后的一种实存状态的描述，就像是阴阳对这种气的存在状态的描述一样。在此，乾坤就是指天地，天代表阳而地代表阴。

从以上的分析可以得出这样一个结论，即元气一散，就变化为冲气，而冲气总体上有两种不同的存在状态和属性或两种不同的存在和属性的气，即阴阳。所以我们不能说元气产生阴阳然后再产生冲气①，而只能说元气混沌一旦消失就产生了阴阳之气。而这个阴阳之气就是冲气。从王安石引用庄子"混沌死，乾坤至"的话来看，王安石是赞同这种看法的，因此，我们说王安石在这里的本体之元气是可以转化为用之冲气。从王安石对元气与冲气关系的论述，我们可以看到他也受到了欧阳修元气说的影响而又表现了自己的特色。欧阳修认为元气是万物的根源，形成万物，而"人居其间"。他说："元气之融结为山川，山川之秀丽称衡湘，其蒸为云霓，其生为杞梓，人居其间得之为俊杰。"②

冲气在一阴一阳的变化过程中，首先产生了五种基本的物质，这就是五行。王安石说："北方阴极而生寒，寒生水；南方阳极而生热，热生火。故水润而火炎，水下而火上。东方阳动以散而生风，风生木，木者阳中也，故能变，能变故曲直。西方阴止以收而生燥，燥生金，金者阴中也，故能化，能化故从革。中央阴阳交而生湿，湿生土，土者阴阳冲气之所生也。"③ 阴阳冲气产生了五行，王安石也是根据五行不同的性质来阐述它们与阴阳不同的关系，阴极生寒而产生水，这符合水寒的特性；阳极生热而产生火，符合火的特性。木者阳中，所以能变；金者阴中，所以能化，故从革。土者是阴阳交气之所生。王安石在这里阐述了五行产生于阴阳的根据，将这二者紧紧地关联在一起，说明阴阳冲气之所以产生这五种物质，是因为阴阳冲气有五种基本的性质。五种基本的性质就转化为五种基本的物质，即五行。五行是宇宙之砖，靠它们产生了大千世界的无数个物种。所以，王安石说："五行，天所以命万物者也。"④

中国古代五行思想是相当复杂的，讲究五行的互相配合，形成一个和谐的整体，如果五行中少了一行就意味着这个个体是不健全的，必须想办法予以补充，使之达到五行和谐的状态。实际上，直到近现代社会，这个思想还相当流

---

① 马振铎先生就认为元气先产生阴阳再产生冲气（参见马振铎：《政治改革家王安石的哲学思想》，湖北人民出版社1984年版，第81—82页）。

② 欧阳修：《送廖倚归衡山序》，见《全宋文》第34册，上海辞书出版社/安徽教育出版社2006年版，第36页。

③ 王安石：《王文公文集》（上），唐武标校，上海人民出版社1974年版，第282页。

④ 王安石：《王文公文集》（上），唐武标校，上海人民出版社1974年版，第280页。

行。过去一段时间，给小孩起名字就要考虑这个孩子的五行是否和谐完整的问题，如果有一行在生辰八字中不够，就要在名字中用这个所缺一行相关的字来将五行补充完整。如缺水，名字中就必须有一个与水字相关的字。在鲁迅先生的小说中，闰土是缺土的，所以叫闰土，是典型的受五行学说影响而起的名字。在王安石的宇宙论中，他引进了五行这个概念。作为深谙五行内涵的一代通儒，王安石当然会注意到五行完整和谐的特性。王安石说："盖天地之用五行也，水施之，火化之，木生之，金成之，土和之。施、生以柔，化、成以刚。故木挠而水弱，金坚而火悍。悍坚而济以和。万物之所以成也。"① 五行在化生万物的过程中还表现了刚柔相济的性质，王安石在这里意在表明五行构成的万物和谐状态是有规律可循的，不是神秘的。这个五行刚柔相济的思想同样适用于政治，表明治理国家有刑法刚的一面的同时，又要有教化柔的一面。这种思想成为王安石治理国家和变法图强策略的指导思想。有学者指出，"宇宙万物的成长还需要刚强和柔弱兼济，那么人类也应该有所作为，不能一味提倡柔弱。这是用宇宙论来作为政治思想的哲学基础"②。

从以上所论述的物质生成的宇宙生成论的过程，我们可以看出元气与冲气、阴阳之气等都是组成物质的基本元素的不同名称。元气并非是本体论上的体，而只是当其与冲气成为一对范畴的时候，相对于冲气而言，因为冲气从其而生，所以就有母体的含义。因此这个体就是生成之体，而非本体之体。

三、王安石五行学说中物质与精神的同一性

王安石在《洪范传》中探讨了五行是如何生成万物的。他说："自天一至于天五，五行之生数也。以奇生者成而耦，以耦生者成而奇，气成之者皆五。五者，天数之中也，盖中者所以成物也。道立于两，成于三，变于五，而天地之数具。其为十也，耦之而已。盖五行之为物，其时、其材、其气、其性、其形、其事、其情、其色、其声、其臭、其味，皆各有耦，退而散之，无所不通。一柔一刚，一晦一明，故有正与邪，有美有恶，有丑有好，有凶有吉，性命之理、道德之意皆在是矣。耦之中又有耦焉，而万物之变遂至于无穷。其相生也，所以相继也；其相克也，所以相治也。语器也以相治，故序六府以相克；语时也相继，故序盛德所在以相生。《洪范》语道与命，故其序与语器与时者异也。"③

---

① 王安石：《王文公文集》（上），唐武标校，上海人民出版社 1974 年版，第283 页。
② 李祥俊：《王安石学术思想研究》，北京师范大学出版社 2000 年版，第73 页。
③ 王安石：《王文公文集》（上），唐武标校，上海人民出版社 1974 年版，第281—282 页。

五行之所以能相错杂、相因革而产生万物，就是因为五行有耦有对。① 五行由于耦而演变出十二种特性，这十二种特性再有耦，耦之中又有耦，因而产生了万事万物。这些特性不仅是物质的，而且同时具备价值判断的属性，是有正有邪的，有美有恶的，有丑有好的，有凶有吉的。这样王安石又将五行所产生的万物与道德价值判断关联起来，达到了物质与道德价值判断的统一。由此，我们也就可以看出在前述一节中，王安石所阐述的道本体为何是物质本体和道德价值源泉的统一。因为在王安石心目中，物质与精神是相伴相随、形影不离的。有学者指出："正由于有这种对立，所以有正与邪、美与丑、坏与好、凶与吉等价值判断上的对立。性命道德之理，正是根源于五行中的耦与对。"② 这种看法是比较中肯的，解释了王安石这种思想所包含的物质与精神合一的关系。

王安石还在下面一段话中直接阐述物质与精神的同一性。他说："天一生水，其于物为精，精者，一之所生也。地二生火，其于物为神，神者，有精而后从之者也。天三生木，其于物为魂，魂者，从神者也。地四生金，其于物为魄，魄者，有魂而后从之者也。天五生土，其于物为意，精、神、魂、魄具而后有意。"③ 在王安石看来，五行不仅提供了五种物质元素用来构成万物，而且五行中的水、火、木、金和土这些基本的物质元素分别代表了精、神、魂、魄和意五种构成精神的基本元素。物质不仅是物质同时也具备了精神，这是一种物活论和泛神论的思想，是中国古代思想的一个基本特色。所以王安石又说："人的精神与天地同流，通万物一气也。"人与万物精神同流，人与万物在气上也是同一的，这就是说万物与人一样是精神和物质的统一体。

王安石的五行说具有物质与精神的双重性质来源于他的道本体是物质与精神合一的思想。道本体不仅是物质演化的根源性的本体，而且是现实道德价值判断的源泉，因此道本体是物质与精神活动两方面合一的本体。道本体两个方面相统一的特性在现实世界的五行说中表现得最为充分，五行不仅是万物形成的基础，同时也是精神活动得以展开的依据。也就是说五行不仅是物质的，而且也是精神的源泉。当然五行与道本体相比较，五行是用，道是体，体的内涵在用中得以一一显现，也表现出了王安石体用一源的思想。

王安石的元气说是他重要的宇宙生成论，元气在转化为冲气、阴阳的过程中，也生成了意、精、神、魂、魄等五种构成精神的基本元素，物质即精神，

---

① 耦对引起变化的方式有两种，即相生与相克，这是由五行相生相克的关系引申而来。

② 张祥浩、魏明福：《王安石评传》，南京大学出版社2006年版，第342页。

③ 王安石：《王文公文集》（上），唐武标校，上海人民出版社1974年版，第281页。

精神即物质，有物质就有精神附着其上，精神一定是物质的精神，物质与精神元素是一体之两面。因此，不存在谁产生谁的问题。如果我们将王安石的元气说与后面的人性论合看，就可以看出他在元气说中所体现出的对五行等构成物质的因素与意、精、神、魂、魄等构成精神的因素的双重重视与他在人性论中对形气、道德精神的双重重视的构建是一致的。

　　总之，王安石的元气说体现了其治学思想和方式的独特性。元气与道是联系在一起的，道是本体，元气是用。所以，当王安石在阐述元气和冲气的关系用到体用这对范畴的时候，很显然这里的体用论不是本体论意义上的体用论，也就不能说王安石的元气说属于唯物主义思想。从王安石论述的元气到冲气的一个万物生成的宇宙论的完成过程中，我们更看到元气并非是本体论上的体，而只是冲气这些枝叶之所以生成的根本，与冲气的关系只是根源和派生的关系。五行在冲气生成万物的过程中起着重要的作用，五行不仅与物质联系在一起，而且与精神联系在一起，可见物质与精神是同一的。所以，王安石的元气说有着自己的独特性，与他的整个哲学思想是内在地关联在一起的。

第二章

性、命与心

　　中国古代思想家孟子在性善论和荀子在性恶论上的针锋相对，激发了后继者们在这个问题上的不断探索，作为性理之学重要的开创者之一的王安石对人性当然也表现出格外的关注。性到底是恶还是善，性情关系怎样？王安石所论之性的构成怎样？本文认为王安石之性分作道德之性体和智性之性体两个基本部分。正是因为性体中有智性的一面，保证了功利事功在性体内的本体论的根据，而不像理学家的外王是内圣的衍生物一样没有独立生成和发展的根据。所以王安石是从独立生成和发展的角度来对待外王之学，比理学家更重视外王之学。王安石的外王不是内圣的依附品，因为他将外王在内圣中坐实了。就此而言，王安石真正做到了内圣与外王并重。

　　对于人性是善还是恶？王安石有时说性没有什么善恶，在《原性》中如是说。但有时又说从情有善有恶就能看出性有善有恶，这一点在《性情》一文中可以看得很清楚。在《性论》一文中，王安石还说性是至善无恶的。

　　在下文的分析中，我们将会看到王安石对性之善恶与否等几种情况都表示过赞同，而这些看似自相矛盾的说法实际上是从不同的角度所得出的结论。当这些不同的说法处在它合适的地方的时候在王安石看来都能自圆其说。以同时代的理学家为参照，王安石的性有善有恶的思想是从气质之性的角度立说的，这个思想应当说与理学家有相近的地方。这个气质之性也最能解决和打破古今对待性之善恶莫辨的窘境，从而对性之善恶问题做出了合乎情理的判断。但在性之内涵上，王安石表现出了与同时代的儒家不同的思想，而这一点成了王安石的思想体系与理学家思想体系重大区分的分水岭，他们的斗争也由此展开。

第一节　王安石人性论思想研究

唐君毅先生将中西关于人性的看法做了一个比较，认为中西之看法是有差异的。唐先生说道："依吾人之意，以观中国先哲之人性论之原始，其基本观点，首非将人或人性，视为一所对之客观事物，来论述其普遍性、特殊性、或可能性等，而主要是就人之面对天地万物，并面对其内部体验之人生理想，而自反省此人性之何所是，以及天地万物之性之何所是。"① "以其皆非徒视人性之一客观所对，而论其种类性，而是就人之能面对万物与其理想，而反省人之自性之所何所是者。观中国之人性论思想之发展，吾人尤可谓几全循此方向而发展，而不似西方之多所歧出者也。"② 中国哲学思想史上的人性论的确主要是论述有关人对自身及周围世界的体认，王安石的人性论思想也不例外。

一、王安石人性善恶的思想

王安石的人性论思想看似没有对人性进行细致的分殊，其思想的陈述也有些杂乱，但是从总体上来看其人性论思想还是成一前后贯通的思想体系。首先，王安石也认为人性是纯善无恶的，这就类似于理学家所讲的天地之性或者义理之性；其次，王安石以为人性有善有恶，这就类似于理学家所讲的气质之性。再次，王安石以为性是无善无恶的，这是他所谓的佛教的性空思想和智性之性。王安石对性的多种看法如果借用这些理学家所确定的概念来进行分殊，则其对性的看法就会显得有条不紊，杂而不乱。事实上，王安石也是从这些角度去讨论人性的，惜乎王安石的人性论还只是宋学繁荣阶段的开始，他本人又没有对人性论内部的诸关系进行理论的论证，所以给后人留下了杂乱无章、自相矛盾的印象。但是如果以理学家的人性论为参照来分析王安石的人性论思想，则我们看到王安石的人性论思想的基本框架与理学家是没有什么差别的，差别的只是人性的具体内涵在部分地方有出入，然而正是这个出入，导致了王安石与理学家哲学的差异，由此而决定了王安石哲学思想鲜明的个性色彩。以下就对王安石这些对性的不同阐述逐一展开论述。

---

① 唐君毅：《中国哲学原论——原性篇》，中国社会科学出版社 2005 年版，第2页。
② 唐君毅：《中国哲学原论——原性篇》，中国社会科学出版社 2005 年版，第5—6页。

（一）无善无恶之性

首先，我们来看看王安石所说的无善无恶之性。王安石无善无恶之性一种情况就是指佛家所谓的性空思想。王安石性不可善恶言的思想受到了佛教的影响，大乘佛教认为佛是如来藏，是性空。王安石博览群书，站在儒家的立场但又不持儒学本位主义的偏见对众家加以排斥，而是广采众家之长。王安石之所以吸收这方面的佛教思想，当然与他同佛教的渊源关系有关。另外，王安石这种意义上的性也与他对道家思想的认可有关，就是当王安石用道家心斋、坐忘等修养方法来做修养功夫的时候，达到了无思无为和寂然不动的心理和思维状态（与同时代的周敦颐相近）。既然只有到了无思无为寂然不动的状态才能体认到性本体，那么将性看作无善无恶不是非常恰当的吗？王安石在《答蒋颖叔书》和《原性》中集中谈到了这种性空思想。

在《答蒋颖叔书》中，他说：“所谓性者，若七大是也。所谓无性者，若如来藏是也。虽无性而非断绝，故曰一性所谓无性，曰一性所谓无性，则其实非有非无，此可以意通，难以言了也。惟无性，故能变。若有性，则火不可以为水，水不可以为地，地不可以为风矣。长来短对，动来静对，此但令人勿著尔。若了其语意，则虽不著二边而著中边，此亦是著。故经曰：‘不此岸，不彼岸，不中流。’”① 王安石认为性是空的，正是因为性空，才能成就万物之实，就是说“惟无性，故能变”。正是因为性空，所以性无所谓善恶。

王安石在《原性》中表达了与《答蒋颖叔书》类似的性空思想。王安石说：“夫太极者，五行之所由生，而五行非太极也。性者，五常之太极也，而五常不可谓之性。此吾所以异于韩子。且韩子以仁、义、礼、智、信五者谓之性，而曰天下之性恶焉而已矣。五者之谓性而恶焉者，岂五者之谓哉？”“孟子言人之性善，荀子言人之性恶。夫太极生五行，然后利害生焉，而太极不可以利害言也。性生乎情，有情然后善恶形焉，而性不可以善恶言也。”② 情表现在外，可以善恶言；而性是内在的，不可以善恶言。在《答蒋颖叔书》中所说的“惟无性，故能变”，这个性就是非有非无的意思，是性空。同样，在《原性》中，王安石说到情可以善恶言，而性不可以善恶言，也是主张性空的看法。

智性也是属于无善无恶之性，王安石这种意义上的性留待下节予以专门论述。

---

① 王安石：《王文公文集》（上），唐武标校，上海人民出版社1974年版，第76页。
② 王安石：《王文公文集》（上），唐武标校，上海人民出版社1974年版，第316页。

（二）有善有恶之性

下面，我们来看看王安石的人性论中有善有恶这种情况。王安石在《原性》中，说到性不可以善恶言，有这么一句总结性的话："且诸子之所言，皆吾所谓情也、习也，非性也。"① 王安石在这篇文章中，反对习以言性，认为性具有超验的性质，所以无善无恶，但是在其他的篇什中又说到习以言性。可见，王安石在论说某个概念之一种情况时，都是从具体的上下文中来谈论他所要谈论的这个概念当下的具体意义，而不是从一个总体和全面的角度来谈论这个概念的周全意义，对于性这个范畴的阐述尤其如此。这是王安石学术的一个特点，可能与他无暇缜密构建自己的学术体系有关。因为，王安石不是一个职业哲学家，而是在公务之余，点滴从之；但这并不成为影响王安石在学术上取得重大成就及成为一个著名思想家的制约因素。

王安石在《原性》中反对习以成性，这是因为他是在阐述性之无善无恶这种情况。但是当他在谈论性有善有恶时，立即又表现出赞同习以成性的思想，王安石的确是如上句"且诸子之所言，皆吾所谓情也、习也，非性也"所说的相反的情形那样，从情、习的有善有恶推论出性有善有恶。

我们首先来看看王安石从性情关系论来谈论人性有善有恶这种情况。王安石认为情有善恶则性有善恶，即从情恶则可知性恶，从情善则可知性善。从王安石的性情论思想中我们可以窥见他的以性为本体、情为性之用的体用论思想特色。王安石在《性情》一文中说："彼曰性善无它，是尝读孟子之书，而未尝求孟子之意耳。彼曰情恶无它，是有见于天下之以此七者而入于恶，而不知七者之出于性耳。……彼徒有见于情之发于外者为外物之所累，而遂入于恶也，因曰情恶也，害性者情也。是曾不察于情之发于外而为外物之所感，而遂入于善者乎？盖君子养性之善，故情亦善；小人养性之恶，故情亦恶。故君子之所以为君子，莫非情也；小人之所以为小人，莫非情也。彼论之失者，以其求性于君子，求情于小人耳。""自其所谓情者，莫非喜、怒、哀、乐、好、恶、欲也。舜之圣也，象喜亦喜，使舜当喜而不喜，则岂足以为舜乎？文王之圣也，王赫斯怒，使文王当怒而不怒，则岂足以为王乎？举此二者而明之，则其余可知矣。如其废情，则性虽善，何以自明哉？诚如今论者之说，无情者善，则是若木石者尚矣。是以知性情之相须，犹弓矢之相待而用。若夫善恶，则犹中与不中也。曰：'然则性有恶乎？'曰：'孟子曰"养其大体为大人，养其小体为

_____

① 王安石：《王文公文集》（上），唐武标校，上海人民出版社 1974 年版，第316页。

小人"。'扬子曰：'人之性善恶混"，是知性可以恶也。'"① 王安石从情可以为善恶，因而追溯和推论出性可以为善恶的结论。

钱穆先生以为，王安石的性情论是袭自"大乘起信论"一心开二门的旧路。② 蒋义斌先生则以为，王安石的性可以为恶说恐是受天台宗佛性具恶思想的影响。③ 天台宗恶性"必须与天台宗'必即十法界而成佛'等观念合看，始能理会天台崇高之人生价值理念。所谓'十法界'乃指：地狱、畜生、饿鬼、天、人、阿修罗、声闻、缘觉、菩萨与佛。天台宗认为佛是一切价值、道德的成就，不以己身解脱为最终目的，而必须广度地狱等'恶法界'之一切众生，始得为成佛，若仅以'佛'为唯一目标，用知礼的话来批评，是'缘理断九'。天台宗既主'必即十法界而成佛'，而法界中又确有恶，因此而有佛性'具'有恶之论，盖佛'用诸恶法门化度众生'，而不染于恶。天台宗'佛性具恶'论，是由起用处说"。④ 天台宗从度人的角度出发，不以佛为唯一目标，而是要深入十法界中去度人。这种崇高的人性论对王安石的性恶论思想的影响肯定是存在的，因为王安石本人对佛学思想情有独钟，其家庭背景也有很深的佛教渊源，肯定熟悉天台宗的这种思想。在这种佛教文化的熏陶下，那种认为王安石提出性可以为恶说是受到了佛教思想影响的判断当然是合情合理的推测。

我们可以从情之善恶看出一个人性之善恶，而一个人的情是可以改变的，所以一个人的性恶也是可以改变的，而改变的途径王安石认为是"习"。因为情的善恶通常是通过"习"造成的，经常"习"于善的人他的行为就倾向于善，反之，就倾向于恶。王安石说："孔子曰：'性相近也，习相远也。'吾是以孔子也。韩子之言性也，吾不有取焉。然则孔子所谓'中人以上可以语上，中人以下不可以语上，惟上智与下愚不移'，何说也？曰：习于善而已矣，所谓上智者；习于恶而已，所谓下愚者；一习于善，一习于恶，所谓中人者。上智者、下愚者、中人也，其卒也命之而已矣。有人于此，未始为不善也，谓之上智可也；其卒也去而为不善，然后谓之中人可也。有人于此，未始为善也，谓之下愚可也；其卒也去而为善，然后谓之中人可也。惟其不移，然后谓之下愚，皆

① 王安石：《王文公文集》（上），唐武标校，上海人民出版社 1974 年版，第315 页。
② 钱穆：《初期宋学》，见《中国学术思想史论丛》（五），安徽教育出版社 2004 年版，第7 页。
③ 蒋义斌：《宋代儒释调和论及排佛论之演进——王安石之融通儒释及程朱学派之排佛反王》，（台北）商务印书馆 1988 年版，第45 页。
④ 蒋义斌：《宋代儒释调和论及排佛论之演进——王安石之融通儒释及程朱学派之排佛反王》，（台北）商务印书馆 1988 年版，第46 页。

与其卒也命之，夫非生而不可移也。"① 后天的习于善、恶、有善有恶的不同就导致了某个人的性是善、恶、不善不恶的不同。善者就谓之上智，不善不恶就谓之中人，恶者就谓之下愚，可见王安石所论之人性是善或恶全由后天的习所决定。个人的性也不是一成不变的，上智者可以变成中人，中人可以变成下愚。

我们看到当王安石说到性有善有恶一面时，强调了习在决定个人之性的善恶方面所起的重要作用，也就是说习既可以使得性为善，也可以为恶，所以善性是可以培养起来的。从王安石的论述来看，他在这里说的由后天的习所决定的善恶之性与张载、二程直至朱熹所说的气质之性具有很大的相似性。而王安石的《淮南杂说》要早于张载、二程的代表作，所以只能是王安石的人性论对他们产生了影响，而不是相反，这样看来王安石的人性论思想对宋学的发展做出了贡献。

张载最先提出攻取之性、湛一之性（天地之性）和气质之性等，张载说："湛一，气之本，攻取，气之欲。""口腹于饮食，鼻舌于臭味，皆攻取之性也。"② 张载的"气质之性"主要是指人的禀性如刚柔缓急等。他说："人之刚柔、缓急，有才与不才，气之偏也。天本参和不偏，养其气、反之本而不偏，则尽性而天矣。性未成则善恶混，故亹亹而继善者斯为善矣。"③ 张载认为只有以德胜气，以理制欲，以性统习，人才能够做到"反本""成性"，"恶尽去则善因以成，故曰继之者善、成之者性也"。④ 他说："性犹有气之恶者为病，气又有习以害之，此所以要鞭辟至于齐，强学以胜其气习。其间则更有缓急粗精，则是人之性虽同，气则有异。"⑤ 总之，张载对气质之性的态度是以限制和支配为主，以便能达到成就天地之性的目的。

程颢肯定了"生之谓性"的提法，他说："'生之谓性'，性即气，气即性，生之谓也。人生气禀，理有善恶，然不是性中原有此两物相对而生也。有自幼而善，有自幼而恶，是气禀有然也。善固性也，然恶亦不可不谓之性也。盖生之谓性，'人生而静'以上不容说，才说性时，便已不是性也。凡人说性，只是说'继之者善'也，孟子言人性善是也。夫所谓'继之者善'也者，犹水流而就下也。"⑥ 程颢认为性就天理在人身上的表现而言，是有善有恶的，这是由气

① 王安石：《王文公文集》（上），唐武标校，上海人民出版社 1974 年版，第317—318 页。
② 张载：《张载集》，中华书局 1978 年版，第22 页。
③ 张载：《张载集》，中华书局 1978 年版，第23 页。
④ 张载：《张载集》，中华书局 1978 年版，第23 页。
⑤ 张载：《张载集》，中华书局 1978 年版，第330 页。
⑥ 程颢、程颐：《二程集》，中华书局 1981 年版，第10 页。

禀所决定的。而孟子没有说到作为现实的人的人性，他所说的只是作为天理的性，而凡是现实的人性已经不再是那个作为天地之理的性了。程颢气禀之性不是不可以改变的，而是可以改变的，他说："义理与客气常相胜，又看消长分数多少，为君子小人之别。"①

程颐对性的看法受到了同时代学者论性的影响，也从性与气的相互关系中去论性，他说："性禀于天，才出于气"，"才则有善有不善，性则无不善"。②很显然，程颐以为天地之性才是真正的性，而气质之性可以称为才，并非真正的性。人与人之间存在禀气的差异，"禀得至清之气者为圣人，禀得至浊之气生者为愚人"③。人要成圣成贤，就必须克服自己禀受到的混浊之气。这与上面程颢的意思如出一辙，他说："吾受气甚薄，三十二浸盛，四十五十而后定。今生七十二年矣，校其筋骨，于盛年无损矣。"④ 又说："今观儒者自有一股气象，武臣自有一般气象，贵戚自有一般气象，不成生来如此，只是习也。"⑤ 强调了气质之性是可以改变的。

朱熹的气质之性与张载、二程所谈到的气质之性有一定的差异，张载、二程谈到天地之性与气质之性时，以为天地之性是纯善无恶的，而气质之性因气禀之不同而表现为有善有恶。朱熹则以为天地之性寓于气质之性之中，天地之性只是理，而气质之性则是理与气兼而言之。他说："'性命'，若生而知之者浑然尽善，则气自气，理自理，两不相关，不必说气质。自生知而下，虽是天理无亏，然却系于气。气清而理明，气浊而理晦，二者常合，故指为气质之性。言此理视气为进退，非以气质亦为性命也。"⑥ "天命之性，若无气质，却无安顿处。"⑦

所以，王安石说到性之有善有恶的这种情况如果参照理学家对气质之性的阐释，就会变得非常容易理解起来。由于受气禀的影响，现实人的性已经不再是作为天地之理的那个性了。由于禀受不同，因而人有上智、中人和下愚几种不同的差别，但是这种差别并不是不可以改变的。

所以，王安石认为的纯善无恶之性大致相同于理学家所指的天地之性，而

① 程颢、程颐：《二程集》，中华书局 1981 年版，第4 页。
② 程颢、程颐：《二程集》，中华书局 1981 年版，第252 页。
③ 程颢、程颐：《二程集》，中华书局 1981 年版，第292 页。
④ 程颢、程颐：《遗书》卷二十二，见《二程集》，中华书局 1981 年版。
⑤ 程颢、程颐：《二程集》，中华书局 1981 年版，第190 页。
⑥ 朱熹：《答郑子上》，见《朱熹集》，四川教育出版社 1996 年版，第2876 页。
⑦ 朱熹：《朱子语类》卷四，中华书局 1986 年版，第 365 页。

他所认为的有善有恶之性大致相同于理学家所指的气质之性。北宋儒家对性进行天地之性和气质之性这两个层面的分殊的实质迥异于李翱的性善情恶说，也不同于韩愈的性三品说。李翱的性善情恶之说具有禁欲主义的倾向，而提倡回到佛教意味的孤寂性本体，很显然还没有摆脱佛教的阴影，没有同儒学入世的精神做到契合无间；而韩愈的性三品说忽略了人对后天气质之性改造的能动性和支配的主动性，是人性论上表现的一种听天由命的宿命论倾向。

（三）纯善无恶之性

以上论述了王安石的有善有恶之性类似于理学家所提出的气质之性。下面，我们再来详细阐明王安石纯善无恶之性的思想。作为善的最终根源，性是纯善无恶的，而这种根源就来源于天地之性。天地之性是纯善无恶的，所以当安石说到性是纯善无恶的时候，正是从此角度来着眼的。虽然，这是后来的理学家总结出来的，但是我们看到王安石在其理论中也必然有这样的假定，因为不如此，善之来源就得不到很好的解释。王安石将道德的最后根源安顿在上天之上，为善在形上意义上找到了最后的根源，这也是儒家共同尊崇孟子的主要原因。盖孟子提出性善论以后，在根源意义上为儒家的道德伦理的贯彻找到了最坚实的哲学依据。孟子在宋朝的升格运动之所以能取得最后的成功，也是由于孟子的性善理论非常契合儒家的伦理道德的建设。总之，孟子的人性善理论在新学派学者和理学家那里都得到了很好的继承，并且得到了发展和完善。

王安石纯善无恶之性的思想在《性论》中做了详细的论述，王安石说："古之善言性者，莫如仲尼，仲尼圣之粹者也。仲尼而下，莫如子思，子思学仲尼者也。其次莫如孟轲，孟轲学子思者也。……然而世之学者，见一圣二贤性善之说，终不能一而信之者何也？岂非惑于《论语》所谓'上智下愚'之说与？噫，以一圣二贤之心而求之，则性归于善而已矣。其所谓智愚不移者，才也非性也。性者五常之谓也。才者愚智昏明之品也。欲明其才品，则孔子所谓'上智下愚不移'之说是也。欲明其性，则孔子所谓'性相近，习相远'；《中庸》所谓'率性之谓道'；孟轲所谓'人无有不善'之说是也。

"夫有性有才之分何也？曰性者，生之质也。五常是也。虽上智与下愚，均有之矣。盖上智得之之全，而下愚得之之微也。夫人生之有五常也，犹水之趋乎下，而木之渐乎上也。谓上智者有之，而下愚者无之，惑矣。……夫性犹水也，江河之与畎浍，小大虽异，而其趋于下同也。性犹木也，梗楠樗栎，长短虽异，而其渐于上同也。智而至于极上，愚而至于极下，其昏明虽异，然其于恻隐羞恶是非辞逊之端，则同矣。故曰：仲尼、子思、孟轲之言，有才性之异，而荀卿乱之。扬雄、韩愈惑乎上智与下愚之说,混才与性而言之。"①

从以上王安石在《性论》中对至善无恶之性的阐述,我们可以看出他是继承仲尼思孟的人性善的思想并有所发展的。仁义礼智信五常谓之性,性善如水之趋下,木之向上;而智愚不移者只是才的不同。当然,王安石也不否认才对于性善的影响,即"夫性犹水也,江河之与畎浍,小大虽异,而其趋于下同也",就是说人之性善虽相同,但是人之智愚之不同,则对于性善的发挥与开掘还有大小规模的区分,正如江河与畎浍大小规模之不同一样。本质相同,但有大小之别。而性就是这个本质,才就决定了这个大小,所以才不影响性善的本质,但是却影响了性善的规模与大小范围,而这个规模与大小就是后天所谈到的习以成性之性,就是说才对于后天的气质之性是有影响的,但对于天地之性之纯善无恶的本质却没有影响。王安石这里所说的才与其重视智性因素在人的道德情操及事功成就上的重要意义的哲学建构相一致。

现代学者对王安石的性善说也非常重视,甚至有学者将王安石的性善说归结为王安石人性论思想最后的定论。贺麟在《王安石的哲学思想》一文中说:"后来在《文集拾遗》中,我们发现他的另一篇《性论》,即使纯粹发挥孟子性善之说,也无丝毫违异。其醇正无疵,不亚于程朱。"② 贺麟先生在该文中认为王安石的人性论思想"最后不能不归到孟子的性善说"。对于王安石这篇文章的评论,学界除了贺麟先生以此性善说为王安石人性论思想的最终的定论说以外,还有早期不成熟说。有学者指出:"……此文很可能作于王安石早期。另外,孟子以道德意识来追溯说明人之性善,其思路远未尽善,从而给后世留下批驳、发挥的空间。王安石对此是深有所见的,并曾提出过尖锐的质疑,但此文却丝毫未涉及疑点,也并未解决孟子性善论论证可能存在的疏漏。因此,就思想内容看,它也不大可能是王安石最终的定论,而只能看成是他早年在人性问题上亦步亦趋的拟孟之作。"③ 这个观点与陈植锷先生的看法相同,他说:"可知后来王安石虽在著名的性论三篇《性情》《原性》《性说》中抛弃性善论的观点,建立了自己的性学体系(说详下章),但尊孟的态度则保持不变。"④ 贺麟先生

---

① 王安石:《性论》,见《全宋文》第 65 册,上海辞书出版社/安徽教育出版社 2006 年版,第40 页。

② 贺麟:《王安石的哲学思想》,见《文化与人生》,商务印书馆 2005 年版,第297 页。

③ 刘成国:《荆公新学研究》,上海古籍出版社出版 2006 年版,第136—137 页。

④ 陈植锷:《北宋文化史论述》,中国社会科学出版社 1992 年版,第231 页。

认为的王安石的人性善思想恰恰是他早期的思想，确切地说是他的拟圣之作。①
这种看法又否认了性善论的说法，更倾向于认为王安石在人性论上持有善有
恶说。

但是笔者认为，王安石的人性论思想并不是持有某一种看法，而是一个综
合全面的看法。如果我们将王安石的性善论理解成王安石人性论思想的一个组
成部分，而不是全部，则我们认为王安石的人性论思想观点不是前后矛盾或者
变动不居的，相反倒是由几个部分形成的一个有机的全体。在这个总体中，各
部分虽不一致却可以互相补充。

从王安石的文章来看，他对性及性情关系的认识是站在总结和评论以往的
人性论思想观点的基础之上所做出的结论，并且提出了自己的人性论思想的看
法。我们看到王安石对人性的看法看似有些自相矛盾，但是如果我们将王安石
的人性论思想与理学家的人性思想合看，则我们就会发现，王安石的人性论思
想是一种对人性的全面的看法，而不是限于性善或是性恶的思想，这种思想与
理学家的人性论思想有天地之性和气质之性之划分，有着大体上的类似性。

比起理学家来王安石没有将性与气结合起来论述性之善恶问题，因此，虽
然他从感性上认识到性在善恶属性上有几种不同的情形，但只是在不同的地方
将这几种不同的性做了阐述，却没有给出这几种不同解释的原因。所以，王安
石没有从理论上对以往的人性论做出有效的总结，只是给出了这些结论。但是
理学家例如张载、二程等却不同，他们不仅对人性论思想做出了纯善无恶和有
善有恶两种不同的划分，而且给出了理论的证明。可以说他们在人性论上的成
就是对以往人性论理性的总结，将人性论的总结上升到了理论的高度，因而也
是非常有说服力的。朱熹更是在他们的基础之上，将气质之性规定为理与气的
结合，从而很好地揭示了善来源于理、恶来源于气的道理。朱熹的气质之性将
理气结合，避免把恶归于性，同时强调变化气质，通过道德修养，纠正气质的
偏差，以复性善之本。可以说，朱熹的结论不仅是在张载、二程人性论思想基
础之上所做出的结论，同时也受到了王安石将性分作有善有恶之性和纯善无恶
之性的影响。所以，王安石的人性论思想在人性论思想的发展史上有着积极的
意义。

从以上的分析可见，王安石的人性论思想只有从综合的角度来分析才能得

---

① 陈植锷先生说："宋学始承韩愈之说，以孟子、扬雄、王通三人为孔子之后儒家道统的
中介，后来又以本人直承孟子，即与这种拟圣的经典意识有关。"（参看陈植锷：《北宋
文化史论述》，中国社会科学出版社1992年版，第211页）

到正确的理解。如果以为王安石讲的人性论是有善有恶，而将其纯善无恶的思想排除出去，就不能正确全面地理解王安石的人性论思想。王安石的人性论思想与理学家比较起来从形式上来看有相似之处，但是部分内容却有本质区分，这个区分就是王安石的人性论的性之内涵中有着智性的部分，也就是说，王安石性之内涵中不仅有着德性的内容，而且有着智性的内容。这个智性内容使得王安石在人性论上与理学家区别开来。

二、王安石人性论中智性的一面

王安石在后天的习以成性中所谈到的性不仅有道德属性的一面，还有智性属性的一面。在道德修养上，王安石强调不仅要返回到主体的至善境界，而且主体光有道德的至善性还不够，还要成为一个大人，才能使圣与神彰显出来。王安石在《大人论》中说："孟子曰：'充实而有光辉之谓大，大而化之之谓圣，圣而不可知之谓神。'夫此三者皆圣人之名，而所以称之之不同者，所指异也。由其道而言谓之神，由其德而言谓之圣，由其事业而言谓之大人。"[1] 所以王安石成就人的目标不仅要使他成为一个道德完美主义者，而且还要使他成为一个能够利用自己的智力成就一番伟大事业的人。

在上文中，我们提到王安石谈到有善有恶之性主张习以成性时，引用了王安石在《性情》中谈到的习可以成善亦可以成恶的一段话。王安石在此篇文章中用上智、中人、下愚来形容只是习于善的人、有时习于善有时习于恶的人、只是习于恶的人。在这里，王安石将用来形容人的智力水平的上智、中人与下愚与善恶联系起来，他说："习于善而已矣，所谓上智者；习于恶而已，所谓下愚者；一习于善，一习于恶，所谓中人者。上智者、下愚者、中人也，其卒也命之而已矣。有人于此，未始为不善也，谓之上智可也；其卒也去而为不善，然后谓之中人可也。有人于此，未始为善也，谓之下愚可也；其卒也去而为善，然后谓之中人可也。惟其不移，然后谓之下愚，皆与其卒也命之，夫非生而不可移也。"[2] 王安石以上智、中人和下愚来指称具有伦理道德善恶意义的性，表明了他将人性中描述道德之善恶与描述智力之智愚连在一起进行论述。可见王安石不仅将智愚用来描述一个人的智力水平的高低，同时也将智愚用来描述一个人道德水准的高下。这一点可以清楚地看出王安石在人性中将智性放在一个非常突出的位置，智愚不仅能够决定一个人的智商，同时在一个人的道德水平

---

[1]　王安石：《王文公文集》（上），唐武标校，上海人民出版社 1974 年版，第338 页。
[2]　王安石：《王文公文集》（上），唐武标校，上海人民出版社 1974 年版，第317—318 页。

中发挥重要的作用。智力因素在人性中更是一个合理的组成部分。因为智力具有认识事物规律的能力，使得主体能够利用这些认识做出有利于自己事业成功的事情来，最终在事业上取得不凡的成就，这就是性之智体对于成就事功和功利①所起的核心作用。表明了王安石所谈的性具有智性的因素，王安石这个论性的特点为一般儒者所无，是王安石论性的独特之处。

王安石在使用这三个词时借鉴了孔子的说法，但与孔子的含义还是有区别的。将上面所引到的两段文字合看，则我们就会明白王安石的上智、中人与下愚的划分，不仅用了道德的标准，也用了智性的标准，即只有从道德与事业两个方面来衡量，才可以说这个人是否是一个上智之人，是一个完美之人。所以，王安石说到上智者是经常习于善的人的含义，就是：习于善不仅仅是指这个人的道德情操高尚，而且因为是上智者，所以在事业上也是一个有成就的人。所以王安石说到的性之最善者就是指有道德有事业的人。当然王安石也并没有肯定事业上的成就与性善的本质有必然的关系，一个人从本质上讲是善的，但是后天的开掘深度对于一个人的有善有恶之性即理学家所说的气质之性是有影响的。而这一点在王安石看来影响的因素有两个方面，即道德性和智性，而理学家倾向于主张只有一个方面的因素，即道德性，——这就是王安石与理学家的本质区别。

综合起来看，理想的性善之人就是上智加上习于善的人；性有善有恶之人就是智性上处于中等并有时为善有时为恶的人；而性恶之人就是下愚并习于恶之人。另外，用自己的智力去成就一番事业，既为个人，也为社会。在这方面，王安石一反同时代的其他儒家鄙视功利的倾向，而是极为重视功利。这与他所

---

① 王安石反对个人钻营私利。主于道还是主于利，在王安石早期的文章中分辨得很清楚。例如在《答孙长倩书》一信中，王安石说："古之道废踣久矣，大贤间起废踣之中，率常位庳泽狭……宦学者不谋道，主禄利而已。"（王安石：《王文公文集》上册，上海人民出版社1974年版，第94—95页）将道与利对举，表明了王安石是反对主利禄的，但是也并非反利禄，而是主张要以谋道为主。不反利禄表明了王安石对个体生存状态的关注，王安石是重视个体的存在的需求，这与后来王安石的思想相一致。王安石在反对主利禄的同时，主张功利事功，盖功利事功不是完全为了谋求自己的利益，而是做出一番有益于国家、社会和他人的伟业。所以王安石区别了主利禄与功利事功的分别。王安石在《答姚阐书》中说："夫圣人之术，修其身，治天下国家，在于安危治乱，不在解名释数。"［王安石：《王文公文集》（上），唐武标校，上海人民出版社1974年版，第94页］可见，王安石是非常重视治天下国家，而天下国家治理得好，就是要在功利事功上体现出来。从此，我们可以看出，王安石在这里分别主利禄与重视功利事功的不同主要是从主利己和主利人两个方面加以区分。不能以利己为中心，而要以利人为中心，所以就要重视功利事功。

论人性的内涵分不开，从性的善恶上讲要为善去恶；从性的智性上讲，要讲功利要建立事功。这与正统儒家对待事功羞答答甚至反对的态度恰成鲜明的对照，这是正统儒家反王安石的一个主要理由。也就是说，正统儒家反功利，主张功利完全服从仁义，而王安石讲功利，并且其性本体中有功利的本体论依据。因此，功利是王安石哲学中一个合理的结果和组成部分，且对于道德心性中善的标准和目标起相互影响的作用。智愚不仅能够决定一个人的智商，同时在一个人的道德水平中发挥重要的作用，智力因素在人性中也是一个合理的组成部分。所以，智性因素不仅是人性内涵中事功方面的依据，而且也是道德品质发展的基础。

因此，智性是王安石哲学中一个合理的组成部分，单从智性上来说，是无可谓善恶的。但是由智性因素和习于善恶而形成的德性所形成的这个习以成性之性却是有善有恶的，这种性即理学家所说的气质之性。

李祥俊说："在人性论上，王安石既肯定人性中有道德属性，同时又提出人性中有智慧属性，在《尚书·周书·召诰》的注解中，他写道：'哲者，性也。吉凶者，事也。历年者，数也。性我者，事在物，数在时，君子修其在我者，不责命于天也。'哲是明智的意思，这里是说人在生活中，能够发挥本性中固有的智慧，掌握自身的命运。"① 王安石在此段引文中，更是说到了"哲者，性也"的话，明确地将智慧属性也看作一种性。张祥浩也说："王安石论性，不同于孟子以道德为性，荀子以生理本能为性，而以道德与智慧能力为性。"②

王安石的"穷理"与"尽性"对举最能十分明确地表明其性体中包含"智性"和"德性"的两个方面，他说："人之有能、有为，使羞其行，而邦其昌，何也？言有能者，使在职而羞其材，有为者，使在位而羞其德，则邦昌也。人君孰不欲有能者羞其材，有为者羞其德，然旷千数百年而未有一人致此，盖聪不明而无以通天下之志，诚不至而无以同天下之德，则智以难知而为愚者所出，贤以寡助而为不肖者所困，虽欲羞其行，不得也。通天下之志，在穷理；同天下之德，在尽性。穷理者，故知所谓咎而弗受，知所谓德而锡之福；尽性矣，故能不虐茕独以为仁，不畏高明以为义。如是则愚者可诱而为智也，虽不可诱而为智，必不使之出智者矣；不肖者可革而为贤也，虽不可革而为贤，必不使之困贤者矣。夫然后有能、有为者得羞其行，而邦赖之以昌也。"③ 王安石在这

① 李祥俊：《王安石学术思想研究》，北京师范大学出版社2000年版，第85页。
② 张祥浩、魏明福：《王安石评传》，南京大学出版社2006年版，第353页。
③ 王安石：《王文公文集》（上），唐武标校，上海人民出版社1974年版，第286页。

里不仅将"穷理"与"尽性"对举，而且也将"其材"与"其德"对举、"智"与"贤"对举，可见，王安石要从这二者分殊的角度来突出智性与德性平起平坐的地位和重要性的。王安石所谓的穷理就能使我们知道哪些是正确的，哪些是错误的，而我们之所以能做到这一点就是因为我们的性中有智力的因素，所以我们就具有这种判断是非的能力。王安石讲到穷理偏重智性，尽性偏重德性，与后来的理学家有所不同，而这两者的不同恰恰是相对应的。正是因为王安石后天所习形成之人性中有德性和智性两方面的内涵，所以才形成穷理从智性上来讲，尽性从德性上讲二者分殊的理论结构。

王安石有善有恶之性所包括智性一面的特性，是传统儒家和理学家所论性中没有的内容。传统儒家所讨论的人性当然都要以智性作为基础，在将这个智性基础预设为一个不可忽略的条件时，却没有将智性基础考虑进性的内涵之中。但是王安石从重视事功的角度着眼，将这个智性基础考虑进这个性的内涵之中，为事功在人性之中找到一个坚实的根基，而不是如理学家一样只需要道德修养就好了，事功就是水到渠成的结果。正是因为性中可以找到事功的根基，说明了事功对于人性的实现作用不可或缺，所以，王安石一反同时代的其他儒家鄙视功利的倾向，而是极为重视功利。

从内圣与外王的角度而言，王安石对功利事功的重视就是将外王落实在一个实实在在的基础之上。因而真正构建起了一个内圣与外王并重，外王以内圣为基础的哲学体系。从根源上讲，王安石之所以能做到这一点，是与他所论人性的内涵分不开。从性的善恶上讲要为善去恶；从性的智性上讲，要讲功利要建立事功。从义利之辨的角度来讲，王安石既讲义，又讲利，以为义利是可以调和的，因为他以为光有道德的完善于一个人而言还是不完善的，功利事业的成就对于一个人的完善也是必不可缺少的因素。而对于程朱等理学家来说义利根本上是矛盾的，讲义就不能讲利，讲利就不能讲义。这也是与他们的人性论思想中只有德性的内涵分不开的，只有德性的内涵表现在义利之辨的关系上，其彻底的做法必然是道德至上主义，因此必然淡化甚至排斥功利主义。

王安石思想中对智性的重视与理学家偏重道德主义所造成的差别，就是王安石重视功利主义，而理学家淡化功利主义。对于功利主义的是非功过，杨国荣先生在《宋明思想和中华文明》中做了精当的评论。他说："……然而，理学家要求淡化功利意识，固然有其正面的示范作用，但这种要求常常引起了对功利意识的过度压抑。理学以公私划分义利，诚然接通了群己关系与义利关系，但以利为私，同时亦表现了对利的某种贬抑。事实上，从以理界定义，到利不妨义，抑制功利意识构成了理学一以贯之的主导原则。"① 他又说："一般而论，功利的原则可以看作是一把两刃的剑，它既可能对行为起消极的作用，从而导致个体之间利益冲突，也能够在一定条件下成为推进社会前进的动因。历史地看，技术的进步，经济的发展，政治结构的调整等等，最初往往都与功利的追求相联系。黑格尔曾认为，恶常常成为历史演进的杠杆，而功利意识的普遍缺乏，则容易减弱社会的激活力量，从而使之趋于停滞。事实上，宋明新儒学对功利意识的过分压抑，对宋以后至近代以前的科技、经济等等的发展，确实产生了难以否认的消极作用。"② 一个社会不可以不讲功利，当然又要有高尚道德情操的引导，这才是一个健康社会的运行机制，这也正是王安石思想用在社会改革方面的一个总的特性。惜乎熙宁变法由于各种因素的因缘际会，导致了变法的失败，从此中国走上了一条片面重视和发展内在道德修养的道路。所以，从某种意义上说正是因为熙宁变法的失败，才导致了理学家对于变法之前的改革主张噤若寒蝉，逐渐趋向于消极与保守。

三、闻见之知、格物穷理与王安石智性的差异

王安石对智性的理解与运用表现出了与理学家闻见之知及相关概念的差异。张载所提出的闻见之知是相对的德性之知而言的，是认识事物的开始，是绝对不可缺少的。张载说："闻见不足以尽物，然又须要他。耳目不得则是木石，要他便合得内外之道，若不闻不见又何验？"③ 但是张载又认为闻见之知是有局限的，必须要上升到德性之知，他说："本立则不为闻见所转，其闻其见，须透彻所从来，乃不眩惑。"④ 不仅如此，张载还从根本上认为闻见之知从属于德性之知，即认为闻见之知的最终目是为德性之知做准备的，他说："岂唯耳目所闻见，必从一德见其大源，至于尽处，则可以不惑也。"⑤ 又说："耳目虽为性累，然合内外之德，知其为启之之要也。"⑥

张载贬低闻见之知且认为它从属于德性之知的观点成为理学家的共识。在对与闻见之知相类似的格物穷理的看法上，程颐认为格物不仅是一个认识事物规律的过程，而且其主要的目的是通过这个过程体认到天下之理，而这个理又

① 杨国荣：《宋明思想和中华文明》，学林出版社 1995 年版，第 150 页。
② 杨国荣：《宋明思想和中华文明》，学林出版社 1995 年版，第 150—151 页。
③ 张载：《张载集》，中华书局 1978 年版，第 313 页。
④ 张载：《张载集》，中华书局 1978 年版，第 210 页。
⑤ 张载：《张载集》，中华书局 1978 年版，第 210 页。
⑥ 张载：《张载集》，中华书局 1978 年版，第 25 页。

主要是道德心性方面的理，而不是科学理性之理。程颐与他的门人讨论是否可以通过格物而认识天下之理时说："或问：格物须物物格之，还只格一物而万理皆知？曰：怎生便会该通？若只要格一物便通众理，虽颜子亦不敢如此道。须是今日格一件，积习既多，然后脱然自有贯通处。"① 所以格物是穷理的基础，且只有这样才能认识天下之理。这个天理从程颐的思想来看主要是指道德心性方面的理，但是也不排除客观知识。可见，程颐与张载在对知识的看法上相同的。所以陈来先生认为："程颐的格物思想，就其本质来说，是主张以人的理性为基础，因而在为学的初级阶段不排除追求客观知识和研究具体事物，表现出一种明显的合理主义精神。但理学最终的目的在于把握哲学的、人生的'理'，因而其格物理论的发展是指向人文理性而不是科技理性。其结果是经典学、历史学、哲学的发展，而不是科学技术的发展。这种重人文知识的理性主义虽与科学有相容之处，但就道学的本意而言，这种人文理性具有重伦理道德而轻客观事物知识的倾向，因而格物学并不是科学。"② 陈来先生指出这种格物学不是科学，而是偏向了道德理性。但我们说到王安石的智性虽然与理学家的格物穷理不同，但是这种智性也没有发展为科学，这种智性也只是从总体上强调追求事功效果，当然如果要真正达到这一点，就必须发展为科学。但是王安石却没有这些必要的阐述。

朱熹对穷理尽性、格物致知等有着与张载、二程相类似的看法，即这些是认识事物的途径和方法，但是最后也是为识得一个天理服务的。他说："天下岂有一理通便解万理皆通！也须积累将去。……有人尝说，学问只用穷究一个大处，则其他皆通，如某正不敢如此说，须是逐旋做将去。不成只用穷究一个，其他更不用管，便都理会得。岂有此理！"③ 他认为，通过一定的积累，人的认识就会贯通，他说："是以大学始教，必使学者即凡天下之物，莫不因其已知之理而穷之，以求至乎其极。至于用力之久，而一旦豁然贯通焉，则众物之表里精粗无不到，而吾心之全体大用无不明矣。此谓格物，此谓知之至也。"④ 很显然，朱熹这里"豁然贯通"所达到的是"众物之表里精粗无不到，而吾心之全体大用无不明矣"的精神境界，而决不是为了事功的目的而研究客观事物。因此这个格物也主要是从道德的角度加以确定，仍然没有超出理学家心性道德的

---

① 程颢、程颐：《二程集》，中华书局1981年版，第188页。
② 陈来：《宋明理学》，辽宁教育出版社1991年版，第116页。
③ 朱熹：《朱子语类》卷十八，黎靖德编，中华书局1986年版，第391—392页。
④ 朱熹：《四书章句集注》，中华书局1983年版，第7页。

范畴，这与王安石之智性具有认识事物规律的能力从而做出最好的选择并获得最大的成就的内涵有很大的差别。后世正统儒家大都继承了理学家的这种思想，例如王夫之说："凡仁义礼智兼说处，言性之四德。知字大端在是非上说。人有人之是非，事有事之是非，而人与事之是非，心里直下分明，只此是智。胡云峰据朱子解致知知字：心之神明，所以妙众理、宰万物，释此智字，大妄。知字带用说，到才上方有；此智字则是性体。妙众理，宰万物，宰性体却是义理上发底。"①

从以上对理学中有代表性的思想家的思想分析表明宋朝时期及以后的正统儒学家虽然不排除智力追求客观知识和研究具体事物的作用，但是最终的目的在于把握哲学的、道德的"理"。而对于智力最终在功利事功方面的作用表现出轻视甚至鄙视的态度，更不从"哲者，性也"的角度认为功利事功之作用有着本体论的根据，而是认为只要内圣修养得好，就自然能够在外王方面做得好。也就是说外王是内圣的自然而然的结果，并不需要专门去做外王方面的功夫。一句话，外王是内圣瓜熟蒂落的副产品。这种看法与王安石以智性为基础重视功利主义的思想区别开来。

在王安石的哲学体系里，更加明确了智性之于事功的重要性，智性更是为事功而内化于性本体之中，也就是说王安石的智性是事功的保证，王安石的本体不仅包括道德伦理，也包括实现事功的智性因素（当然这种智性因素于形成一个人的伦理道德的成善也是不可缺少的），这一点在前文已经交代过。这样，王安石的本体不仅是德行实现的根据，也是外王实现的根据，且外王并非德行自然衍生的结果，而是具有独立的本体论因素作为根据。事功相对于德性而言，有它的独立性；而理学家的事功是在德性的基础上生长出来的衍生物，不具有独立性。王安石的智性是事功的内在保证，具有功利色彩，所以对佛道诸子百家的思想也采取了公开吸取的态度，这与理学家为了保持儒家立场的纯洁性而对佛道诸子百家的思想采取表面排斥的态度不同，这一点在下面会详细地论述到。

四、王安石人性论思想建构

王安石智性是其人性的一个基本的内涵，如同道德之性是其人性的一个基本的内涵一样，王安石正是从这两个方面来展开他人性论思想的建构。从其性是纯善无恶来看，这个性体是作为王安石为己之学的道德修养的根源，正是因

---

① 王夫之：《读四书大全说》，中华书局1989年版，第1页。

为有这个根源，才能保证人的行为为什么总是趋向于善。但从人性的现实来看，人之性又是有善有恶的，这个性就是上文所说的理学家张载、程朱等所概括出来的气质之性；正是因为人之性是有善有恶的，才有做为善去恶功夫的必要。王安石的人性论思想认为德性与智性并存不悖。就智性来说，是无所谓善恶的。这个性之智体不是从道德伦理来加以研究，而是就人能够具有辨别是非善恶的能力以及人能够认识事物内在的道理（穷理）这个能力来说的。从这个意义上说，这个性之智体不仅保证了人之趋向于道德性由可能变为现实，而且也保证了为己之学中养身、重视个体需求等由可能变为现实，更是外在功利与事功由可能变为现实的有力保证。从智性促成道德心性之实现和外在事功的实现，王安石展开了他哲学思想中道德心性与功利事功双向并重的人性论思想建构。

在王安石的思想中，他是非常重视为己之学的。在《杨墨》中，王安石说："二子之失于仁义而不见天地之全，则同矣，及其所以得罪，则又有可论者也。扬子之所执者为己，学者之本也。墨子之所学者为人，为人，学者之末也。是以学者之事必先为己，其为己有余而天下之势可以为人矣，则不可以不为人。……"① 在这里王安石比较了为己与为人的不同，为己就是要在道德修养和养生上能够使自己达到一个非常完满的程度。在这个基础上才能够有能力去为人，就是为国家为社会做出一番有意义的事情来，否则就如同墨子一样不去做为己之学的功夫，就想到为人，这样可能造成的后果就是没有具备良好的德行也不具备良好的身体素质和真才实学的人去为人不仅不能为人反而有害于人。所以为己是为人的基础。李祥俊说："王安石本人认为，正确的为学、为人之道应该是以杨朱为己为基础，然后依据人物亲疏之别，按照爱有差等的原则向外推衍，最终达到为人的境界，王安石实际上是借对杨朱、墨翟学说的评价，阐述了他自己的以个人实体存在为中心、以济世救民为人生最高价值的人生哲学。"② 为己之学不仅包括了理学家所重视的道德心性，而且包括从道家思想中吸收到的养身、重视个体需求等。也就是说培养一个人的基本素质，不仅要培养这个人的美好的德性，而且还要重视这个人物质需求的一面。因为没有物质性的肉体，其精神方面的培养也就没有依托。因此，为己之学中那些与道德无关部分的内容对于成就一个人的内在品质也是必不可少和非常重要的。理学家偏重精神修养轻视物质基础的思想在王安石哲学思想中得到了有效的纠偏。

王安石在《礼乐论》中阐明了重视养生保形等个体需要与宁心尽性之间的

① 王安石：《王文公文集》（上），唐武标校，上海人民出版社 1974 年版，第308 页。
② 李祥俊：《王安石学术思想研究》，北京师范大学出版社 2000 年版，第338 页。

关系，他写道："神生于性，性生于诚，诚生于心，心生于气，气生于形。形者，有生之本。故养生在于保形，充形在于育气，养气在于宁心，宁心在于致诚，养诚在于尽性，不尽性不足以养生。能尽性者，养生者也；不养生不足以尽性也。生与性之相因循，志之与气相为表里也。生浑则蔽性，性浑则蔽生，犹志一则动气，气一则动志也。先王知其然，是故体天下之性而为之礼，和天下之性而为之乐。礼者，天下之中经；乐者，天下之中和。礼乐者，先王所以养人之神，正人气而归正性也。是故大礼之极，简而无文；大乐之极，易而希声。简易者，先王建礼乐之本意也。"① 王安石在这篇文章中接着又说："养生以为仁，保气以为义，去情却欲以尽天下之性，修神致明以趋圣人之域。"② 在《洪范传》中，王安石论述了常产与常性的关系，他说："夫人君使人得其常性，又得其常产，而继之以毋扰，则人好德矣。"③ 王安石将德行之修养放在一个稳固的物质基础之上，他的思想使人感觉更加现实和可行，在理论的建构上也反映了作为政治家的王安石注重对理论的现实可行性的考虑，因此他的理论具有现实主义和理想主义相结合的特色。形气是人心性的基础，正是有了人的形气才可能有人的心性。王安石在这里更是强调了尽性与养生之相互促进和相互以对方为基础的关系。即不尽性不足以养生，不养生不足以尽性，重视生理、形气与人性相互影响的关系。有学者指出："王安石的这个观点是颇有价值的，早期儒家的人性论大多涉及人的心理、生理，尚未自觉地意识到人的具体的、实体的肉体、形气对于人性的决定作用，更没有详细讨论过二者之间的关系，后来的宋明新儒家则把人的肉体、形气看作是人欲的根源、天理的障碍，必欲除之而后快。"④

前文提到，王安石虽然如同理学家对待气质之性一样主张做为善去恶的功夫，从而在习中成就善性。但是，王安石在对待什么是善以及善的标准还是表现出了与理学家不同的一面。之所以不同，就是因为王安石的善的标准，不仅考虑到道德心性，而且也兼顾到个体的存在与需求。也就是说个体性的存在与需求不仅是道德心性修养的基础，而且这二者也是互相影响的，并且王安石也主张要二者兼顾。例如，在对待冯道、扬雄等人的评价上，就充分考虑到了个体生存的实际环境与实际需求。罗大经《鹤林玉露》乙编卷之四《荆公议论》

---

① 王安石：《王文公文集》（上），唐武标校，上海人民出版社 1974 年版，第 333 页。
② 王安石：《王文公文集》（上），唐武标校，上海人民出版社 1974 年版，第 334 页。
③ 王安石：《王文公文集》（上），唐武标校，上海人民出版社 1974 年版，第 294 页。
④ 李祥俊：《王安石学术思想研究》，北京师范大学出版社 2000 年版，第 221 页。

记载:"其论冯道曰:'屈己利人,有诸佛菩萨之行。'"① 扬雄由于曾在王莽新朝中为官这个污点,而遭到儒家卫道士的抨击与诟骂,但是王安石对扬雄抱有同情的评价。在《答龚深父书》中,王安石写道:"扬雄之仕,合于孔子无不可之义,奈何欲非之乎?"② 还写有《扬雄三首》,对扬雄的不幸遭遇表示同情,为扬雄遭受的指责鸣不平。王安石所有这些议论都是从重视个体的生命及其个人存在的价值有感而发的,带有非常宝贵的人道关怀和人文情怀的色彩,是死气沉沉的以道德伦理至上的封建社会环境中吹起的一股关注个人价值清醒的风。从中可以见出,王安石是非常富有人性和人道关怀的精神。

在为己之学中,道德心性的修养和对个体物质性的重视这两个方面也与外在的事功及功利关系紧密。正是因为道德心性的培养才能保证事功即外王方面的方向性,即按照符合道德精神的原则使外王事业有序有规范地发展;当然外王也对道德心性的修养产生一定的影响,正是因为讲究事功,因此,就不能惟道德主义是从,就不能够以道德主义为中心,就不能只将道德作为最终的目的,而在一个方面也要用作手段,被用来权衡事功正义与否的一根杠杆。所以道德心性的修养在王安石的哲学体系中,只能与他的外在的事功与功利平分秋色而不是将外王作为内圣的衍生物,从而将外王边缘化。

由以上的分析可知,王安石的人性论思想建构主要是围绕着人性论的两个主要组成部分德性和智性而展开的,由德性而重视道德品质的修养,由智性而不讳言对功利事功的追求。所以,王安石重视为己之学,为己不仅是在道德修养上,也是在个体价值上为己。只有这样的为己之学做好了,才能去为人,才能更好地成就功利事业。王安石这种对道德心性修养及个体需求的双重重视与他的"道之全"思想是相一致的。

五、"无可无不可"与中庸之道

在前面我们提到了王安石的为己之学,我们再来看看与之相关的"无可无不可"之道。王安石在阐述为己之学与为人之学时,提出了为己之学做好以后,方能够去为人。那么有人就要问:为人之学学到一个怎样的程度的时候方才被认为是学好了呢?如果我们始终认为自己的为己之学没有学好,学无止境,则我们的为人不就要永远被搁置起来吗?这其中是否有一条为己之学转到为人的界限呢?另外,就王安石的性本体的两个主要内涵来看,我们看到王安石认为

---

① 罗大经:《鹤林玉露》,中华书局1983年版,第186页。
② 王安石:《王文公文集》(上),唐武标校,上海人民出版社1974年版,第86页。

道德之性与外在的事功及功利是互相影响的，而在现实生活中，这两者就极有可能发生冲突，那么怎样处理好这二者之间的关系呢？如果借口要事功，那么道德节操就不是要受到损害吗？理学家主张彻底的道德主义，因此不会发生这两者的冲突，反正一切以道德至上主义为准绳。但是王安石是要兼顾这二者的地位同样重要，都不可损害。那么处理这二者之间的关系又有什么标准呢？

王安石在《杨墨》中说："杨墨之道，得圣人之一而废其百者也。圣人之道，兼杨墨而无可无不可者是也。"① 这是王安石在批评扬子只知道为己、墨子只知道为人的时候所说的一句话。很显然，王安石主张既要为己又要为人，至于为己之学学到一个什么程度的时候方才为人，王安石也并未给出一个明确的答案。但是他在说到圣人为己为人的做法的时候，是"兼杨墨而无可无不可者是也"。

当然，王安石所主张的为己之学学好以后才能为人，是从总的逻辑关系而言的。但是在总的逻辑关系之下，二者在特定的时候谁先谁后的关系也并非一成不变。也就是说，在主要为己阶段，也并不妨碍为人；在为人阶段，也不能忘记为己。所以王安石这里所强调的是这二者确实有逻辑先后的秩序，但是并非是泾渭分明，不可逾越。

"无可无不可"出自《论语》，书中写道："谓：'虞仲、夷逸，隐居放言，身中清，废中权。我则异于是，无可无不可。'"② 孔子在谈到隐士的行为出处，然后说到自己是异于这些人的行为。这里孔子主要是批评他们的隐士作风。有人将这句话理解为孔子的行为是以道义为准绳，因此在不同的场合下就可能采取不同的行为，这个理解是准确的。同样，王安石在这里说到处理这二者之间关系的时候是"无可无不可"，就是说为己为人都是可以的，只要符合道义就可以了，而这其中的取舍就是行中庸之道。所以，"无可无不可"之道，我以为在王安石看来，就是一种中庸之道，就是不走极端，要兼顾到各方面使得它们在我们的行为中都得到应有的充分重视，并且有利于事情向正确和成功的方向发展。

在《答李参书》中，王安石说："李君足下：留书奖引甚渥，卒曰'教之育之在执事耳。'某才德薄，不能堪，足下望之又何厚也？夫教之育之，某之所以望于人也。足下曾某之望乎？岂欲享尪人以壮者之食，而强之负重乎？然足下自言不乐雷同，不喜趋竞。审如是，某诚爱焉，诚慕焉，诚欲告足下所闻焉。

---

① 王安石：《王文公文集》（上），唐武标校，上海人民出版社 1974 年版，第308 页。
② 杨伯峻：《论语译注》，中华书局 2006 年版，第221 页。

曰某人诚甚贵，有它长，稍近于谀，则疾之若数世之仇。审如是，亦过矣。天
下靡靡然，足下之仇岂少耶？君子不为已甚者，求中焉其可也。"① "求中焉其
可也"，王安石的这个"求中"的思想，意在告诫对方待人接物不要偏执与极
端，而应当求中庸之道。"求中"在王安石的思想中可以与"无可无不可"之
道贯通起来，也就是说"无可无不可"之道就是中庸之道。有关中庸之道的实
行，《中庸》一书中说："子曰：'天下国家可均也，爵禄可辞也，白刃可蹈也，
中庸不可能也。'"② 可见在传统儒家中以为中庸之道不是容易做到的，所以王
安石是终身追寻而矢志不渝。

王安石在他的著作中也将"中道"这个概念当作与"中庸"相同的意义来
使用。王安石在《答段缝书》中说："巩在京师，避兄而舍，此虽某亦罪之也，
宜足下之深攻之也。于罪之中有足矜者，顾不可以书传也。事故有迹，然而情
不至是者，如不循其情而诛焉，则谁不可诛耶？巩之迹固然耶？然巩为人弟，
于此不得无过。但在京师时，未深接之，还江南，又既往不可咎，未尝以此归
之也。巩果于从事，少许可，时时出于中道，此则还江南时规之矣。巩闻之，
子戄然。巩固有以教某也。"③ 王安石在其他的地方也提到了与"中庸"类似的
"中行"这个概念，他说："时未可而进，谓之躁，躁则事不审而上必疑；时可
进而不进，谓之缓，缓则事不及而上必违。诚如是，是上之人非无待下之意，
由乎在下者动之不以时，干之不以道，不得中行而然耳。"④ 中行乃中道而行，
可见王安石是非常重视中道的。中道的意思是：大乘诸宗谓无差别、无偏倚的
至理。即离开空、有或断、常等二边的实相。《中论·观四谛品》："众因缘生
法，我说即是无，亦为是假名，亦是中道义。"从王安石将中道与中庸这两个概
念当作相同的意义来使用看，王安石借鉴和吸取了佛学中中道的部分思想，以
丰富儒学中相比于佛学稍逊风骚的内圣之学。

无差别、无偏倚的至理就是中道，用到行为上也就是行不偏不倚的中庸之
道了。王安石在上引书信中为曾巩辩解而提到了曾巩符合中道的行为，可以看
出王安石对中道的推崇。在该信中，王安石评价人物行为的标准也并非是从抽
象的道德伦理出发，而是提醒人们要从事情的本身去分析和评价这个人的行为。
王安石思想中这些不走极端、全面权衡的人物评价方式非常富有中庸之道的精

① 王安石：《王文公文集》（上），唐武标校，上海人民出版社 1974 年版，第95 页。
② 朱熹：《四书章句集注》，中华书局 1983 年版。
③ 王安石：《王文公文集》（上），唐武标校，上海人民出版社 1974 年版，第100 页。
④ 王安石：《王文公文集》（上），唐武标校，上海人民出版社 1974 年版，第26 页。

神。就在这篇书信的后半部分，王安石分析了贤者为什么总是招致怨恨的原因，主要是出于愚者对贤者的嫉妒和贤者又自守的原因。从这些分析中，我们看出王安石对造成某一个社会现象的原因总能给出令人信服的解释，这主要也是由于王安石总能不带偏见、抱着一颗公正的心去分析和判断问题。而这种富有平常心的分析和判断通常又是中庸之道的现实表现。

漆侠先生也认为：“《中庸》和《中论》尽管由于儒佛两家在语言逻辑的表述上有不小的差别，但分别作为两家的方法论则是相同的。特别值得重视的是，孔夫子的中庸之道，反对‘过犹不及’，反对极端化、绝对化，具有辩证法思想；而佛家的中道义，以之反对有无两边的‘边见’，以中为胜，同样是反对极端化、绝对化，二者则是相同的。”①

冯友兰先生也将中庸之道与中道相提并论，他说：“无论就道德方面说‘中’，或就利害方面说‘中’，‘中’均没有不彻底的意思。我们先问：什么叫做彻底？若所谓彻底者，就道德方面说，是说，我们做事，必须做到我们做到的地步，此应该做到的地步，正是讲中道者所谓恰到好处之点。”② 冯友兰肯定了中庸之道与中道在效果上的一致性，即中庸有时人们也说成中道。

冯友兰先生以为中庸之道是要“惟义所在”，也就是说没有不变的可，也没有不变的不可，即“无可无不可”。他说：“‘言必行，行必果’，是侠义的信条。‘言不必行，惟义所在’，是圣贤的信条。此所谓义，即‘义者，宜也’之义。所谓宜者即适合于某事及某情形之谓。……但是有些情形中，对于某事，守信是不合乎中道底。例如所谓‘尾生之信’是。尾生与一女子约，期相遇于桥下。及期，尾生至，而女子不至。桥下水涨，尾生未免太守信了。守信而可以说是‘太’，即其守信不是在此情形下做此事的恰好底办法也。其不恰好是由于太过，而不是由于不及，所以说是‘太’。”③ 当我们说到“言必行，行必果”时，我们以为是千古不变的教条，却不知道也有言不必行、行不必果的时候，这就是“无可无不可”之道，而这一点又直通儒家为人处事中行权制义的法则。

我们谈了中庸之道是“惟义所在”以后，现在再回到王安石的“无可无不可”之道，我们就会明白这种说法的意思就是没有不变的可，也没有不变的不可，一切要根据具体的情况而定，既要全面权衡，又要做到恰到好处，过犹不

---

① 漆侠：《宋学的发展与演变》，河北人民出版社 2002 年版，第186 页。
② 冯友兰：《新世训》，生活·读书·新知三联书店 2007 年版，第54 页。
③ 冯友兰：《新世训》，生活·读书·新知三联书店 2007 年版，第54 页。

及都是不好的。而要怎样做到恰到好处和做到"惟义所在",这又涉及前面论述的有关王安石道论等思想。

六、余论

与二程等理学家重视体认本体一样,王安石也重视对本体体认的修养功夫。之所以将性也称为本体,盖道本体作用到人身上就是性,故而性即天地之性就具有本体的意义。所以,道、性可以看作处在同一个层次的概念。二程等理学家用默坐澄心来体认本体,盖用澄心以反观自心的方式认识自己。王安石在对性本体的体认上也与理学家类似,他也主张做复性的修养功夫。王安石的"心斋"的修养方法就是体认"无善无恶"和"寂然不动"的性本体。王安石针对《周礼·天官》"王齐日三举",写道:"孔子斋必变食者,致养其体气也,王斋日三举则与变食同意。……然此特祭祀之斋,尚未及夫心斋也,所谓心斋则圣人以神明其德者是也,故其哀乐欲恶将简之弗得,尚何物之能累哉?"① 用心斋修养身心,就能做到像圣人一样"神明其德"。

王安石所论之性中有一种情况就是性是无善无恶的(非智性),这种性体现了王安石对佛道无声无臭之性在某种意义上的承认,而这种承认主要表现在对性本体的体认上。也就是说佛道之寂然不动之性对于儒家学者来说其作用就是可以帮助儒家人物做体认性本体的功夫,因为在一种除去纷扰的平和心境中更有利于反观到自己的本质是怎样。王安石也正是在此种意义上承认性具有无善无恶的性质。

王安石既重视对至善无恶之性本体的体认,同时也重视对后天有善有恶之性(气质之性)的培养。正是因为它有善有恶,所以要通过不断地习于善来培养善性,而舍弃恶性。当然由于王安石人性的构成中还有智性的因素,因而其习不仅是习于善,而且是习于智,即重视事功能力的培养。

虽然王安石在对本体的体认上同理学家有相同的地方,但是由于对本体的规定不同,因而就最终在本体由内向外显现的过程中他们各自所认识到的本体表现方式有不同。王安石的本体是伦理道德与智性的结晶,是二者互动的结果。王安石的本体是动态的,而正统的理学家的本体在倾向上主要表现为静态。王安石的本体既具有内向性又具有外向性,是内与外的统一;而理学家中虽然也有人认可气质之性,但是思想史发展的事实表明理学家更强调和表现为向天地

---

① 程元敏:《三经新义辑考汇评(三)——周礼》,(台北)"编译馆"1987年版,第88页。

之性的复归。

总之，王安石的人性论思想是对人性之善恶的一个全面综合的看法，而不是某一种看法。我们不能说王安石最终是持一种什么样的具体的人性论思想，因为性的所指不同，则其含义和属性就有区别，而王安石在其著作中论述了多种情况下的人性，因而其得出不同的结论也就是合情合理的事情。所以不能因为王安石对人性有不同的观点就说王安石人性论是混乱的，自相矛盾的。如果我们将王安石的人性论之一种情况理解成王安石人性论总体思想的一个组成部分，而不是全部，则我们认为王安石的人性论思想观点不是前后矛盾或者变动不居的，相反倒是一个有机的总体。在这个总体中，各部分虽不一致却是可以互相补充的。王安石人性论思想与理学家的差别作用到政治上则表现了王安石对功利主义的重视，而这种重视又是因为其性中有事功的本体论的内在根据，这个根据又是与道德心性相互影响和制约；而当为己与为人、道德与功利等发生矛盾和何者优先时，王安石提出了"无可无不可"的权衡之道，这种"无可无不可"的思想表明了王安石的功利主义是在道义前提下的功利主义，是在既不讲究道德主义至上又不损害伦理道德的道义前提下讲求功利。笔者认为王安石这种指导思想适合社会的发展，但是由于古代中国社会的思想实际现状的制约，王安石的这种思想没有得到很好的贯彻实施，他所主持的熙宁变法也遭受了失败的命运。

第二节　王安石的命运观

在先秦时代，诸子对于所谓命也是非常关注的，因为命，尤其是一个人的命运是与一个人生存息息相关的事情，是不容任何人不加以关心的。先秦时代人们大多也是从世俗的角度来论述有关命的思想。孔子五十而知天命，畏天命，个人的命运是与天命相联系的。孔子将个人的命运之根源归结为天命，因而一个人就必须知道畏天命，因为天命决定了他的命运。但是孔子在承认天命对命运的决定作用时，也不否认人为努力对命运的作用和影响。学者梁涛认为郭店楚简提出天人之分①是孔子有关天与命思想基础上的进一步发展。他说："而竹

---

① 郭店楚简《穷达以时》上说："有天有人，天人有分。察天人之分，而知所行矣。有其人，无其世，虽贤弗行矣。苟有其世，何难之有哉？（第1—2简）"（转引自梁涛：《郭店竹简与思孟学派》，中国人民大学出版社2008年版，第447页）

简则在孔子思想之上发展一步，明确提出'天人之分'。原来在周人的天人合一中，天的赏善罚恶处于中心位置，行为合于义就是福，不合则遭殃；竹简的天人之分则将行为和祸福分离，行善不再是为了躲避惩罚或乞求福报，而是尽人之为人的职分，就哲学的尺度看，这一分离乃是外在限定与内在自觉之分，是道德的觉醒与思想的进步。"① 作者进一步认为孟子性命之分的思想也是基于竹简天人之分的基础上提出来的，将天与命、人与性相对应，从而得出人的职分在于德行，而将人生的穷达祸福、沉浮变化之事归之于天。就人的价值是自在自为而言，竹简的确向上发展了孔子的仁的思想，向下开启了孟子以人的自在自为的价值对于由自我做主的人性的阐述。很显然这种天人之分接通了从孔子到孟子的思想发展的脉络，但是，就对于命运的认识而言，先秦思想家的看法是一脉相承的，都将不可知的命运交给了天这个某种神秘力量的代表，对待命运的态度都是修身以俟命。

一、王安石对孟子、扬子命运观的会通

王安石的命运观是在继承前人的基础上而又提出了自己独特的见解。他说："贤之所以贤，不肖之所以不肖，莫非性也；贤而尊荣寿考，不肖而厄穷死丧，莫非命也。论者曰：'人之性善，不肖之所以不肖者，岂性也哉？'此学乎孟子之言性，而不知孟子之指也。又曰：'人为不为命也，不肖而厄穷死丧，岂命也哉？'此学乎扬子之言命，而不知扬子之指者也。孟子之言性，人之性善；扬子之言性，人之性善恶混。孟子之言命，莫非命也；扬子之言命，人为不为命也。孟扬之道未尝不同，二子之说非有异也，其所以异者，其所指者异耳。此孔子所谓言岂一端而已，各有所当者也。故孟子之所谓性者，独正性也；扬子之所谓性者，兼性之不正者言之也。扬子之所谓命者，独正命也；孟子之所谓命也者，兼命之不正者言之也。"② 从以上所引可见出，扬子坚持"人为不为命"的世俗的命运观，而孟子坚持"莫非命也"的看法。但是王安石认为扬子还没有说到命之不正者，而对于正命的看法他们二者都是一样的。王安石写道："有人于此，才可以贱而贱，罪可以死而死，是人之所自为也。此得乎命之不正者，而孟子之兼所谓命者也。有人于此，才可以贵而贱，德可以生而死，是非人之所为也。此得乎命之正者，而扬子之所谓命也。"③

---

① 梁涛：《郭店竹简与思孟学派》，中国人民大学出版社2008年版，第453页。
② 王安石：《王文公文集》（上），唐武标校，上海人民出版社1974年版，第313—314页。
③ 王安石：《王文公文集》（上），唐武标校，上海人民出版社1974年版，第314页。

对此，学者李祥俊解释道："王安石这里的命指的是人的生存境遇的命运，他认为如果一个人为非作歹而处于坏的生存境遇之中，这就是不正常的命运，因为他的人为努力向着不好的方向发展了。一个人如果尽了人为努力本来是可以贵、可以生的，而现实的人生境遇却是贫贱和死亡，但是，在王安石看来，只要他的人为努力向着好的方向发展，就是正常的命运。"① 这个解释符合王安石的原意，但是王安石对扬子命运观的阐释很显然不符合扬子的原意。王安石将"人为不为命"曲解为"非人之所为也"，但这二者是有实质性差异的。"非人之所为也"是说我们行为的不良结果并非我们好的动机所导致的，而是命运的作弄，这个命运从结果看虽然不好，但是从行为的动机看，应属正命。"人为不为命"却是一种世俗所谓的命运，它不关乎行为的动机，只关乎行为的结果出于人的目的之外。只要不是我们的行为所导致的必然结果，即出乎我们的预料，就是"非人为"，即为正命。

可见，王安石从赞同孟子以道德伦理动机作为划分正命与否的标准出发试图将扬子的命运观与孟子的命运观会通起来，就是从行为的动机上看是正命与否。如果动机是好的，结果又是不好的，也是正命，因为这个消极的结果并没有改变出于我们好的动机这个事实。但是与好的行为和动机比较而出现了不好的结果因而我们说这是非人为的正命而言，孟子的正命还有着从好的动机求得好的结果一面的正命，如"莫非命也，顺受其正。是故知命者不立乎岩墙之下"（《孟子·尽心上》）。因为他评价正命的标准是好的动机，在此情况下，不好的结果也算是正命；但是好的结果更是我们所期待的一种正命。这种情况就突破了扬子"人为不为命"正命的标准。在这种情况下，王安石所曲解的扬子的"人为不为命"也不能与孟子正命涵盖的范围相一致，因为这种情况不是非人为的，相反是我们人为和期待的结果。

可以看出，王安石无法将孟扬的观点调和得滴水不漏，这一点表明王安石的调和论在实际操作中所遇到的困境。孟子的命运观在某种程度上，表现为一种对动机和效果的双重重视，我们可以从他所举的正命的例子看得一清二楚，但是孟子却在这方面语焉不详。孟子在动机和效果不能兼得的情况下，舍效果而保动机。在特殊情况下，也采取变通行权的做法，例如，"嫂叔不通问"就是坚守儒家的原则做法，而"嫂溺援之以手"就是一种行权之法。

---

① 李祥俊：《王安石学术思想研究》，北京师范大学出版社 2000 年版，第239 页。

二、王安石对传统命运观的继承及其用意

王安石的命运观主要表现为对孟子的继承，但还有他自己独特的地方。即王安石对自己当下的生存现状表现为某种程度上心甘情愿地接受，但是这种接受的实质不是听任命运的摆布，从此一蹶不振，而只是一种心理安慰的做法。心安理得地接受主要源于两个原因：第一是遵循儒家重视精神境界而不以命运之功名富贵来评价个人的人生价值的传统思想，第二是因为这样做是为了更好地抵消不幸命运给我们造成的伤害，让我们在这种精神抚慰中忘掉世俗的功名富贵对我们的消极影响，从而以轻松的姿态和毫无心理包袱的良好状态更好地迎接命运的挑战。

对于第一点，王安石以为我们要遵循仁义道德对我们行为的指导作用，这是他站在儒家思想立场上对儒家重视德行的继承，表现了一定程度上对行为动机的重视。王安石说："盖天之命一，而人之时不能率合焉，故君子修身以俟命，守道以任时，贵贱祸福之来，不能沮也。子不力于仁义以信其中，而屑屑焉甘意于诞谩虚怪之说，不以溺哉?"[1] 对于外在于自身的命运我们不能耿耿于怀，甚至沉湎于对命运的迷信中，王安石批判了这些人追求功名富贵而又迷信歪道邪说企图侥幸取胜的懒汉作风。他们既没有抓住人生价值的中心，又采取了迷信"诞谩虚怪之说"的错误做法。儒家的做法，即是汲汲于仁义之事而不刻意于命运的现实结果。一个人的价值在于他对仁义道德的遵循，而不在于他所取得的功名富贵。所以，王安石非常赞同孔孟先圣的出处行藏、行为礼数。王安石说："然孔子不以贱而离道，孟子不以弱而失礼，故立乎千世之上而为学者师。……今不知命之人，刚则不以道御之，而曰：'有命焉，彼安能困我?'由此则死乎岩墙之下者犹正命也。柔则不以礼节之，而曰：'不出，惧及祸焉。'由此则是贫贱可以智去也。夫柔而不以礼节之，刚而不以道御之，其难免一也，故易旅之初六宜与上九同患。悲夫！离道以合世，去礼以从俗，苟命之穷矣，孰能持此以免者乎?"[2] 这里，王安石强调了对于"修身以洁行，言必由绳墨"[3] 的一面，君子的行为有一定的操守，绝不能因贫贱和困厄而有所改变，这里王安石是将仁义操守作为一种原则性前提置于我们的行为之前。人生的价值在于他的道德境界的高尚。在注解《诗经·大雅·文王》中，王安石写道：

---

① 王安石：《王文公文集》（上），唐武标校，上海人民出版社1974年版，第320页。

② 王安石：《王文公文集》（上），唐武标校，上海人民出版社1974年版，第318—319页。

③ 王安石：《王文公文集》（上），唐武标校，上海人民出版社1974年版，第319页。

"足乎己，无待于外之谓德。以德求多福，则非有待于外也。"① 在《洪范传》中，王安石也强调了以德为主，而对于吉凶祸福则不要太过斤斤计较。他说："或曰：'世之不好德而能以令终与好德而不得其死者众矣，今曰好德则能以令终，何也？'曰：'孔子以为"人之生也直，罔之生也幸而免"，君子之于吉凶、祸福，道其常而已，幸而免与不幸而及焉，盖不道也。'"②

在这一点上，王安石首先赞同郭店楚简和稍后的孟子用天人相分法将命运与外在限制相关联，而将德行与内在自觉相关联，从而将修身交给了自己，而将命运交给了外在因素的思想。所以得出个人不要汲汲于命运的结果，而要修身以俟命的思想。即如孟子所说："尽其心者，知其性也。知其性，则知天矣。存其心，养其性，所以事天也。夭寿不二，修身以俟之，所以立命也。"③ 存心养性以事天，就是"……修养好自己的身心，完善好自己的道德，把自己的事情做好，尽到自己最大的努力，至于外界事物究竟能不能成功，听从命运安排好了。这就是儒家的安身立命之道。"④

第二，我们接受当前的生存境遇，是要将自己对命运的期望值调整为与我们面临的现实生活的事实相一致，这样就减少了自己的期望值与命运的不幸结果所造成的巨大落差而带来的痛苦。接受，实际上是去抚平一种在现实面前与自己的希望所造成的巨大反差而采取的非常明智和富有智慧的策略，以便将我们所遭受的伤害减到最小。在《与孙侔书三》之二中，王安石写道："人生多难，乃至此乎？当归之命耳！人情处此，岂能无愁？但当以理遣之，无自为苦也。"⑤ 对于自己当下的人生境遇不要耿耿于怀，而要无怨无悔地接受，这样我们反而感到心安理得很多，我们就能更有效地抵制命运中的负面因素对自身的伤害。

所以，概括地说，我们一是可以用儒家所遵循的仁义道德作为行为和出处行藏的准则，从而提升我们的人格魅力和道德境界；一是可以用我们的人生价值主要在于对思想道德境界的追求，而生活中的不幸和挫折与我们的价值没有多大的关系，来作为我们排遣人生失意的一种有效手段。

---

① 邱汉生：《诗义钩沉》，中华书局1982年版，第224页。
② 王安石：《王文公文集》（上），唐武标校，上海人民出版社1974年版，第295页。
③ 杨伯峻：《孟子译注》，中华书局2005年版，第301页。
④ 杨泽波：《孟子评传》，南京大学出版社1998年版，第221—222页。
⑤ 王安石：《王文公文集》（上），唐武标校，上海人民出版社1974年版，第66页。

三、王安石对孟子命运观的继承与发展

但是我们要看到王安石站在儒家思想立场上更有超迈前人的地方。所以，在遵循儒家仁义的原则和抵挡住了当前消极命运对自身的影响之后，王安石表现了要控制和支配命运的精神。

首先，王安石以为一切均是命，无往而不是命。在《答史讽书》中，他说："知我者其天乎，此乃《易》所谓知命也。命者，非独贵贱生死云尔，万物之废兴，皆命也。孟子曰：'君子行法以俟命而已矣。'"① 王安石一切均是命的思想来自孟子的"莫非命也"思想的启发。但是比较而言，王安石命的内涵超过了孟子命的内涵，因为孟子是从性命分殊的角度来论述命的思想，而王安石主张"性就是命，命就是性"，将性也当成了命。

孟子说："口之于味也、目之于色也、耳之于声也、四支之于安逸也，性也，有命焉，君子不谓之性也。人之于父子也、义之于君臣也、礼之于宾主也、知之于贤者也、圣人之于天道也，命也，有性焉，君子不谓之命也。"② 可以看出命是由外至者，而性是由自我决定的。因此，孟子从论证命的外在性来反衬性的内在性，这是一种将性命分开来论证的方式。③ 性命各属于不同的领域，泾渭分明不容混淆。当然，孟子也谈到这种由外在力量决定的命也是性，但是君子不谓性，自视甚高的孟子不可能不谓自己是君子，因此在孟子看来这由外在力量决定的性肯定是命而不是性。同样的道理，那种其结果由内在的自我力量决定的一定是性而不是命。

对于孟子这种泾渭分明的性命二分法，王安石是从调和的立场来看待的，他认为孟子这种看法就是以为由内在的因素决定结果的性也是一种命。他说："然孟子曰：'仁之于父子也、义之于君臣也、礼之于宾主也、圣人之于天道也，命也，有性焉，君子不谓命也。'由此而言之，则圣贤之所以为圣贤，君子虽不谓之命，而孟子固曰命也已；不肖之所以为不肖，何以异于此哉？"④ 这就是说性也是命。王安石的命几乎包囊一切，一切均是命。王安石的这个观点，极大拓宽了命的内涵，使命这个神秘的存在在许多方面可以为我们人力所能控制，

---

① 王安石：《王文公文集》（上），唐武标校，上海人民出版社 1974 年版，第89 页。
② 杨伯峻：《孟子译注》，中华书局 2005 年版，第333 页。
③ 孟子的性命相分与郭店楚简天人相分实质上是一致的，因为性命与天人是分别相对应的，将自主性的性归之于人，而将受外在限制的命归之于天。因此，孟子的性命分殊实际上是对郭店楚简中所提出的天人相分思想的继承。
④ 王安石：《王文公文集》（上），唐武标校，上海人民出版社 1974 年版，第321 页。

这极大增强了我们控制自己命运的决心和信心。

四、王安石命运观的实质表现为充分发挥智性因素支配自我的命运

王安石认为那些由自我做主的性是命，从而大大增加了可控命运的比例；而且还表现出要控制和支配那些不可控命运的思想倾向。这一点是与传统儒家有区别的地方，主要是由于王安石吸收了诸子百家特别是道家的思想。因为吸收了道家重视养身和个体价值的思想，我们又可看出，王安石对个体生命欲求是持肯定态度的。这种欲求可能是从事某些事情的直接动力，肯定了欲求必然肯定关心这种欲求所希望获得的结果的行为，也表现出力图要支配和掌握这种结果的倾向，而这种结果就是个人在现实遭际中表现出来的命运。王安石这种思想使得他的命运观表现出强烈要求掌握和支配自己命运的个性色彩，竭力要将事物的发展纳入自己既定的轨道，以便获得一个满意的结果。

在《上蒋侍郎书》一文中，王安石则通过对《周易》中《晋》卦和《比》卦爻辞的注解，阐发了我们出处进退应当掌握住适当的时机，这样才能最大程度增加胜算的可能性。在该文中，他说："某尝读《易》，见《晋》之初六曰：'晋如摧如，贞吉。罔孚，裕，无咎。'此谓离明在上，己往应之。然处卦之初，道未章著，上虽明照而未之信，故摧如不进，宽裕以待其时也。又《比》之上六曰：'比之无首，凶。'此谓九五居中，谓上下之主，众皆亲比，而己独后期，时过道穷，则人所不与也。斯则圣人赜必然之理，寓卦象以示人事，欲人进退以时，不谓妄动。时未可而进，谓之躁，躁则事不审而上必疑；时可进而不进，谓之缓，缓则事不及而上必违。诚如是，是上之人非无待下之意，由乎在下者动之不以时，干之不以道，不得中行而然耳。"[1] 阐发了要把握住时机、力促结果得以成功的思想，表现了王安石对命运之结果积极干预和乐观向上的精神；而在这种积极干预的过程中，事业上的成功主要是通过发挥个人的聪明才智来达到的，所以智性在其中扮演着重要的角色。表现了王安石哲学思想不仅重视德性原则的指导性作用，而且也重视智性在谋划事业成功上的作用。在这种谋划事业成功的过程中，一种强烈干预命运的精神跃然纸上。

对于身处困境的人，王安石也不是一味听天由命，而是要设法改变现状，摆脱困境，用自己的聪明才智寻求走出命运困境的办法。王安石在《九卦论》中写道："处困之道，君子之所难也，非夫智足以穷理，仁足以尽性，内有以固其德而外有以应其变者，其孰能无患哉？古之人有极天下之困而其心能不累，

---

① 王安石：《王文公文集》（上），唐武标校，上海人民出版社 1974 年版，第25—26 页。

其行能不移，患至而不伤其身，事起而不疑其变者，盖有以处之也。处之之道，圣人尝言之矣。《易》曰：'履以行和，谦以制礼，复以自知，恒一以德，损以远害，益以兴利，困以寡怨，井以辨义，巽以行权。'此其处之之道也。……且君子之行大矣，而待礼以和，仁义为之内，而和之以礼，则行之成也。而礼之实存乎谦。谦者，礼之所自起；礼者，行之所自成也。故君子不可以不知履，欲知履，不可以不知谦。夫礼，虽发乎其心而其文著乎外者也。君子知礼而已，则溺乎其文而失乎其实，忘性命之本而莫能自复矣。故礼之弊，必复乎本，而后可以无患，故君子不可以不知复。虽复乎其本，而不能常其德以自固，则有时而失之矣，故君子不可以不知恒。虽能久其德，而天下事物之变相代乎吾之前，如吾知恒而已，则吾之行有时而不可通矣，是必度其变而时有损益而后可，故君子不可以不知损益。夫学如此其至，德如此其备，则宜乎其通也，然而犹困焉者，则向所谓困于命者也。困于命，则动而见病之时也，则其事物之变尤众，而吾之所以处之者尤难矣，然则其行尤贵于达事之宜而适时之变也。故辨义行权，然后能以穷通。而井者，所以辨义，巽者，所以行权也。故君子之学至乎井巽而大备，而后足以自通乎困之时。"① 怎样对付困境是非常难的，因为只有智足以穷理、仁足以尽性的人才能做到这一点。从这里可以看出，王安石比起传统儒家来不仅强调了要尽性、修身，而且如同上文所述，同时也强调了人的聪明才智在解脱困境中的重要作用。穷理，不只是穷尽事物所包含的伦理道德之理，像理学家所阐释的那样，而且更重要的是穷尽事物规律之理，即理智地分析事情的前因后果，因势利导地处置事情，将事情的发展引向正确和有利的轨道，从而做到"外有以应其变者"。由此可见，王安石对于处困之道，不仅仅是简单的修身以俟命，消极地等待命运结果的来临，而是以更加积极的态度直接用仁智双修的方法来竭力支配事物发展的走向。在王安石哲学思想中占有很重要地位的智性因素，在自我力图控制和支配命运的过程中也相应地发挥着重要作用。由此可见，王安石的命运观表现出的要控制和支配命运的思想倾向是有着其哲学理论思想的支撑。

在这里，王安石说我们之所以处于困境，是由于"困于命"的原因。这时我们更要谨小慎微地注意自己的一言一行。在此困境中，要采取"辨义行权"的办法克服"困于命"的处境。辨义，就是要遵循儒家的仁义礼智性之类的原则；行权，就是在必要的时候要做出适当的变通。既然需要行权，表明我们在克服"困于命"困境的时候，我们的办法和措施有时与原则性的礼教发生矛盾，

---

① 王安石：《王文公文集》（上），唐武标校，上海人民出版社 1974 年版，第346—347 页。

这时我们怎样处理矛盾呢？这就出现了两种可能性：第一，放弃我们的不合原则性的措施和办法，严格遵循原则；第二，就是在行权之时，对于儒家的原则在特殊的场合和时间上做出一些变通。王安石有时采取第一种办法，有时采取第二种办法。这些都要根据不同的情况采取不同的处置办法。①

王安石对造成人生境遇命运的原因做出了分析。在《周官·周书·洪范》的注解中，王安石写道："夫物有吉凶，以其位与数而已。六五阳位矣，其位九四所难者，数不足故也。九四得数矣，其位六五所制者，位不当故也。数衍而位当者吉，数耗而位忒者凶。此天地之道，阴阳之义。"② 王安石认为决定一个人命运的吉凶的因素是数与位，"位"相当于一个人在社会上的地位，而"数"相当于一个人的影响力。个人应当注意在社会上的定位与自己在人们心目中的影响力，这样才能做出适合自己对策的行动来，对策的正误由此而决定自己是凶或者吉。可以看出，王安石不仅有着遵循儒家思想的一面，也有讲究实效的一面，与传统儒家"明其道不计其功"明确提出不计功利的思想有出入。与此相关，王安石的命运观也注重对命运的支配。从这方面看，王安石的命运观有对传统命运遵循的一面，亦有与传统命运观不同的一面。而这后者正是王安石命运观独有的特色。

当然王安石也认为这个命运的结果有时也在我们能力掌握之外，这主要是由于"天人之道悖，则贤者贱而不肖者贵也"的原因，这更加激起了我们要努力改变现状的勇气和决心。王安石说："夫天之生斯人也，使贤者治不贤，故贤者宜贤，不贤者宜贱，天之道也；择而行之者，人之谓也。天人之道合，则贤者贵，不贤者贱；天人之道悖，则贤者贱而不肖者贵也；天人之道悖合相半，则贤不肖或贵或贱。尧舜之世，元凯用而四凶殛，是天人之道合也；桀纣之世，飞廉进而三仁退，是天人之道悖也；汉魏而下，贤不肖或贵或贱，是天人之道悖合相半也。盖天之命一，而人之时不能率合焉，故君子修身以俟命，守道以任时，贵贱祸福之来，不能沮也。子不力于仁义以信其中，而屑屑焉甘意于诞谩虚怪之说，不以溺哉？"③ "天人之道悖"是一个社会整体出了问题。我们经常看到不合情理的事情发生，正是因为如此，我们才更有必要坚守我们的原则立场以便使我们的社会朝一个更加健康、更加合理的方向发展。在这里王安石

---

① 有关辨义行权的讨论参见杨倩描的《王安石〈易〉学研究》，河北大学出版社 2006 年版，第七章第三节。

② 程元敏辑：《三经新义辑考汇评（一）——尚书》，（台北）"编译馆"1986 年版，第119 页。

③ 王安石：《王文公文集》（上），唐武标校，上海人民出版社 1974 年版，第320 页。

的观点又与他的天人之际感应观点联系在一起。李俊祥说："王安石在天人关系上的总的看法是，天人之间的感应关系是确实存在的，但天象、灾异之类并非和现实政治的每一件措施一一对应，作为执政者，主要的着眼点是现实的人事。"① 联系到个人的命运来看，"贤不肖或贵或贱"，因为天人感应并非一一对应。但是从总体和一般的情况而言，贤者贵，不贤者贱。王安石认为如果一个社会从总体和普遍的角度看发生因果关系的错乱，则这个社会实质上就是一个"天人之道悖"的社会。在这样的社会里，我们更加要积极有为、自强不息，只有依靠我们社会大多数人不屈服于命运的努力才能够使天人相悖的不正常情况得以扭转。在这里，王安石说明了个人改变和掌握自己命运与整个社会利益相一致的道理，从而为个人改变命运的努力找到了强大的道义支持。

我们在分析王安石的命运观，指出他的命运观是积极向上、乐观进取之时，也不排除王安石有时对命运陷入非常沮丧的情绪中。因为任何一个人不可能没有失意的时候，在这个时候说出一些颓丧的话，也是一种宣泄和解脱，但是我们不能由此以为王安石的命运观是消极悲观的，② 相反，就总体而言王安石的命运观是积极进取的。

王安石的命运观有时也表现出神秘主义的色彩，如王安石在解说《井·九三》"井渫不食，为我心恻，可用汲，王明，并受其福"时说："求王明，孔子所谓'异乎人之求'也。君子之于君也，以不求求之；其于民也，以不取取之；其于天也，以不祷祷之；其于命也，以不知知之。井之道无求也，以不求求之而已。"③ 既承认天命的存在但又不过分依赖天命，强调事在人为而又带有浓厚的神秘主义色彩。从这些地方，我们见出了王安石命运观的复杂性，但总的基调是表现了对命运乐观主义的态度。

总之，王安石的命运观主要表现为对儒家传统命运观的继承，但还有他自

① 李祥俊：《王安石学术思想研究》，北京师范大学出版社 2000 年版，第 83 页。
② 李祥俊：《王安石学术思想研究》，北京师范大学出版社 2000 年版，第 237 页。
③ 李衡：《周易义海撮要》卷五，见《四库全书》第 13 册，上海古籍出版社 2003 年版，第 439 页。刘成国在引用这段文字的时候，写道："此托殷之公侯时有贤者，独守汤法而不见任用，谓微箕之伦也。恻，伤悼也。周德来被，故曰'求王明受福'。子求王明，孔子所谓异乎人之求也。君子之于君也，以不求求之；其于民也，以不取取之；其于天也，以不祷祷之；其于命也，以不知知之。《井》之道无求也，以不求求之而已。"（刘成国：《荆公新学研究》，上海古籍出版社 2006 年版，第 296 页）刘成国将"求王明受福"以上的引文也当成是王安石的解释，实际上这段话从"求王明受福"后的一个小号书写的"子"字看，是李衡称为一个叫作"子"的人所说的。因此，刘成国的引文在此出现了多引的讹误。

己独特的地方，即王安石对自己当下的生存现状表现为某种程度上心甘情愿的接受，但是这种接受的实质不是听任命运的摆布，从此一蹶不振，而只是一种心理安慰和疏导的方法。心安理得的接受主要源于两个原因：第一是遵循儒家重视精神境界而不以命运之功名富贵来评价个人的人生价值的传统思想，第二是因为这样做是为了更好地抵消不幸命运给我们造成的伤害，让我们在这种精神抚慰中忘掉世俗的功名富贵对我们的消极影响，从而以轻松的姿态和毫无心理包袱的良好状态更好地迎接命运的挑战。因而，王安石的命运观的实质和结果表现为在良好的精神状态下以自我的聪明才智积极应对各种复杂的局面，从而最终达到控制和支配命运的目的。

第三节　王安石的心学思想

从王安石的本体之道不完全等于封建伦理纲常来看，王安石"以道揆"之道就不是恒定不变的伦理纲常，而是只要符合"义理"就可以上升作为衡量外物的标准之道。而这种"义理"是由我们内心确定的。所以，王安石虽然以道为最高的衡量是非的标准，但是道的标准确认却是依靠人心，而不是外在的伦理纲常。

贺麟说过："（王安石的哲学）由建立自我，以自我之内心所是随机应变为准则，而反对权威，反对泥古，注重随时，权变革新，以作自由解放及变法维新的根本。……'唯其迹与圣人不同，是以同也'一语，指出不同的言行事迹正所以实现同一的道，不唯洞见一与多的真正关系，而且对泥古拘迹者揭示其弊害，加以有力地排斥，并提供变法革新以一种坚实的理论基础。这是他由建立自我，求心同不求迹同的心学，而发挥出自由革新的精神的地方，也是中国思想史上少见的卓识，而为陆王思想中所特有的色彩。"[1] 贺麟对王安石哲学思想的心学的特色看的是很透彻的。本文再在贺麟分析的基础之上联系二程对王安石学术的批判来探讨心学在王安石整个哲学思想体系中的地位和作用及其独特性。

一、王安石所论之心的主体性

首先，王安石所论之人心也是为了说明每个人之所以能做到与先圣相同的

---

① 贺麟：《文化与人生》，商务印书馆 2005 年版，第292—293 页。

根源所在，即人心具有主体性和主宰性。王安石说："周道衰，不幸而有秦，君臣莫知屈己以学，而乐于自用，其所建立悖矣，而恶夫非之者。乃烧《诗》《书》，杀学士，扫除天下之庠、序，然后非之者愈多，而终于不胜。何哉？先王之道德，出于性命之理，而性命之理，出于人心。《诗》《书》能循而达之，非能夺其所有而予之以其所无也。经虽亡，出于人心者犹在，则亦安能使人舍己之昭昭，而从我于聋昏哉？然是心非特秦也，当孔子时，既有欲毁乡校者矣。盖上失其政，人自为义，不务出至善以胜之，而患乎有为之难，则是心非特秦也。墨子区区，不知失者在此，而发《尚同》之论，彼其为愚，亦独何异于秦。"① 王安石这段话的中心意思是认为对秦政之覆亡之所以能做出公正的评价在于世道人心在。人心能够判别谁是谁非，所以经书虽遭焚毁，但是经书所承载的道理是人心所出的，人心在则公道犹在。所以王安石所论之心主要是用来证明公道何以不灭的问题，是因为人心在某种程度上是公道的象征。这与陆九渊"人同此心，心同此理"是同一个意思。

在《书洪范传》一文中，王安石也突出了人心的重要作用，他说："古之学者，虽问以口，而其传以心。虽听以耳，而其受以意。"② 只有心把握住了，才真正说是掌握了。王安石这个意思很显然受到了禅宗衣钵相传是靠心相传的影响，程颐正是借此以批评王安石的人心是直达佛学的堂奥的。

王安石突出人心的重要作用，所以主张确立为己之学。将自己的心确立起来，建立主观自我，而不要随波逐流。王安石强调了自强自立的精神，所有这一切，王安石将其落实在心上。王安石说："方今乱俗不在于佛，乃在于学士大夫，沉没利欲，以言相尚，不知自治而已。"③ 他在《进戒疏》中又说："盖以谓不淫耳目于声色玩好之物，然后能精于用志；能精于用志，然后能明于见理。"④ 很显然，"淫耳目于声色玩好之物"之人没有建立主观自我，没有建立主观自我就不是在追求为己之学。所以，王安石特别提倡建立为己之学，他说："扬子为己，为己，学者之本；墨子为人，为人，学者之末。"⑤ 为己之学确立以后，就做到了像孟子所说的"收放心"，求得了失去的心，如此就确立起了公

---

① 王安石：《王文公文集》（上），唐武标校，上海人民出版社1974年版，第402页。
② 王安石：《王文公文集》（上），唐武标校，上海人民出版社1974年版，第400页。
③ 王安石：《答曾子固书》，见《全宋文》第64册，上海辞书出版社/安徽教育出版社2006年版，第120页。
④ 王安石：《进戒疏》，见《全宋文》第63册，上海辞书出版社/安徽教育出版社2006年版，第346页。
⑤ 王安石：《王文公文集》（上），唐武标校，上海人民出版社1974年版，第308页。

心，公心确立，就能够主宰自我，就能够以自我的心对万事万物做出正确的评判。

所以，王安石说："非礼勿听，非谓掩耳而避之，天下之物，不足以乱吾之聪也。非礼勿视，非谓闭目不见，天下之物，不足以乱吾之明也。非礼勿言，非谓止口而勿言也，天下之物不足以易吾之辞也。非礼勿动，非谓止躬而不动，天下之物不足以干吾之气也。天下之物，岂特形骸自为哉？其所由来盖微矣。不听之时，有先听焉。不视之时，有先明焉。不言之时，有先言焉。不动之时，有先动焉。……是故非耳以为聪，而不知所以为聪者，不足以尽天下之听，非目以为明，而不知所以为明者，不足以尽天下之视。聪明者，耳目之所能为，而所以聪明者非耳目之所能为也。"① 王安石这段话的精义就是讲到了由于自我心性的确立，收放心以后，自我就能够根据所确立之心来对外界事物予以取舍，从而能做到非礼勿视、听、言、动，对非礼勿视、听、言、动做了创造性的解释和发挥。非礼勿视、听、言、动并非消极地勿视、听、言、动，而是无不视、听、言、动，却不能乱我之心。我心是这些事物的支配者，所以外物并非"形骸自为"，而是"外物皆备于我"。在这里王安石强调了人心的主宰地位和中心地位。王安石突出了耳目从属于心，实际上就是感觉经验从属于理性思维的意思；突出了人心的主宰作用，实际上就是突出了理性主义的作用。

在事功上，由于所用心不一致，所以表现为王霸之不同。王安石说："仁义礼性，天下之达道，而王霸之所同也，夫王之与霸，其所以用者则同，而其所以名者则异，何也？盖其心异而已矣。其心异，则其事异，其事异则其功异，其功异则其名不得不异也。王者之道，其心非有求于天下也。所以为仁义礼信者，以为吾所当为而已矣。以仁义礼信修其身，而移之政，则天下莫不化之也……霸者之道则不然，其心未尝仁也。而患天下恶其不仁，于是示之以仁。其心未尝义也，而患天下恶其不义，于是示之以义。其于礼信，亦若是而已矣。是故霸者之心为利，而假王者之道以示其所欲。……故曰，其心异也。"② 此一点强调了心对于功利事业的决定作用，凸显了心为本、事功为用的主要思想。王安石由此以为自己从道义思想出发，所从事的事业是王者的事业，并非霸道。这也是王安石在《三经新义》中处处强调了其所作所为富有道义性质的根本原因。

---

① 王安石：《王文公文集》（上），唐武标校，上海人民出版社 1974 年版，第334 页。
② 王安石：《王文公文集》（上），唐武标校，上海人民出版社 1974 年版，第326 页。

二、王安石所论之心是否为佛氏之心

程颐在论及儒家圣人与释氏之间的区别时说:"《书》言天叙、天秩。天有是理,圣人循而行之,所谓道也。圣人本天,释氏本心。"① 余英时先生认为这段话是针对王安石所提出的批评②,可谓正中肯綮。王安石在《虔州学记》中说过:"先王之道德,出于性命之理,而性命之理,出于人心。"③ 又说:"同者道也,不同者心也。"④ 由此可见,王安石强调了对心的重视以及这个心在一定程度上不受约束的性质。正是有见于此,理学家才将王安石与佛家对待人心的看法画上等号,由此而认为王安石是直接从这里通达佛家的。他们之所以凭借这个心就以为王安石的道德本心属于佛家,正是因为看到了佛教尤其是禅宗以心相传的特色,而这个心又是不受到封建仁礼纲常的制约的。但即便如此,我们仍然不能因为王安石所论之心同"佛氏本心"具有某种程度上的相似性,因而就得出王安石皈依佛教道德性命的结论。

从心的能动作用出发,王安石对老子只看到道的自然部分,即"万物之所以生",而看不到道的"有待于人力而万物以成"的人力部分予以批判。王安石说:"圣人……必制四术焉。四术者,礼乐行政是也,所以成万物者也。"⑤ 在这里,针对老子思想的缺陷,王安石强调了人力对于道的完整性不可缺少的补充作用。所以,王安石的人心是具有能动作用的力量,是可以决定性命之理,进而可以决定先王之道德的。王安石强调了人心的改造作用和决定作用,这与佛家之心在决定自己的思想方面有相同的特性。因而,程颐有理由认为王安石之心来自佛家,而不是儒家的故物。这正是程颐总结出的王安石变法失败的直接原因所在:即王安石的道德性命之理属于佛家。从这个心之欲望出发,人心不受天理、天秩之制约,则追求其最想追求的东西,因而就表现为对利的趋之若鹜。所以,程颐是从佛家与王安石都是以其不受约束之心来立论和批判的。因为不受天道、天理、天秩的约束,所以无所不为尤其是唯利是图。程颐从这个角度认为王安石学术的这个特性必然会使得变法实践一败涂地。

从二程哲学思想来说,二程也强调心的能动作用和认识作用。二程甚至夸

---

① 程颢、程颐:《河南程氏遗书》卷第二十一下,见《二程集》,中华书局1981年版,第274页。
② 参见余英时:《宋明理学与政治文化》,吉林出版集团有限公司2008年版,第98页。
③ 王安石:《王文公文集》(上),唐武标校,上海人民出版社1974年版,第402页。
④ 王安石:《王文公文集》(上),唐武标校,上海人民出版社1974年版,第336页。
⑤ 王安石:《王文公文集》(上),唐武标校,上海人民出版社1974年版,第310页。

大心对事物产生的作用。二程说："心，生道也，有是心，斯具是形以生。"①
认为有心就有事物的形体，事物由此而产生。这种思想对于人所从事的加工品
而言是可信的，但是如果用到外物以为我心才有了这个物体，则这个物体就真
实地存在着，很显然又是夸大了心造物的作用。但从这里我们可以看出，二程
对心的主体性认识与王安石是一样的，但是由于二程将五常上升为道，而王安
石的道不是不可以改变的，而是以世道人心来论道，所以，二程与王安石之心
对所遵循的道在内容上有了很大的区别。

二程批判王安石的心属于佛家而不属于儒家，我们从他们对道的争论中看
得更清楚。程颢也以为王安石所认为的儒家之道是"对塔说相轮"，没有真切地
感受到儒家的道德性命之理，其道是虚无的，王安石的道德性命之理从本质上
讲是佛家的。程颢说："公之谈道，正如十三级塔上说相轮，对望而谈曰，相轮
者如此如此，极是分明。如某憨直，不能如此，直入塔中，上寻相轮，辛勤登
攀，逦迤而上，直至十三级塔中，去相轮渐近，要之须可以至也。至相轮中坐
时，依旧见公对塔谈说相轮如此如此。"② 因为王安石所论之心在一定程度上是
不受封建仁礼约束的，因此由心所决定的道也就不完全等同于伦理道德。所以
程颢认为王安石只是"对塔说相轮"，就是说没有真正地见过相轮。程颢借助这
个比喻意在表明王安石虽然言必称性命道德之理，可是其性命道德之理不是儒
家的性命道德而属于佛家。我以为对这段话的解读如果结合程颐对王安石所论
之心的批判就非常明了，因为正是程颢的话影响到了后来程颐的一段对儒佛差
异的评论。谢良佐记程颐语说道："正叔视伯淳坟，尝侍行，问佛儒之辨。正叔
指坟围曰：'吾儒从里面做，岂有不见？佛氏只从墙外见了，却不肯入来做，不
可谓佛氏无见处。'"③ 程颐这段话是直接受到了"对塔说相轮"的影响而说出
的。由程颐这段话指出儒佛不同来看，程颢的批评也指出了王安石阳儒阴释的
本质。

对于二程的批判，余英时先生以为："王安石虽然一再强调他的变法行动背
后有'道德性命'为之支撑，在道学家如程颢的眼中，他的'道德性命'仍然
是佛教的，因为其基本预设是以世界为虚幻。所以安石并不曾真正见到儒家的
'道'，他虽然用儒家的语言描述此'道'，其实不过是'对塔说相轮'而已。

① 程颢、程颐：《河南程氏遗书》卷第二十一下，见《二程集》，中华书局1981年版，第
274页。
② 程颢、程颐：《二程集》，中华书局1981年版，第5—6页。
③ 程颢、程颐：《河南程氏外书》卷一二，见《二程集》，中华书局1981年版，第427页。

如果进一步考察安石的'道德性命'之说，他似乎并不需要一个包罗万有的'天道'或'道理'来为人间秩序的实现作客观的保证。这一点与他并不盲从'天命'有很密切的关系。"① 但我们从王安石的著作来看，王安石对天命也是非常重视的。王安石实际上也是用天命来为自己的政治实践做正确性和绝对性的客观保证，其对天命也是敬畏的，只不过王安石的天命与二程不同，与传统的天命也不同，因而引起了二程及其他儒者对他的批判。

王安石对天命思想的重视表现在哪里？从人心是公道的象征出发，王安石所认为的人心不是像他的批评者批评的那样是横空出世没有任何约束力的，不是可以天马行空随心所欲地行事。这个人心当是个人之心的时候，就必须与大部分人的心的看法相同，从而最大可能地做到符合公心。王安石对天命的敬畏就表明了其心要受到必要的约束，从而能够保证人心能够在客观上做到公正合理。

王安石说："尧者，圣人之盛也，孔子称之曰'惟天为大，惟尧则之'，此之谓明天……至后世则不然，仰而视之曰：'彼苍苍而大者何也？其去吾不知其几千万里，是岂能知我何哉？吾为吾之所为而已，安取彼？'于是遂弃道德，离仁义，略分守，慢形名，忽因任，而忘原省，直信吾之是非，而加人以其赏罚。于是天下始大乱，而寡弱者号无告。圣人不作，诸子者伺其间而出，于是言道德者至于窈冥而不可考，以至世之有为者皆不足以为，言形名者守物诵数，罢苦以至于老而疑道德，彼皆忘其智力之不赡，魁然自以为圣人者此矣，悲夫？"② 王安石认为不则天的结果就是"弃道德，离仁义，略分守，慢形名，忽因任，而忘原省，直信吾之是非，而加人以其赏罚"。在此，王安石明显表现出相信天命思想的倾向。天的意思就是天命，我们应当绝对遵守，否则就会出现"天下始大乱，而寡弱者号无告"的混乱局面。一些批评者批评王安石不畏天是因为受到了王安石反对天人感应论的误导，但是王安石也并非笼统地反对天人感应论，只是反对对号入座式的天人感应论，例如认为天变是由于人间的某件事而引起的。③ 这是因为王安石对道德之天是坚信不疑的，并且将此道德之天作为衡量我们行为的是非对错的标准和依据所来自的最高的和最后的源泉；而他对人格意义之天是反对的。

王安石依然有对天命的重视，只不过王安石的天命及天道与二程有不同，

---

① 参见余英时：《宋明理学与政治文化》，吉林出版集团有限公司 2008 年版，第97 页。
② 王安石：《王文公文集》（上），唐武标校，上海人民出版社 1974 年版，第325 页。
③ 李祥俊：《王安石学术思想研究》，北京师范大学出版社 2000 年版，第81 页。

由此导致了分歧。王安石对天也是相信的，但并不迷信与盲从。这主要还是因为王安石哲学思想的落脚点在人心上，世道人心是发展变化的。这反映了王安石道的精神实质不变，而其形式是不断发展变化的思想。

王安石说："末者，涉乎形器，故待人力而万物以成也。……至乎有待于人力而万物以成，则是圣人之所以不能无言也、无为也。故昔圣人之在上而以万物为己任者，必制四术焉。四术者，礼、乐、刑、政是也，所以成万物者也。故圣人唯务修其成万物者，不言其生万物者，盖生者尸之于自然，非人力之所得与矣。"① 王安石将形器也看成道，与二程将五常上升为道表面上是一样的。程颐说："且如五常，谁不知是一个道？"② 程颐也同意问学者说的"人问某以学者当先识道之大本，道之大本如何求？某告之以君臣父子夫妇兄弟朋友，于此五者上行乐处便是"③。但是二程将五常上升为天理以后，就认为它是不可移易的了，由此可见，二程道的落脚点是不可改变的天理。④ 王安石圣人之制四术出自人心，像二程所认为的那样这种心可以通达任何地方。将道落实在心上，的确使得这种道具有的可变性特性非常明显。程颐抓住王安石的这个特性并且进行了夸大，从而认为王安石的道是随心所欲的、无限变化的，这就与佛家的无拘无束的道具有某种程度上的一致性，并认为王安石的心由此通达佛家之道。从王安石的心受到了他所谓的天命的制约来看，很显然这是二程对王安石的偏见。结合二程认为王安石只是对塔说相轮不见道来看，二程这样做是别有用心的。目的在于将王安石的思想从儒家的阵营中清除出去，意在表明用非儒家的思想进行变法活动，其失败的结果就可想而知了。二程的批判意图结合他们所说的"今天下新法害事处，但只消一日除了就没事。其学化革了人心，为害最甚，其如之何"⑤，这样的判断应当是没有问题的。

---

① 王安石：《王文公文集》（上），唐武标校，上海人民出版社1974年版，第310页。
② 程颢、程颐：《河南程氏遗书》卷一八，见《二程集》，中华书局1981年版，第223页。
③ 程颢、程颐：《河南程氏遗书》卷一八，见《二程集》，中华书局1981年版，第187页。
④ 二程也非常重视心的作用，如程颐说："心一也，有指体而言者，寂然不动者是也。有指用而言者，感而遂通天下之故是也。"（程颢、程颐：《二程集》，中华书局1981年版，第609页）心通天下，当然是无限量的了，可以与天地并立，"此心即与天地无异，不可小了它"（程颢、程颐：《二程集》，中华书局1981年版，第22页）。"特别主张心与天地无异，无限夸大心的作用，不更是主观唯心主义吗？然而人们都不说程颐是主观唯心主义者，其原因是他把心看成是理'主于心'的表现，从属于理。所以尽管有无限夸大心的作用的地方，却仍然是客观唯心主义。这个道理，也完全适用于程颢。"（刘象彬：《二程理学基本范畴研究》，河南大学出版社1987年版，第119—120页）
⑤ 程颢、程颐：《二程集》，中华书局1981年版，第50页。

所以二程哲学之道强调了道的不变，而王安石哲学思想强调了道的可变。王安石认为道并非是高深莫测和不可捉摸的，也是可以把握的。因为道也是有、用与形器，当然是可以改变的。关于变的思想，王安石说："盖知向所谓义者，义之常，而汤、武之事有所变，而吾欲守其故，其为蔽一，而其为天下之患同矣。使汤武暗于君臣之常义，而不达于时事之权变，则岂所谓汤武哉？"① 道义既有一定的稳定性，又有随时改变的特性，如果将义当作不可变化的真理，则其弊病就像不能坚持道义一样产生同样的危害。那么怎样才能"达于时事之权变"呢？联系王安石对人心的论述，只能是"出于人心"。所以，王安石道的落脚点在人心上，而道义在很大程度上取决于人心。虽然如此，正像上文所说的那样，王安石的人心仍然要受到外在客观的天的约束，其趋向性是向善的，而不是随心所欲的。王安石与二程道的不同，表明了王安石的道是随着时代和环境的变化而变化，表现为动态的发展；而二程的道是相对静态和保守的。

这样看来，我们就可以说那些批评王安石所论之心是佛家思想的人的言论也就不攻自破了。因为王安石的道义不仅在客观上要受到天的制约，天的惩恶扬善的功能保证了道义在客观上向善的一面；另外，性善论思想表明性善之用就表现为心善，人心本善就再在根源上保证了由人心所决定的道义在形而上层面上的绝对正确性。

三、王安石心善来自人性本善的思想

王安石所论之心表现了人的主观能动性，正是在这个意义上，王安石才说："先王之道德，出于性命之理，而性命之理，出于人心。"② 性命之理出于人心是因为只有我们的人心才能发现它，性命之理本来是我们存在的本质，是我们与生俱来的品质，但是没有我们具备具有主观能动性的智性因素去发现它，则这一切还是沉睡在我们的体内不能起到它应起的作用。所以，性命之理出于人心不是性命之理的根源是在人心，而是说人心是自觉发现我们性命之理的原动力。但是，是什么力量保证了我们的心一方面受到智性的影响有追求功利主义的倾向，而在总的趋势上讲，又不会导致它脱离道德伦理的标准呢？

在哲学构思上，王安石认为道义是来自人心，但是天对人间世界具有惩恶扬善的功能，因此，这从外在客观的惩戒措施上表明了人心总是趋向于善的，

---

① 王安石：《王文公文集》（上），唐武标校，上海人民出版社 1974 年版，第323 页。
② 王安石：《王文公文集》（上），唐武标校，上海人民出版社 1974 年版，第402 页。

这是天的惩戒功能在起作用，这一点已如上述；另外，人心的道德功能来自天，而天是至善的，因此，天的至善从根源上保证了人性本善，而人性本善又保证了人心本善的性质。在这个前提下，人性善保证了人心所决定的道义的绝对正确性。可见，王安石是在外在的惩戒力量与内在的性善上来保证人心从总体上讲趋向于善。

王安石在《性论》中，明确主张性善说。他说："噫，以一圣二贤之心而求之，则性归于善而已矣。其所谓智愚不移者，才也，非性也。……夫性犹水也，江河之与畎浍，小大虽异，而其趋于下同也。性犹木也，楩楠樗栎，长短虽异，而其渐于上同也。智而至于极上，愚而至于至下，其昏明虽异，然其于恻隐羞恶是非辞逊之端，则同矣。故曰，仲尼、子思、孟轲之言，有才性之异，而荀卿乱之。扬雄、韩愈惑乎上智与下愚之说，混才与性而言之。"① 人性本善，这是从人的本质上来讲；因此，作为体现一个现实中活活生生的个人之人心，它的所思所为就总是围绕着性善这根准绳而活动。所以，王安石即以承认人性本善为前提，则他所论之人心就不会是天马行空信马由缰而没有任何约束。我们说到王安石所论之人心具有一定的自由度主要是从它挣脱了现有的条条框框的羁绊而且主要是以义理为标准来说的，而这个标准又要由我们人心去把握。所以，王安石所论之人心要受到道德之天和性善的约束，其基本倾向就是向善的，而不会是其他的任何一种情形。

王安石的心学思想在他的哲学体系中占据一个重要的地位，关联着王安石一系列的哲学范畴。王安石既以性善为立足点，则由性善就必然要讲究尽性了，这就表现在两个方面：一是在如何体验这个性善的内圣功夫方面，即有一套体验内圣之学的功夫，如坐忘、斋戒等，用以体验本质上的本心；一是在用的层面上要注意迁善改过，而人之所以要迁善改过，就在于性善而心善，心善就能保证人行为向善的大方向。王安石在《原过》中，明确地提出改过迁善的复性说。他说："人介乎天地之间，则固不能无过，卒不害圣且贤者何？亦善复常也。……天播五行于万灵，人固备而有之。有而不思则失，思而不行则废。一日咎前之非，沛然思而行之，是失而复得，废而复举也。"② 王安石意为人性本善，但是由于像自然界一样有各种现实的原因，人有时做出了与本性背道而驰的事情，但是人会"善复常"，而且人比自然界更可贵的地方是人能够有意识的

---

① 王安石：《性论》，见《全宋文》第 65 册，上海辞书出版社/安徽教育出版社 2006 年版，第40 页。

② 王安石：《王文公文集》（上），唐武标校，上海人民出版社 1974 年版，第370 页。

"复常"，少犯过错。

　　王安石思想的出发点和落脚点在心上与二程的出发点和落脚点在不变的三纲五常上的不同，体现了王安石的思想在横向比较上与其他诸儒的差别。二程所论之人心遵循外在的道，即三纲五常等，而王安石所论之人心遵循由自我之心所决定的道，所以，王安石所论之人心依据的标准是由自我决定的，决定权还是在自我之心上。因此，王安石对心所遵循的标准的不同实质体现了他与二程对道的认识的不同，而这正体现了王安石哲学思想的特色。王安石的心学思想在纵向联系上表现为不仅奠定了王安石是少数几个宋学性理之学的开创者之一，而且开陆王心学的先河。

第三章

《三经新义》研究（上）

引　言

　　《三经新义》① 虽然不全是王安石亲自撰写的作品，但都是在王安石思想的指导下完成的。其中《周礼新义》则全是由王安石亲自训释，可以将著作权完全归于王安石。

　　修撰《诗经新义》的经过，我们从吕惠卿在神宗前读的劄子可以知其大概。吕惠卿说道："臣伏见王安石劄子，奏乞《诗序》用吕升卿所解，《诗义》依旧本颁行。其小有删改，即依先得指挥。奉圣旨令安石并所解《诗序》删定进呈。安石称：'于新本略论所以当删复之意，不曾降出。臣无由知其故。至谓以雱所进《诗义》，则一一经其手，而设官置局有所改定，文辞义理当与人共，故不敢守己见为是。既承诏颁行，学者颇谓所改未安，以为陛下欲以经术造就人才，而职任其事，苟在所见小有未尽，义难依违。'臣于其说，皆所未谕。臣惟朝廷初置经局，令臣与雱修撰，而安石提举详定，皆自陛下发之，非因建请也。故自置局以来，先检讨官分定篇目，大抵以讲义为本，其所删润，且如圣旨。草创既就，臣即略为论次，初解《大序》及《二南》，凡五卷，每数篇已，即送安石详定。一句一字如有未安，必加点窜，再令修改如安石意，然后缮写，安石亲书臣名上进，则雱所进义，虽一一经安石之手，不知何以加此？又修《邶》

---

　　① 　王安石等所修撰经义，本名《周礼义》《诗义》《书义》，合称为《三经义》。现在称为《周礼新义》《诗经新义》《尚书新义》及合称之《三经新义》，则是习惯的称呼。本文则主要用习惯的称呼。

《邶》《卫》以后数卷，安石在此间，或就局已经数览，泊去江宁，又送详定，签贴鉴书，其处非一。自此以后，臣以安石去局，而义又加详，更不欲辄改旧文，只令解序。……"①

从以上吕惠卿的陈述来看，《诗经新义》虽是集体训释，但是最后都经过了王安石过目，王安石首肯以后才确定下来；而王安石的审定又是一字一句非常认真仔细。由此可见，《诗经新义》主要贯彻着王安石的思想。

关于《尚书新义》的作者，《郡斋读书志》卷一说："《新经尚书义》十三卷，右皇朝王雱撰。"②《直斋书录解题》卷二说："《书义》十三卷，侍讲临川王雱元泽撰。"③

但是，《宋史·艺文志》著录为"王安石《新经书义》十三卷"，那么这部书的作者到底是王安石还是他的长子王雱呢？《直斋书录解题》说："雱盖述其父之学，王氏《三经义》，此其一也。"王雱是述而不作，表明《尚书新义》是贯彻王安石的指导思想进行训释的。该书虽然由王雱主撰，但是"安石一一为之论定，且既由国家置官分撰，安石提举统领全局，故著者当题王安石，如宋志所著录。"④

综上所述，将《三经新义》看作王安石的著作应当是可以成立的。

在下面的论述中，我们可以通过对王安石的《三经新义》这个窗口更好地了解到王安石在变法期间思想的情形，再将此书与他的哲学思想进行比较，就可以看出《三经新义》哲学思想研究的关系。从王安石在变法期间对经典的训释，我们可以看出，王安石的哲学思想与他的起着变法指导思想作用的《三经新义》并非一种毫不相干的关系⑤；也不是如柯昌颐所说的前期为儒家后期为

---

① 李焘：《续〈资治通鉴〉长编》，中华书局 1979 年版，第6565—6566 页。

② 晁公武撰、孙猛校证：《郡斋读书志校证》，上海古籍出版社 1990 年版，第57 页。

③ 陈振孙：《直斋书录解题》，上海古籍出版社 1987 年版，第29 页。

④ 程元敏：《三经新义辑考汇评（三）——周礼》，（台北）"编译馆" 1987 年版，第834 页。

⑤ 如司马光说："何介甫总角读书，白头秉政，乃尽弃其所学而从今世浅大夫之谋乎？"（司马光：《司马温公文集》，丛书集成初编本，中华书局 1991 年版，第 244 页）四库提要评荆公集言："朱子楚辞后语有曰，安石致位宰相，流毒四海，而其言与生平行事心术略无毫发肖，夫子所以有于予改是之叹。斯诚千古之定评矣。"（《四库总目提要》）

法家两相脱节的关系①。相反，王安石训释经典的指导思想主要就是以其哲学思想作为内在根据的，即王安石的儒家思想是一以贯之的。王安石在对经典的训释中主张外王事业要以心性之学为基础，表现了对道德心性和外王事功并重的思想。王安石训释经典的基调在仍以其哲学思想作为指导时，在变法环境下训释的这部经典也不可避免地打上了政治色彩的烙印，从而成为王安石由早期转向中晚期学术的一个中间环节。王安石这个受变法环境影响又想宣传变法思想的学术欲求，以求新求变的特色和用《字说》的思维方式训释经典的形式表现出来，这种在思维方式上的演变导致了不少穿凿和形式主义的弊病。

　　总之，在以下的章节中，通过对王安石的经典训释从总体和全面的角度所做的分析，笔者意在表明王安石的心性哲学思想与他的经典诠释基本上是相一致的，但是也出现了一些新的因素。

第一节　《诗经新义》及其"不见道"

　　理学家从批评王安石的学术"不知道"入手，从而在政治上达到否定王安石新法的目的，盖理学家以政治目的为导向，必然会得出否定王安石学术的结论。宋杨时元祐年间说："朝廷议更科举，遂废王氏之学。往往前辈喜攻其非，然而真知其非者或寡矣。某尝谓，王金陵力学而不知道，妄以私智曲说眩瞀学者耳目，天下共守之非一日也。今将尽革前习，夺其所守，吾畏学者失其故步，将有匍匐不归者矣！"② 杨时在这里严厉抨击王安石"不知道"。宋龚昱也说："王荆公读尽天下书，只是不曾见道。"③ 对于站在与新学为对立学派的理学立场的批评，我们在此通过对王安石《诗经新义》的分析，看看理学家批评王安

① 柯昌颐说："故遍考安石之言论文章，其叛于儒术而近于法家者盖寡。不过柄政以后，骤感物议之阻扰，一任其强毅之天性，强施法令以济其穷，遂与法家之尊重法令，殊途同归，而迷其本来面目。又其理财一端，因鉴于当时社会情形，出其精深之见解，亦与法家者流不谋而合耳。"（柯昌颐：《王安石评传》，商务印书馆1948年版，第46页）我们认为儒家和法家的本质区别不在于法家尊重法令，儒家反是。实际上，儒家也不得不用法令。二家之本质差异在于法家唯法令是从，实行严刑峻法；而儒家的治国理念是德主刑辅。

② 杨时：《龟山集》，见《四库全书》第1125册，上海古籍出版社2003年版，第271—272页。

③ 转引自程元敏辑：《三经新义辑考汇评（三）——周礼》，（台北）"编译馆"1987年版，第673页。

石"不见道"到底有多大程度的合理性。由此,我们也可以看出王安石对经典的训释与他的哲学思想有多大程度的一致性。

一、王安石《诗经新义》的时代背景及其一般特色

在宋学之前,《诗经》的训释在汉唐经学重视章句之学的背景下,其特点和给人深刻印象的是连篇累牍的考证与训释,经义淹没在对字句的解释之中。对于这种状况,宋朝有识之士开始予以关注并力图加以改变。所以《诗经》训释的问题只是作为以《五经正义》为主体的经典训释已经不适应宋时代学术发展的诸多问题之中的一个问题而已。就《诗经》而言,主要问题有两个:第一,经义被章句训诂之学所淹没,经义显得微不足道;第二,以毛郑的解释为圭臬,不敢越雷池一步。关于后一点,朱熹有感而叹道:"《诗》自齐鲁韩氏之说不得传,而天下之学者尽宗毛氏。毛氏之学传者亦众,而王述之类皆不存,则推衍说者又独郑氏之笺而已。唐初诸儒为作疏义,阴讹踵陋,百千万言而不能有以出乎二氏之区域。至于本朝刘侍读、欧阳公、王丞相、苏黄门、河南程氏、横渠张氏,始用己意有所发明。虽其浅深得失有不能同,然自是之后,三百五篇之微词奥义乃可得寻绎。盖不待讲于齐、鲁、韩氏之传,而学者已知诗不专于毛郑矣。"①

在这里,朱熹对于宋朝研治《诗经》有所发明的诸家中提到了王安石。的确,王安石在用己意对经典有所发明的诸家中,是较为典型和突出的。其所训之义也并不囿于毛郑之义而是始用己意有所发明,当然这也并不意味着排斥毛郑之义,其实质是以寻求经义的本质为出发点和归宿。因此,只要有利于阐明经义的材料就毫不犹豫地拿过来参考,而不会考虑到它的出处和由来,而不像汉唐诸家一样"百千万言而不能有以出乎二氏之区域"。宋人解经时充分发挥自己的主体作用,摈弃了毫无主见的盲从。

各人自抒己意,当然能激发人们对经典作创造性的解释和揭示经典的真实含义,但是却可能产生穿凿现象。因为有时解释者为了标新立异或者动人耳目,可能做出一些非同寻常的解释。盖《诗经》文本的含义与所作阐释的含义相差甚远,但是解释者偏偏要将这种意思强加于文本之上。穿凿的情况在宋人解释中大量出现,与这种人言人殊、不拘一格独出己意的时代风潮有关。王安石要"一道德",改变人言人殊的状况,以便营造出众川归海的思想大一统的局面,但也不过是变万人言为一人言而已,其解释的特性受到时代思潮的影响并没有

---

① 朱熹:《吕氏家塾读诗记后序》,见《朱熹集》,四川教育出版社 1996 年版,第3970 页。

改变万人言背景下的独出己见与标新立异为主导的解释风格，这或许是宋人在收获独出己意有所发明的果实时所必然要付出的代价。但是，这个代价比起成果来说应当是值得的。所以，宋人在学术上取得了高于汉唐儒的学术成就。在对经典独出己意有所发明的宋人中，王安石是一个典型的代表。

另外，王安石的穿凿与其要建立的作为外王基础的内圣之学相关，因为宋儒在佛道的逼迫下所要建立的儒家内圣道德之学成为他们急需完成的一个时代课题。在这个思想背景下，内圣之学已经逐渐成为大家都需要依赖的一种思想意识形态，只有依赖此思想意识形态其他的事情才具有合理性和合法性。王安石也不例外，而且表现出更加明显的借助内圣学来建构外王学的倾向。基于这样的理由，王安石表现出了对《诗序》和《郑注》的信奉。因为毛郑解经本身就是用道德之意来解经，这正好与宋代思潮以道德之意作为学术的中心话题相契合，所以深得王安石的倚重。

上文也提到，王安石以《诗义》来贯彻儒家的道德教化的思想，因而表现为对《诗序》的尊信，但却因为导致了穿凿，因而遭到了一些反对《诗序》学者的批判。刘克说："介甫之辨二南，似专以诗序为断，而以诗辞证之。此却止为见理未明，徇诗序而不知诗意耳。若详味诗意得明，则诗叙可略矣。诗意本也，诗叙末也，徇末而弃本可乎？但观召南诗叙，便似与诗意相远。若周南之叙，与诗意背缪特甚，但作为文辞以夸之耳，害于诗之大者也。"① 刘克的批评虽然是正确的，但是王安石这样做的原因是要将教化的思想贯彻于《诗》的解释中，既然《诗序》这样说了，他更可以引用。这是王安石对其思想意识形态的深信不疑的原因所致，并非是因为毫无见解而表现为对《诗序》的亦步亦趋地沿袭。看来，刘克还是没有真正领会到王安石之所以深信《诗序》的原因所在。

在王安石的心目中，仁义道德之学已经成为一种颠沛不可离的信仰。所以在其重要的解经活动中这种信仰时时处处地流露出来，也就是一件非常自然的事情；再加上有《大小序》和《郑注》充斥着道德说教的影响，因此其解经思想就更加理直气壮地以道德性命之理作为中心。在这种思想信仰的指导下，对于《诗经》中的一些与仁义道德关系不大甚至相差甚远的意象用道德之义强作解释，也就变成一件十分可以理解的事情。可以这样说，王安石诗义的凿说产生的原因之一就是由于王安石的思想信仰所导致的。从这个角度看，王安石是

① 程元敏辑：《三经新义辑考汇评（二）——尚书》，（台北）"编译馆"1986年版，第30页。

一个真正的儒者，这正如同许多虔诚的基督教徒一样，因为深信上帝的存在，才言之凿凿地说见过上帝。很显然，过度相信导致了迷信。

王安石虽然一向以道自居，但是在理学家看来王安石"不见道"①。从王安石思想的前后发展的比较来看，王安石无论是《三经新义》还是《字说》都是对前期重视道德心性之学的继承与发展，学术思想并没有发生本质的变化，只是由于《字说》的思维方式在经典训释中所导致的一些穿凿现象部分地影响到了他的学术成就。另外，受时代因素和王安石本人思想性格的影响，王安石喜好标新立异，这种特性很容易产生一些出格的观点，而这正好成为理学家批评王安石"不见道"的一个靶子。

总之，王安石在阐释经典中由于其标新立异的解释特性，对《诗序》表现出亦步亦趋的尊信（王安石对《诗经》的训释既不囿于毛郑，又尊信毛郑，集中体现了王安石在传统释诗基础上的引申与发挥），以及用《字说》的解字方式训释经典的这些因素都造成的一些穿凿现象，而这些都被理学家抓住成为批评王安石"不见道"的理由。

二、王安石的《诗经新义》中的一些思想观念受到批判

下面笔者举出一些王安石所阐释的与伦理道德相关的重要概念，以便概观一下王安石在当时求新求变的学术环境里对经典训释所表现出的一些思想观念上的新见。从以下这些例子可以看出有的确实存在问题，而有些解释却是可以仁者见仁智者见智，但都遭到了一般儒者苛刻的批判，一概斥之为"不见道"。

《兔罝》的《小序》全文为："兔罝，后妃之德也。关雎之化行，则莫不好德，贤人众多也。"王安石在此基础上进一步引申道："莫不好德也，贤人众多；虽不贤不害好德，所谓贤，则贤于人者也。"②《小序》只是说"贤人众多"，王

---

① 其实，王安石是以道自居并且对于道表现了强烈的卫道气质以后，才使得神宗终于敢下定决心同王安石一同掀起变法的浪潮。没有王安石所论之道在思想和理论上的强大支撑，宋神宗是不敢贸然变法的。正是因为王安石在理论和人格气质上的特殊魅力才使得宋神宗下定了变法决心。《宋史》本传云："熙宁元年四月，始造朝。入对，帝问为治所先，对曰：'择术为先。'帝曰：'唐太宗何如？'曰：'陛下当法尧、舜，何以太宗为哉？尧、舜之道，至简而不烦，至要而不迂，至易而不难。但末世学者不能通知，以为高不及尔。'帝曰：'卿可谓责难于君，朕自视眇躬，恐无以副卿此意。可悉意辅朕，庶同济此道。'"（《宋史》，中华书局1985年版，第10543页）所以，王安石自认为自己是见道的，只不过其道与理学家之道有分歧罢了。

② 程元敏辑：《三经新义辑考汇评（二）——尚书》，（台北）"编译馆"1986年版，第16页。

安石对贤的解释是"虽不贤不害好德，所谓贤，则贤于人者也"。"不贤"，按照通常的解释是这个人没有贤德，既如此，则肯定有害于好德。但是王安石偏偏说不贤不害好德，因为贤是不贤于人，则此人仍是贤的，只不过是不贤于人而已。结果，王安石将本是不贤之人解释成了贤的人，其添字解释改变了贤字的本意，强词夺理的成分比较明显。如果可以这样的解释，则解释就变得非常随意，解释者主观的意思可以强迫文本跟着自己的意思转，而不是解释者跟着文本转，这样的解释就毫无标准和规范可言，因此是不合理的。而且贤字本身是一个衡量道德品质非常重要的词，如果可以将不贤解释成贤，则势必造成对人道德品质评价的混乱。这种刻意追求新奇的解释当然激起了正统儒家的反对，因为，"虽不贤不害好德"是一个儒家不能接受的命题。难怪李樗要强力反驳，他说："则是莫不好德，谓人皆好德也。贤人众多，则是有贤者有不贤者。非也，岂有好德之人而不为贤邪？"①

王安石对"贤"字的解释，实在是由于标新立异、独具一格的解释心理使然。想在平常的解释中翻出新意，殊不知不合诗意和骇人耳目的解释反而弄巧成拙。对贤字的解释从根本上混乱了其基本意思，而贤字在儒家思想中是不容混乱的。好出新意，这大概是改革者的一个心理特性，因为改革需要有创新，而创新就必须有新意。

对于《狡童》中"彼狡童兮，不与我言兮……使我不能餐兮。彼狡童兮，不与我食兮……使我不能息兮"。王安石的解释是："不与我言，是不与我治天职也。不与我食，是不与我食天禄也。弗与治天职、食天禄，所谓贤人者亦可以已矣，而至于不能食、息者何哉？忽犹足与为善也。"② 前面说郑忽不与我治天职，不与我食，贤人者可以已矣，而后面却说郑忽还是可以与其为善，这就造成了意思的混乱，因此这种解释是难以令人信服的。但王安石之所以要这样说是因为他认为郑忽虽然是狡童，但是犹足以为善，因为一个人不是一层不变的，坏人也可以改变。这是以动态的眼光观察和评价一个人。但是在一般人看来，一个人的品质又具有一定的稳定性，像郑忽这样的狡童是不足与为善的。所以李樗批评道："此说非也。郑忽岂足以为善哉？既以为狡童，则其不足与为

---

① 程元敏辑：《三经新义辑考汇评（二）——尚书》，（台北）"编译馆" 1986 年版，第 16 页。

② 程元敏辑：《三经新义辑考汇评（二）——尚书》，（台北）"编译馆" 1986 年版，第 72 页。

善也明矣。……盖民言郑忽不与贤人图事，我是以忧其灭亡而不能餐、息也。"①

在这里，我们也可以看出王安石在解释经义的时候，喜欢翻新出奇，但这种解释又不断表现出与儒家思想不相合拍的一面。这是宋儒在对经典文本自出己意的时候，王安石表现了更加大胆和独特的一面；也说明了他思想的不拘一格、特立独行的特性，表现了王安石不愿墨守成规、敢于怀疑和挑战的精神。这些思想性格特性使得王安石在思想和行事上表现了与传统思想和势力有矛盾和冲突的一面。而这一点为以理学家为代表的正统儒家所不能容纳。但是从总体上来讲，王安石又是非常信奉儒家的内圣之学的。

对于《思齐》的《小序》"思齐，文王所以圣也"，王安石的解释是："所以圣者，圣而不知。是诗言大姒、大任之德，而不言弃所以然，则文王圣而不可知，于是乎在。"② 圣是可知还是不可知的问题，一般来说，圣应当是可知的。但是王安石偏偏说"圣而不可知"，圣而不可知就不是儒家的正统思想，而带有佛道的思想，具有神秘主义的性质。圣人气象是怎么形成的？有规律呢，还是没有规律？按照儒家的思想，有生而知之的圣人，这只有孔子算得上，但孔子说，他不是生而知之者。很显然，孔子是通过后天的学习和锻炼而成圣的。但是佛道成圣的过程却是修炼，其过程也难以言说。在这里，我们可以明显感觉出王安石解诗时受到了佛道思想的影响，对此李樗批评道："此说非也，序之言所以圣者，言文王之圣有所自来：本于大王，刑于大姒，以至宗庙宫室之中，皆无所不宜。此其所以为圣也，非圣而不可知也。"③

对《节南山》中"不吊昊天，不宜空我师"，王安石说道："尹氏空我师，而归怨昊天；师尹之所为，王实使之；而王之所为，天实使之也。"④ 根据王安石的意思，尹氏的恶行是由王指使的，而王之所为又是由天指使的，则天是尹氏恶行最大的指使者。王安石将恶行的来源归咎于天，而且也归咎于师尹、王。杨时对此批评道："天下罹此鞠讻，知其无可奈何，安之若命，不敢以尤人，故

---

① 李樗、黄櫄：《毛诗李黄集解》，见《四库全书》第 71 册，上海古籍出版社 2003 年版，第214 页。

② 程元敏辑：《三经新义辑考汇评（二）——尚书》，（台北）"编译馆" 1986 年版，第230—231 页。

③ 李樗、黄櫄：《毛诗李黄集解》，见《四库全书》第 71 册，上海古籍出版社 2003 年版，第567 页。

④ 程元敏辑：《三经新义辑考汇评（二）——尚书》，（台北）"编译馆" 1986 年版，第164 页。

归之天而已！"① 从杨时与王安石的不同可以看出，一个是安之若命，一个是怨天尤人。尤人则表明不愿接受这样的不平事实，流露出内心的不平；而杨时将尹太师刮尽脂膏的灾难归之于天命因而心安理得起来。可见，王安石的思想内含着一种斗争精神，一定要用主观的努力改变这个不平的世界。而杨时是要息事宁人，听任命运的摆布。从哲学的角度看，杨时的思想具有哲学睿思的倾向，而王安石的思想具有政治斗争的色彩。

对《四月》中的"乱离瘼矣，爰其适归"，王安石的解释是："乱出乎上，而受患常在下；及其极也，乃适归乎其所出矣。"② 对此评语，宋王应麟说道："新经义云：'……'噫！宣、靖之际，其言验矣。而兆乱者谁矣？言与行违，心与迹异看，荆舒之谓也。"③ 从心与迹异看，这是从其思想的正确性来批判他在政治实践中又不能这样去做，从而质疑他所说的是否是他真实思想的表白。这一点主要是从王安石参与的熙宁变法失败和引起的后果来对王安石思想所进行的批判。用学术不正的帽子扣在王安石的头上当然使批判者可以理直气壮地说其学术引起了政治上的失败；对于那些可以接受的思想他们又用政治上的失败来质疑它的诚实性。总之，这是成败决定英雄论，是从各方面来对王安石的学术进行围剿和清算，以便将王安石的学术清除出学者的视域，从而达到让理学家的思想一统天下之目的。

对《凫鹥》中的"凫鹥在亹，公尸来止，熏熏。旨酒欣欣，燔炙芬芬。公尸燕饮，无有后艰"，王安石解释道："以道守成者，役使群众，泰而不为骄；宰制万物，费而不为侈，孰敝敝然以爱（物）为事？"④ 就是当花费的时候还是要花费，不要吝啬。王安石的这个观点应当是很超前的，这种看法也容易被扣上提倡奢靡的帽子。杨时就说："其释《凫鹥》守成之诗，于末章则谓……《诗》之所言，正谓能持盈则神祇祖考安乐之，而无后艰尔。自古释之者，未有泰而不为骄、费而不为侈之说也。安石独倡为此说，以启人主之侈心。后蔡京辈轻费妄用，以侈靡为事。安石邪说之害如此。"⑤

但是在《诗经》的解释中，王安石也明确地赞颂用俭。释《公刘》中"笃

---

① 李樗、黄櫄：《毛诗李黄集解》，见《四库全书》第71册，上海古籍出版社2003年版，第449页。

② 程元敏辑：《三经新义辑考汇评（二）——尚书》，（台北）"编译馆"1986年版，第188页。

③ 王应麟：《困学记闻》卷三，见《四库全书》第854册，上海古籍出版社2003年版。

④ 程元敏辑：《三经新义辑考汇评（二）——尚书》，（台北）"编译馆"1986年版，第246页。

⑤ 脱脱等：《宋史》卷四二八，中华书局1999年版，第12742页。

公刘,于京斯依。……乃造其曹,执豕于牢,酌之用匏。食之饮之,君之宗之"一节,王安石说道:"其食也,则执豕于牢而已;其饮也,则酌之用匏而已:言其俭也。其俭如此,则亦厚于民故也。"① 明确赞颂俭朴的公刘。正因为公刘的俭朴,所以群臣共推公刘做君长。

王安石对《诗经》的这些解释主要是由其思想观念支配的,包括他所处的时代背景及其诠释动机对解诗产生一定的"前见"。方笑一说:"……王氏释诗时就面临着两种境地:一方面要尽量出新,与旧注有所不同,另一方面又不得不尊《序》,维护《诗序》的崇高地位。于是,他只能避开旧注,将《诗序》的说法用诗的文本来坐实。可是,旧注多用《诗序》的说法,经过《传》、《笺》,特别是孔《疏》的解释,《诗序》与《诗经》文本的联系几乎已被发掘殆尽,《诗经》文本中凡是能印证《诗序》的地方都已被解释过了,因此,留给王安石的空间实在是小而又小。于是,他只能搜索枯肠,寻找出莫名其妙的比兴意义,区分出匪夷所思的喻义差别,穿凿附会地加以说解,以强合《诗序》。"② 这里,方笑一谈到了解释的时代背景对王安石解经所造成的影响。但是,影响王安石解诗的因素应该是多方面的。在这里,我以为同王安石独特的性格特征也是不可分开的,王安石虽然是一个儒家人物,但不是一个墨守成规的人,而是一个有着独特思维方式的人,偶尔的非常规的行为亦引起了人们的好奇和争议。这样一些特性,一定也会对王安石的解诗造成影响,他的一些奇思妙想,我想就是王安石独特个性的流露。

三、王安石好分上下与好生分别被批为割裂大道

在《诗·子衿》三章通义中,王安石说:"人之行莫大于孝,此乃人道,未至于天道。"③ 人之行莫大于孝,则孝为最大,但是却还没有至于天道。这种看法,在一般儒者看来是将天道和人道分裂为二。因此,李樗批评道:"夫《子衿》之所刺,盖伤人伦之废。其于人道、天道分而为二,尽子道则人伦之道尽矣,尽人道尽天道,则天道果何物哉?学者虽多,徒亦赘矣。"④ 这是根据程颐

---

① 程元敏辑:《三经新义辑考汇评(二)——尚书》,(台北)"编译馆"1986年版,第248页。

② 方笑一:《北宋新学与文学——以王安石为中心》,上海古籍出版社2008年版,第69—70页。

③ 程元敏辑:《三经新义辑考汇评(二)——尚书》,(台北)"编译馆"1986年版,第75页。

④ 李樗、黄櫄:《毛诗李黄集解》,见《四库全书》第71册,上海古籍出版社2003年版,第220页。

批判王安石分天道和人道的精神所做的批评。程颐对王安石强分天人的现象说道："介甫自不识'道'字，道未始有天人之别，但在天为天道，在地为地道，在人为人道。"① 王安石这种强分天人的做法成为理学家所批判的一个焦点和传统问题，从程颐始历代的理学家都对其有批判，成为王安石不见道的一个主要证据。

虽然，王安石不像批判者所想象的那样真正地割裂了天道与人道。王安石的道分天道与人道是道在不同方面的体现，从总体上讲，仍是一个道。但是王安石这种分别却容易引起大家的误解，也会误导学者；这样的提法给人的印象就是割裂了天道与人道，为理学家提供了口实，所以遭到了他们的反对。

在《思齐》中"刑于寡妻，至于兄弟，以御于家邦"，王安石的解释是："刑于寡妻为形而上者，则有'道'存焉；以御于家邦为形而下者，则有'度数'存焉，是故谓之御也。"② 宋李樗曰："此王氏好合上下，为两端之说也。心正而后身修，身修而后家齐，家齐而后国治。本无二道，推举斯心而加诸彼而已。苟以度数而治其国，以道而治其家，则是本末异意，初无此理。"③ 如果强行做出分别，似无此必要，给人以割裂之感。虽然王安石的原意并不在此，但是却总是于道的表述上不够完善。

好生分别，如将天道与人道分开，将道与度数分开，皆是穿凿所致，是《字说》的影响所致（详后）。也就是说王安石是让诗意围绕着《字说》的思维方式转，而不是结合字义和整个诗义，用以意逆志的方法来确定诗义和字义。这种方法当然会产生穿凿的现象。当然我们在这里说到王安石解经引起穿凿现象的同时，并没有排除《字说》也有解释正确的地方，甚至不乏精彩之处。但是《字说》所确定的那套好分上下和好生分别的思维方式从整体上说有形式主义和机械论的倾向，将这种思想倾向贯彻到对经典的解释注疏中，必然会产生解释不甚恰当的问题。

穿凿行为歪曲了经典的原义，妨碍了经典的流传与普及，可危及儒家之道的影响力和生命力，因而遭到一般儒家的责难。王安石崇尚的是一字一句地割裂式的理解，忽略了对道的整体把握和体会，这真是抓小放大，是舍本逐末的行为。王安石解诗从一字一句地解说入手，然后从这些字句的解释中概括出全

---

① 程颢、程颐：《二程集》，中华书局 1981 年版，第 282 页。
② 程元敏辑：《三经新义辑考汇评（二）——尚书》，（台北）"编译馆"1986 年版，第231 页。
③ 李樗、黄櫄：《毛诗李黄集解》，见《四库全书》第 71 册，上海古籍出版社 2003 年版，第568 页。

诗的诗意，即便这些字句之间的解释有相互矛盾之处，也在所不惜。

四、物物都被赋予寄托的含义

对王安石物物被赋予寄托的含义，我在这里主要是从两个方面加以考察，即物物富有道德的含义，物物都被赋予比喻的含义。但是大多数情况下，王安石所做的比喻都间接或直接与道德意义相关。

对《葛覃》中"黄鸟于飞，集于灌木"，王氏说："黄鸟于飞，以喻后妃；集于灌木，以喻文王。"① 这个比喻是受到《小序》"后妃之本也"的影响所做出的解释，但这种解释得不到诗歌文本的支持。王安石在整部《诗经》的解释中对《诗序》都表现出亦步亦趋的遵从，很少提出不同意见，所以物物都被赋予比喻和伦理道德的含义是《诗序》影响的一个直接的结果。另外，《诗序》的看法在诗歌中找不到充分的依据，既然这样也可以作为一种解释，那么，其他没有充足文本依据的观点也就可以堂而皇之地成为一种诠释。所以，从穿凿的发生来看，《诗序》的观点对穿凿的流传与产生应该负有一定的责任。

对《樛木》中"南有樛木，葛藟累之。……南有樛木，葛藟荒之"，王安石解释道："南，明方；木，仁类者。盖南方者喻后妃之明也。"② 一种树木，怎么能说是"仁类"？令人匪夷所思，也就很难接受这种解释了。正如我们在前文所述，这种诠释特性是由于王安石对内圣思想的迷恋所致，一有机会就套用仁义道德的概念来解释各种事物。

对《采蘩》中"于以采蘩，于沼于沚"，王安石说："荇之为物，其下出乎水，其上出乎水：由法度之中而法度之所不能制，以喻后妃也。蘋之为物，能出乎水上，而不能出乎水下；藻之为物，能出乎水下，而不能出乎水上：制于法度而不该其本末，以喻大夫之妻也。至于蘩，则非制乎水而有制节之道，以喻夫人也。于沼、于沚、于涧之中，则可以为'河洲'之类，而皆未及乎'河洲'之大。"③ 王安石在这里无论怎么煞费苦心地寻绎出'荇'可以比喻成后妃等都是难以令人信服的。因为这首诗的诗意是写蚕妇为公侯养蚕，王安石受制于《小序》的解释，因而给这些水草以不同的喻意。又在此基础上由这些水草

---

① 程元敏辑：《三经新义辑考汇评（二）——尚书》，（台北）"编译馆"1986年版，第11页。

② 程元敏辑：《三经新义辑考汇评（二）——尚书》，（台北）"编译馆"1986年版，第13页。

③ 程元敏辑：《三经新义辑考汇评（二）——尚书》，（台北）"编译馆"1986年版，第21页。

与水的上下关系而进一步引申区分出后妃、大夫之妻、夫人与法度的关系，从中又可以看出她们的贵贱地位的不同，可谓穿凿之极。宋李樗曰："（王氏）盖谓夫人之诗则言采蘩于沼沚之中，后妃之诗则言采荇于河之洲，必有高下之辨。是数者皆穿凿之学也。……采荇、采蘋、采蘩之类，皆言祭祀之物；于沼、于沚、于涧之中、在河之洲，亦不过指物之所在耳，初无他义也。而王氏有荇蘋蘩藻沼沚涧洲之别，是其穿凿而无异于宰予也。"①

对《静女》中"静女其娈，贻我彤管"，王氏解释是："其美外发，其和中出，其节不可乱者，彤管也，言静女之贻我以乐也。"② 从彤管的形状引申出它的比喻义。但是这只不过是男子送给女子的一件礼物，男子不一定想到了这样深刻的含义。王安石解诗就是要将其赋予种种道德的含义，从彤管的形状特点上绞尽脑汁地寻绎出彤管与道德教化的种种联系。彤管有节，而有节操是一个人很有道德教养的表现，王安石于是很自然地做出这种解释。

在《柏舟》中，对"泛彼柏舟，在彼中河"，王氏的解释是："柏非不可以为舟，然而为舟者，非柏之所宜。以譬，则女非不可以再嫁，而再嫁非女之所宜。"③ 王氏从柏舟引申出这样的大道理，真是煞费苦心。但是如果作诗有这般的曲折，那作诗与作谜语又有什么区别，从而完全失去了诗歌的美感和诗意。

诗歌自有其本身的规律，但是王安石解诗的指导思想决定了他要赋予诗歌以道德教化的功能。王安石在《〈诗义〉序》中说："《诗》上通乎道德，下止乎礼义。考其言之文，君子以兴焉。循其道之序，圣人以成焉。"④ 这种对《诗经》的定位，使《诗经》变成了一部道德教化的教科书，而不是一部具有情操感化作用的文学作品，是变文学式的熏陶教育为政治教科书式的生硬说教。这种解释虽然与释诗的美刺讽喻传统影响不无关系。⑤ 但是，如果我们将它与王安石的哲学思想联系起来看，我们就会看到这种解释主要受到了他自己的哲学

①　李樗、黄櫄：《毛诗李黄集解》，见《四库全书》第71册，上海古籍出版社2003年版，第67页。

②　程元敏辑：《三经新义辑考汇评（二）——尚书》，（台北）"编译馆"1986年版，第43页。

③　程元敏辑：《三经新义辑考汇评（二）——尚书》，（台北）"编译馆"1986年版，第45页。

④　王安石：《王文公文集》（上），唐武标校，上海人民出版社1974年版，第427页。

⑤　方笑一说："汉儒以美刺讽喻说诗，《诗大序》将《诗经》（尤其是《国风》）视为先王'经夫妇，成孝敬，厚人伦，美教化，移风俗'的工具，《小序》正集中体现了这种诠释原则。"（方笑一：《北宋新学与文学——以王安石为中心》，上海古籍出版社2008年版，第63页）

思想影响的结果。在王安石的人性论中性的内涵包含着德性，所以对道德性完美的追求是人性内在需要的一个表现。而且道德性是外在事功的基础，因为王安石所论之性从根本上讲是纯善无恶的，这种人性本善的特性使得我们的行为总是趋向于善。因此我们的外王事业也要受到道德性的制约，也就是说，外王事业必须以道德性作为基础。所以，王安石处处都彰显了这种道德教化的思想，盖没有这种道德作为基石，我们的行为的合理和成功就得不到保障。从王安石这些物物被赋予道德意义的解释，我们可以看到王安石的哲学思想是怎样深刻地影响了他对经典的解释。

五、拘泥于字意做解释使得大道晦暗不彰

在《诗经新义》中，王安石往往拘泥于从字义来解释而影响了对诗义做整体的理解，而在字义的解释中，又追求对诗义做出新奇特异的解释。王安石虽然也说过对前人的著作的理解应当以意逆志，不能以辞害意，但在对《诗经》的解释中却经常不是这样。

对于《桃夭》中"之子于归，宜其室家。……之子于归，宜其家室。"王安石的解释是："宜其室家，先女而后男，男下女也；宜其家室，先男而后女，女下男也：夫妇正也。"① 这种解释认为"室家"与"家室"位置的调换喻示了男女地位的变化，而又以女下男为夫妇之正。这种意思是王安石从字面演绎出来的。但是，很显然，作者并不是因为表达王安石所认为的那种意思而将字的位置调换。我们认为这种意思只能代表王安石个人的理解，而其理解又是不正确的。对于这两个字的解释，一般的理解是这两个字表达了同一个意思，只不过换一个说法罢了。

对《摽有梅》这首诗歌中的"摽"有人解释成"抛"②，有人解释成"落"③。"抛"是男女之间抛梅子的一种游戏，这是激励男士要及时把握住时机；而"落"是说梅子落了，要从梅子掉落中吸取教训，所以诗旨仍是告诫男士把握时机。王安石的解释是将"摽"解释成"掉落"，但是却得出了"今梅

---

① 程元敏辑：《三经新义辑考汇评（二）——尚书》，（台北）"编译馆" 1986 年版，第16 页。

② 唐莫尧：《诗经新注今译》，巴蜀书社 2004 年版，第44 页。

③ 李樗、黄櫄：《毛诗李黄集解》，见《四库全书》第 71 册，上海古籍出版社 2003 年版，第82 页。

实摽落，已失婚姻之时也。"① 其结论与诗旨正好相反，与后文"迨其吉兮"不相连属。拘泥于字义，又没有照顾到整个诗义，是这段解诗中一个很大的败笔。

对《相鼠》的解释，王安石说："鼠犹有皮毛以成体，人反无仪容以饬其身，曾鼠之不若也。'皮以披其外，齿以养其内，体者内外之所以立。'"② 将皮解释成外，将齿解释成内，是因为皮肤在外，牙齿在内，因而有了二者就是"内外所以立"。但是从诗歌的体裁来讲，在采用复沓的写作手法时，同样的句式有个别字的变化更能使诗句富有节奏感，而这种变换个别词语的做法并不刻意暗示什么深刻的寓意。在此处，皮与齿皆是为了与人的无礼形成对比，因而都是说明人连鼠都不如的道理。所以不必做内外之区分，否则，还有将意思弄得支离破碎之感。所以李樗说："王氏……不合三章分别之，言：'……'此则凿也。凡此三章，例皆言何不疾死也。"③

对《淇澳》中"瞻彼淇澳，绿竹猗猗。……瞻彼淇澳，绿竹青青。……瞻彼淇澳，绿竹如箦"，王安石说道："绿竹猗猗者，言其少长未刚之时；青青，为方刚之时；如箦，为盛之至。"④ 但是这里的"猗猗""青青""如箦"都是盛之时的意思。王安石的诠释还是以字义作为基础，通过分析字的含义再对其做出不同的解释，而这种解释又往往形成一种文意上递进的关系。

王安石分章析句、字斟句酌的解释在《诗经》中随处可见，这种模式可以说成了王安石解《诗经》的一大特色。

宋陈善曰："王氏之学，率以一字一句较其同异。……迨其末流之弊，学者不胜异说。未论成汤、帝尧，且论'昔在''在昔'，诸所穿凿，类皆如此。予窃不取。"⑤ 在这里陈善指出了王安石《诗经新义》中舍本逐末的弊病。《字说》好生分别，喜逐字逐句的解释，这种解释就将儒家的大道弄得晦暗不彰，也将一体之义分割得支离破碎。《字说》对王安石《三经新义》的诠释影响很大，

① 程元敏辑：《三经新义辑考汇评（二）——尚书》，（台北）"编译馆"1986 年版，第27 页。

② 程元敏辑：《三经新义辑考汇评（二）——尚书》，（台北）"编译馆"1986 年版，第50 页。

③ 李樗、黄櫄：《毛诗李黄集解》，见《四库全书》第 71 册，上海古籍出版社 2003 年版，第155 页。

④ 程元敏辑：《三经新义辑考汇评（二）——尚书》，（台北）"编译馆"1986 年版，第53 页。

⑤ 程元敏辑：《三经新义辑考汇评（二）——尚书》，（台北）"编译馆"1986 年版，第306 页。程元敏在辑录此段的结尾注明乃引自《扪虱新话》卷一页三—四，但是《扪虱新话》中不曾有这段话，倒是在林之奇《尚书全解》卷二十三中可以找到这段话。

对整个新学学派的影响也非常大。

虽然王安石的释《诗》存在着很多的问题，但是王安石的释《诗》仍是传统释《诗》影响的结果，只不过王安石在穿凿上走得更远。

六、王安石被批为"不见道"析评

要评价理学家对王安石所作批判的合理性与正当性，我们须从先王安石解释《诗经》产生穿凿的原因入手，再看看这些原因在其解释中所占的地位和分量。如果这些致误的因素在王安石的解释指导思想中占有较大的比重，则时人及后世儒家的批判就具有某种程度上的合理性；如果这种致误的指导思想仅占很小的比重，或是其指导思想没有根本的错误，只是部分的错误，则其对王安石否定甚至禁止王安石学说著作就有失公允，或者只是政治上的原因，而非学术的原因使得王安石的著作遭此厄运。

首先，就现在的眼光来评价《诗经》的历代诠释，会发现受到《毛诗序》和《郑注》的影响最大，而它们都是主张《诗经》具有道德教化的功能。而这联系《诗经》文本来看，在许多诗中就是一种穿凿的解释。王安石是尊《毛诗序》和《郑注》的，因此，这个穿凿在所难免。有关这方面的穿凿，现代有注家认为"……毛诗序释诗失误达百分之八十左右，历代诸家（包括当代各家）误释达百分之六十左右。"[1] 方玉润说："《小序》之谬，诚如公论。但诗传之谬，又有甚乎序者，则何以故？……遇此二家，遂成聚讼，岂偶然哉？"感叹二家对后世的影响之巨。同书引用朱子说："大率古人作诗，其间亦自有感物道情，吟咏情性，几时尽是讥刺他人？只缘序者立例，篇篇做美刺说，将诗人之意思尽穿凿坏了。"[2] 可见，王安石解释穿凿也有《诗经》诠释史的原因，因此，对那些不具教化功能的诗强作道德教化解释的穿凿不能完全归咎于王安石。

而且，就批判王安石"不见道"而言，他们也是针对《诗经》有载道的深义而言的。这个以礼义道德释诗的传统不仅为《诗序》《传》《笺》所确立，而且儒家的至圣先师孔子也加入了这个释诗传统的行列。如子夏问礼于孔子："子夏问曰：'巧笑倩兮，美目盼兮，素以为绚兮。'何谓也？子曰：绘事后素。曰：礼后乎？子曰：起予者，商也，始可与言诗已矣。"[3] 在这里，孔子就是将一首爱情诗理解为隐含着理义深义的诗。孔子还说："诗三百，一言以蔽之，曰：思

---

① 苏东天：《诗经辨义》，浙江古籍出版社 1992 年版，"写在前面"，第2页。

② 方玉润：《诗经原始》，中华书局 1986 年版，第55页。

③ 《论语·八佾》。

无邪。"① 孔子的理解强化了儒家对诗解释的道德性，因而以道德教化的观念释诗形成了一个牢不可破的传统。王安石的诠释正是接续这个传统而来，而那些批评王安石"不见道"的人也是在尊信《诗经》的道德教化的观念背景下批判王安石的。从王安石在《诗经》中所着力探索的道德奥义与这些批评者所持的依据相一致来看，他们议论的立场和阐释的主题是一致的，只是观点有分歧罢了。所以，王安石由《字说》所引起的偏差不至于影响到王安石所着力讨论的主题思想。如果承认王安石《诗义》对道德之义的寻求这个大方向是正确的，那么，批评者以为王安石"不见道"则是对王安石的门户偏见，而这个偏见不是由于学术产生的，乃是由于政治因素和学派因素而产生的。设若王安石没有参加熙宁变法也没有自成一派，我想，王安石的批评者应不会如此众多，批评也不会如此严厉与苛刻。

其次，我们来看看《字说》对王安石《诗经》诠释的影响。王安石对经典所做的诠释，在熙宁变法以后更多地用到了《字说》的方法论和思维方式②，当然其习谈性理的学术重心并未改变，相反《字说》也是为这个学术重心服务的。所以，王安石用《字说》的思维方式加强了习谈性理的倾向，使得王安石的《诗经新义》表现出更加强烈的内圣学倾向。

王安石在《字说》中通过对字的解释揭示出其中的道德之意。王安石《字说序》中说："字者，始于一，一而生于无穷，如母之字子，故谓之字。其声之抑扬开塞，合散出入，其形之横从曲直，邪正上下，内外左右，皆有义，皆出于自然，非人私智所能为也。与伏羲八卦，文王六十四，异用而同时，相待而成《易》。……故其教学必自此始。能知此者，则于道德之意，已十九矣。"③在《进〈字说〉表》中说："盖闻物生而有情，情发而为声。声以类合，皆足相知。人声为言，述以为字。字虽人之所制，本实出于自然。"④ 王安石认为字形的一点一横，一形一声都是有意义的，都是本于自然。而这个自然就是大道的自然表现。既然字也是仿效自然而造成的，那么，他就要用大道的原理说解文字。精于《字说》，则于道德之意就基本上掌握了，就能以此精意去理解经典中的圣贤之意。可见《字说》在王安石学术思想中占有很重要的地位。作为学

① 《论语·为政》。
② 虽然《字说》的成书年代较晚，但是王安石的《字说》的未刊稿应当出现在《三经新义》之前（参见张宗祥：《王安石〈字说〉辑》，福建人民出版社 2005 年版，"前言"）。所以本文认为《字说》对《三经新义》实际影响是成立的。
③ 王安石：《王文公文集》（上），唐武标校，上海人民出版社 1974 年版，第 428—429 页。
④ 王安石：《王文公文集》（上），唐武标校，上海人民出版社 1974 年版，第 236 页。

者，也可以通过对本书的学习而理解道德的意义。应该说字义是多种多样的，当然也不排除道德方面的意义。但是将字中蕴含着道德的精义作为一个主要特征提出来，这还是王安石的独特发明。试看王安石对"醫"字的解释，则我们就非常清楚王安石解字的这个特点。

对"醫"字的解释，王安石写道："醫，醫之字从酉。酉，阴中也，动与疾遇，所以醫能已。从矢，醫者疾也如矢，为之醫使伤人者不得作。从殳者，疾作矣，攻而胜之。从酉者，酉时也，且然无止，有疾而恃治，如此而已。"① 从这个矢字偏旁解释为医生快如矢，可见医生动作之迅速，表示对病人的关切，于是医生的医德就在这种解释中显现出来了。应该说，这个解释是非常有新意的。其解释的特点就是根据这个偏旁和本字的意义，将偏旁的意义按照与本字的某种联系来解释这个字的意义。一般来说偏旁的意义，如果与字的意义有关联，那倒还可以进行解释；但是假设偏旁的意义与字的意义相去甚远，还一定要强拉硬扯地找到它们之间的关联。由于这种关联不是字本身所包含的，而是作者强加上去的，所以穿凿就不可避免地发生了。

就《诗经》的诠释而言，与其说《字说》的字解对王安石的《诗经新义》有很大的影响，不如说《字说》的解字方法和思维方式对《诗经》的诠释的影响更大。这从王安石的《诗经》诠释文本看得更清楚。好合上下与好生分别就是受到《字说》思维的影响，因为《字说》就是从字的各个偏旁分析出整个字的含义。王安石在诠释《诗经》时，同样是从各个诗节中分析出全诗的诗意。根据《字说》的看法，字都是载负着道德的深义的。《诗经》中的物物也是承担着道德性命之奥义的。

《诗经》由于是可以歌唱的，用了重章叠唱的手法。因此，各个部分的意思应是相同或者相近的，但是王安石总要认为它们之间要么存在递进的关系，要么存在并列的关系。一句话，在王安石看来，它们之间的含义是不相同的。而这些不同，王安石主要是将其落实在几个不同的字上面。在分析字时，王安石往往受到了《字说》的影响，有时直接用《字说》中字的用法来解字。这种分析，虽然没有脱离道德性命之理的大前提，却产生了穿凿的弊病。但在时代学风的影响下，宋儒一味追求自出新意，王安石也乐此不疲，自鸣得意，自认为这是一种创新。陆游说："黄庭坚书'王荆公骑驴图'曰：'荆公晚年删定《字说》，出入百家，语简而意深。常自以为平生精力，尽于此书。好学者从之请

---

① 张宗祥：《王安石〈字说〉辑》，福建人民出版社 2005 年版，第17 页。

问，口讲手画，终席或至千余字。'"① 可见，在王安石看来，《字说》一书价值甚巨，并非是戏作之举，而是倾注了其毕生的心血。由于对《字说》的痴迷，可以说，《字说》的思想和精神成了王安石学术的一个很重要的特色。

从王安石解经产生的弊病之原因的探析，我们可以评价对王安石"不见道"的批判有多大程度的合理性。王安石主要是受到《字说》思维方式的影响，因而产生了不少的穿凿附会，但是这些只能影响到王安石对经典诠释的正确程度有多大。王安石解经的穿凿当然应当受到批评，但是不能以此以为王安石"不见道"。因为，王安石正是要借《字说》来揭示经典中的道的深刻含义的，其目的正是道，更何况这种穿凿与释《诗》的传统有关。所以，不能从其方法有部分的问题，而否认其道的正确性。正如不能因为行孝的方式有问题，而否认有孝心一样。王安石是真诚向道的，是否见道，要看他对道的理解和体会，更重要的要看行动。从行动上看，王安石是见道的：王安石洁身自好，一心要践行儒家的大道，是一个真正的儒家。

我们说王安石用《字说》的解字方法来解经产生了附会和穿凿，因而在学术上用这种方法解经是不成功的，但是我们也并不否认王安石《字说》的成绩。王安石的《字说》就其解字而言，也有正确甚至精彩的地方。对《小旻》中"潝潝訿訿，亦孔之哀"，王安石解释是："潝潝，苟有所合也；訿訿，苟有所毁也。"② 但是如果以此方法当作唯一的解字方法就以偏概全了，难免会产生许多的错误。

对于王氏《字说》不乏可圈可点之处，学者亦有较为公允的评价。倪氏曰："荆公《字说》以转注、假借皆为象形、象意，此其所以为徇也。若其间说象形、象意处，亦自有当理者。"③ 无名氏曰："近世王文公，其说经亦多解字，如曰'人为之谓伪'；曰'位者人之所立'；曰'讼者言之于公'，与夫'五人为伍''十人为什''歃血自明而为盟''二户相合而为门'……'与邑交则曰郊''曰同田为富''分贝为贫'之类，无所穿凿，至理自明，人亦何议哉？有如'中心为忠''如心为恕'，朱晦庵亦或取之。惟是不可解者亦必从而为之说，遂有勉强之患，所以不免诸人之讥也。"④

---

① 黄庭坚：《黄庭坚全集》，四川大学出版社 2001 年版，第733 页。
② 李樗、黄櫄：《毛诗李黄集解》，见《四库全书》第 71 册，上海古籍出版社 2003 年版，第466 页。
③ 倪氏：《经锄堂杂志》，转引自张宗祥：《王安石〈字说〉辑》，福建人民出版社 2005 年版，第171 页。
④ 叶大庆：《考古质疑》，见《四库全书》第 853 册，上海古籍出版社 2003 年版。

简而言之，王安石始终以道德性命之意作为其学术和政治的根基。对于经典的诠释，尤其对《诗经》的诠释是要挖掘其中所蕴含的道德之意。① 而在王安石看来，《字说》正是一部以体现道德性命之理的著作，所以《字说》有助于探索这种道德奥义，这样《字说》就成了一种探索经典中道德之义的辅助形式。② 当然，《字说》并非是其达到这一目的的唯一手段，即是说王安石并非靠一种《字说》方式来诠释经典中的道德深义，并非是只要掌握了《字说》中的字的含义，就能独自诠释出经典中的性命之理。因为，《诗经》的解释史实际上主要是用道德教化观念作为指导进行解释的，王安石正可以继承先贤之解释。王安石的一些诠释博采众说，就是明证。而之所以能博采众长，就是因为王安石对前人的注释下过很深的功夫。陆游说："先左丞言，荆公有《诗正义》一部，朝夕不离手，字大半不可辨。世谓荆公忽先儒之说，盖不然也。"③ 王安石的学术既以道德之意为重心，在这方面又注意吸收前人对经典的注释。所以，不能因为王安石对经典解释的穿凿而否定他对有宋一代时代课题所做的探索，更不可否定王安石对经典所做诠释的价值。

再次，从前面对王安石《诗经新义》中所做训释的举例来看，王安石的经典训释受到时代学术思潮的影响而凸显了一种标新立异的解释风格，这种力求出新出奇与众不同的解释取向使得王安石的解释有时有令人耳目一新茅塞顿开之感，有时又有令人匪夷所思难以置信之感。王安石受到此种因素影响所做的解释多遭到一般儒家的批判，以为王安石"不见道"。

所以，总括而言，《诗经新义》的穿凿与"不见道"首先是由于对《诗序》

---

① 王安石赋予《诗经》更多的道德含义，盖《诗经》由于是文学作品，辞旨隐约，所以有更多发挥的余地。所以，在《诗经新义》中，我们能更多地看到王安石表现了他的政治思想和哲学思想。方玉润说："六经中唯《诗》易读，亦唯《诗》难读。固因其无题无序，亦由于词旨隐约，每多言外意，不比他书明白显易也。又况说《诗》诸儒，非考据即讲学两家。而两家性情，与《诗》绝不相近。故往往穿凿附会，胶柱鼓瑟，不失之固，即失之妄，又安能望其能得诗人言外之意?"（方玉润：《诗经原始》，中华书局1986年版，"凡例"，第4页）

② 就《字说》与《诗经新义》的关系而言，《诗经新义》中由于对《诗序》的尊信，很自然地就用到了儒家的礼仪制度来解释《诗经》。对礼的尊卑、贵贱的区分非常明显，而这与《字说》从偏旁分析字义好生分别的做法达到了形式和内容的高度一致，即礼义制度是内容，《字说》式的分别是形式，而这个礼仪制度的内容从本质上是要求在尊卑上做出分别的，《字说》的形式是由王安石会意解字所决定的。所以，我们也可以说，《字说》是一部解字形式的儒家的礼仪制度、道德意识的著作，《诗经新义》是一部解释经典的字学书。这两者从内容和形式都具有高度的一致性，这就可以解释为什么王安石如此痴迷于《字说》了。也可以看出，《字说》在王安石解经中的重要作用。

③ 陆游：《老学庵笔记》，中华书局1979年版，第6页。

的尊信而引起的，再次是由于《字说》的解字及其思维方式引起的，这些思维方式的影响因素很多，包括王安石个人的独特个性和解诗的时代背景、环境因素。最后，就是由于王安石标新立异的解释特性而引起的。就第一点而言，与《诗经》的诠释传统有关，就是同时代和稍后的解释者也都认为《诗经》富有教化和道德的功能；第二点主要是王安石自身所引起的穿凿；第三点则是对道的分歧所引起的争执。儒家之道并非有一个客观的标准，在坚持入世精神将儒家的君臣伦理之道付诸实施的过程中，革新儒家思想只要是合情合理也应是可以的。从这几点分析来看，《字说》作为一种方法来诠释《诗经》并不占有主导的地位，而且其中也有正确的成分。因此，不能以《诗经》的解释有穿凿的现象而否认王安石的《诗经新义》，也不能由此而笼统地批判王安石"不见道"。

总之，王安石训释《诗经》的特色及其成就与缺陷，都与其时代思潮和哲学思想的指导相关，都是时代的产物。正因为时代的学术思潮是以重在经义的发明与建立儒家内圣之学为主，所以在发挥自我主体作用的情况下，其解经取得了一定的成就。王安石适应儒学建立内圣之学的需要，不仅表现为对经典的训释以形而上学的内圣学作为基础，因而深信《诗序》所宣扬的道德教化的思想，而且这种训释也是与其哲学思想相一致的。因为，王安石的哲学思想正是适应儒学发展需要而建立起来的体系。并且王安石在为三部经典做训释工作之前，其哲学思想已经形成。因此，我们说王安石的经典诠释体现了王安石的哲学思想。

第二节　从《诗经新义》论王安石的君臣思想

王安石在《诗经新义》中所论君臣关系既有对传统君臣关系论的继承，又有其独特的地方。作为一个封建士大夫的王安石当然在总体上也认为君尊臣卑，君主的地位至高无上，君主享有绝对的权力和无上的权威，君主的地位不容挑战等。王安石还谈到了君主对臣子要尽可能地体恤，不能漠不关心。这些思想都是传统思想所包含的内容，也是士大夫所津津乐道的。

但是王安石的君臣思想不是就此而止，而是在孟子君臣关系思想的基础之上继续有所引申和发展。王安石认为在道义面前君臣是平等的，所以君臣可以迭为宾主。这个思想就已经走出了传统思想的禁锢而与之有了本质的区分，因而遭到了士大夫的猛烈抨击。

一、王安石君臣关系思想与一般士大夫的共同之处

作为一个封建士大夫的王安石从总体上讲，当然具有一般士大夫相同的君臣关系的思想，这构成了王安石君臣关系的一个方面。

对《尚书·洪范》中"六三德：一曰正直，二曰刚克，三曰柔克。……惟辟作福，惟辟作威，惟辟玉食。臣无有作福作威玉食：臣之有作福作威玉食，其害于而家，凶于而国。人用侧颇僻，民用僭忒"这样一段话，王安石说："皇极者，君与臣、民之所共由者也；三德者，君之所独任，而臣、民不得僭焉者也。"① 君主有至高无上的权力和地位，是不容臣子僭越的。这是传统的君尊臣卑的思想。

在《诗经·召南·羔羊》的诠释中，王安石说："朝夕往来，出公门、入私门，出私门、入公门而已，终无私交之行也。"② 这是说臣子要一心效忠君主，不接私党，不谋私利。在《诗经·小雅·天保》的注解中，王安石说道："君恩至重，臣虽有犬马之劳，不足以上答，唯称其福禄以报之，此出于欢心而不强以为者也。"③ 忠心报主，任劳任怨，体现了王安石主张臣子对君主要有一片赤胆忠心的思想。同时，王安石也主张君主要关心和爱护臣子。

对《羔裘》中"羔裘如濡，洵直且侯。彼其之子，舍命不渝"，王安石解释道："群而不党则宜直，致恭而有礼则宜侯，侯以顺王命为善故也。君能直己以顺王命，则其臣化之，舍命不渝矣。"④ 洵直且侯为君，舍命不渝为臣。君只有直己以顺王命，臣才能被感化，强调了君臣是一种互动的关系，臣子无私忠诚的服务也是君主感化的结果。

王安石在《诗经·小雅·采薇》的注解中认为："人情所患，莫切于行役之劳，饥渴之害。故中心伤悲而莫有知其哀者，则几于不得其所而无所告诉。今歌诗遣之，述其勤劳，则人不知其哀，上知之。此君子能尽人之情，故人忘其死也。"⑤ 这里，王安石谈到了君主对臣子要尽可能的体恤，不能漠不关心。这是古代中国民本主义思想的体现，是在君尊臣卑的前提下主张君主要体恤臣子，

---

① 程元敏辑：《三经新义辑考汇评（一）——尚书》，（台北）"编译馆"1986 年版，第 116 页。

② 邱汉生：《诗义钩沉》，中华书局 1982 年版，第24 页。

③ 邱汉生：《诗义钩沉》，中华书局 1982 年版，第129 页。

④ 李樗、黄櫄：《毛诗李黄集解》，见《四库全书》第 71 册，上海古籍出版社 2003 年版，第206 页。

⑤ 邱汉生：《诗义钩沉》，中华书局 1982 年版，第132 页。

给予臣子一定的关心。王安石这个思想体现了对孟子思想的继承和发展。孟子对齐宣王说过这样的话："君之视臣如手足，则臣视君如心腹；君之视臣如犬马，则臣视君如国人；君之视臣如土芥，则臣视君如寇仇。"① 如果把君主的地位看作是至高无上和独一无二的，那么，我们似乎可以将君主看作是一个序列，而将臣子划入"民"这个序列，则君主对臣子的关心，也可以看作是以民为本的思想。有论者指出："从内容实质上看，民本站在君主立场，表达的主要是一种道德诉求，旨在限制和制约君主行为，重在对君主和官吏的品德培养和人格塑造，它的核心是爱民利民；民主站在民众立场，表达的是一种权力诉求，旨在限制和制约政府的权力，重在国家制度的建设，它的核心是主权在民。"② 由此可见，孟子所说的君臣关系都是基于以民为本的思想而言，是古代中国宗法制社会所需要的一种理论；这种理论所产生的基础迥然有别于古希腊社会所产生的民主制度。所以，从根本上讲，孟子的话虽然看起来是过激的言论，但是依然没有改变君尊臣卑的立场，仍然是为君主说话和考虑的。王安石所表达的君主应当对臣子体恤的思想也是以民为本的看法，同样也没有脱离君尊臣卑的立场。

从以上的分析可见，王安石的君臣关系中有对传统君臣关系的继承和发展。这是王安石作为一个封建士大夫所应有的态度，也是非常正常的态度。但是王安石的思想是复杂的，当他从个人的独特视角来审视君臣关系的时候，其表达出的思想又具有与传统思想相矛盾和冲突的一面。

二、王安石对传统君臣思想的叛逆

在《诗经·郑风·遵大路》的训释中，王安石说："言君子循道以去其君。"③

对《考槃》"硕人之宽……永矢弗谖"，王安石的解释是："硕人自誓不忘君之恶，自誓不复入君之朝，自誓不复告君以善道。"④

李樗批评道："信如毛（郑氏误）之说，则是所谓硕人者，乃躁急之人，安

---

① 杨伯峻：《孟子译注》，中华书局 2005 年版，第186 页。

② 李英华：《先秦民本论与古希腊民主思想的比较》，载《华中科技大学学报》（哲社版），2007 年第 3 期，第122 页。

③ 李樗、黄櫄：《毛诗李黄集解》，见《四库全书》第 71 册，上海古籍出版社 2003 年版，第208 页。

④ 李樗、黄櫄：《毛诗李黄集解》，见《四库全书》第 71 册，上海古籍出版社 2003 年版，第164 页。

得所谓硕人之宽之义哉？且君臣犹父子也，虽不见用，可以怨望而为誓若此哉？王氏亦从此说。欧阳、程氏、杨氏之说为善……以'永矢弗谖'为自陈不能忘其君，以'永矢弗过'为自陈其不得过君之朝，以'永矢弗告'为自陈不得告君以善。矢如'皋陶矢厥谟'之'矢'同。此说是也。"①

王安石之意的关键点在于"君子循道以去其君"，而李樗等人见解的关键之处是"君臣犹父子也，虽不见用，可以怨望而为誓若此哉"。王安石判别去留的标准是道义，而一般的儒家判别的标准是君臣关系犹如父子关系。王安石是以道义为标准，君对臣合乎道义的就留下，不合道义就离开。这就超越了君臣如父子关系的制约，超出了君为臣纲的制约，是对传统宗法制的颠覆。王安石这个思想当然会在传统君臣关系风平浪静的湖面上掀起惊涛骇浪，难怪会招致大批儒家的反对。

从以上讲到的君臣关系看，王安石表现了一种臣对君的对抗态度。就是说臣子不是一切唯皇帝之命是从，具有自己独立的思想人格。臣子以道义的标准来处置君臣关系，则道义之原则大于君主的权威和命令。臣子也依靠道义的精神自强自立，因而具有很强的独立倾向。这就突破了传统君臣关系君尊臣卑，一切唯君主之命是从和愚忠的界限。

很显然，以道义为臣子去留的标准，形成了对传统君尊臣卑关系的挑战。既然以道义为标准，君臣如父子的关系就可以不加考虑，则君尊臣卑的关系当然会荡然无存。所以，一般儒家也是紧紧围绕臣子对待君主要采取子对父的忠诚和忍让的态度来批判王安石。盖卫道士们所批判的这一点，也正是他们与王安石君臣关系思想最大的分歧。在现实政治表现中，王安石的行为实践了他的理念与精神，变法得不到神宗的支持，就心生退意，不愿委曲求全。

王安石以道义作为处理君臣关系的准则在其他地方表现得更加直接与清楚。据《宋史》载："绍兴二十六年，高宗谓辅臣曰：'陈瓘昔为谏官，甚有谠议。近览所著《尊尧集》，明君臣之大分，合于《易》天尊地卑及《春秋》尊王之法。王安石号通经术，而其言乃谓"道隆德骏者，天子当北面而问焉"，其背经悖理甚矣。瓘宜特赐谥以表之，谥曰忠肃。'"② 宋高宗从自身利益出发，当然肯定君尊臣卑的理论，对王安石提出的以道为尊的观点，表现出其为鄙夷和憎恶的态度。另据《邵氏闻见后录》记载陈瓘的话说："臣伏见治平年中，安石唱

① 李樗、黄櫄：《毛诗李黄集解》，见《四库全书》第 71 册，上海古籍出版社 2003 年版，第164 页。

② 脱脱等：《宋史》卷三百四十五，中华书局 1999 年版，第8749 页。

道之言曰：'道隆而德骏者，虽天子北面而问焉，而与之迭为宾主。'自安石唱此以来，凡五十年矣，国是渊源，盖兆于此。臣闻天尊地卑，乾坤定矣，定则不可改也，天子南面，公侯北面，岂可改乎？今安石性命之理，乃有北面之礼焉。夫天子北面而事其臣，则人臣南面以当其礼，臣于性命之理，安得而不疑也？"①"虽天子北面而问焉，而与之迭为宾主"出自王安石的《虔州学记》。②王安石这种思想就是对君尊臣卑的否定，表达了在道义面前君臣关系平等的思想。

从道义面前君臣平等的关系出发，王安石进一步提出了"革命"的思想。从儒家的传统来看，孔子在两处说到了君臣关系，一处是"君君臣臣父父子子"（《论语·颜渊》），一处是"君使臣以礼，臣事君以忠"（《论语·八佾》）。君君臣臣是君为臣纲的宗法制的根本之一，从这个根本引申出了君臣相处之道。但孔子并未论说历史上朝代更换之际的"革命"，只是模棱两可地说"唐虞禅夏后，殷周继其义，一也"（《孟子·万章上》）。孟子对这个问题的解释也是从否定暴君不再是君主的角度来说的，也回避了历史上君臣关系的"革命"。《孟子·梁惠王下》记载："齐宣王问曰：汤放桀、武王伐纣，有诸？孟子对曰：于传有之。曰：臣弑其君，可乎？曰：贼仁者谓之贼，贼义者为之残，残贼之人谓之一夫。闻诛一夫纣矣，未闻弑君也。"后世的统治阶级从自身利益出发，更多的是视君臣革命的话题为禁区。因而与统治阶级有着千丝万缕的后世儒家学者也淡化这种思想。但是王安石偏偏突出强调这种统治阶级不悦的思想，盖体现了王安石有出于为变法现实需要的考虑，同时也体现了他对正义的热爱与执着。

王安石在其与《易解》同一时期成书的《淮南杂说》中，就针对君臣之道中的君臣角色换位，也就是有德之臣子通过"革命"，推翻无德之君主而改朝换代的问题进行了阐述。③ 在宋神宗熙宁四年（1071 年）御史中丞杨绘上疏弹劾王安石，指责他的《淮南杂说》文中有"异志"，即是基于王安石的"革命"思想而发。

对《周易·乾·文言》中的九三、九五的爻辞，王安石做了这样的解释："忠信，行也；修辞，言也。知九五之位可至而至也，舜禹汤武是也，非常义

① 邵博：《邵氏闻见后录》，中华书局 1983 年版，第180 页。
② 王安石：《王文公文集》（上），唐武标校，上海人民出版社 1974 年版，第402 页。
③ 金生杨：《论王安石〈淮南杂说〉中的异志思想》，载《四川大学学报》，2002 年第 6 期。

也，故曰'可与几也'。知此位可终则终之，伊周文王是也，可与存君臣之大义也。"① 王安石的意思即意味着：在特殊时期，有德有能的臣子，也可以通过"革命"而变成君主。王安石正是以此解释历史上改朝换代的问题。

王安石又以乾九四"或跃在渊，无咎"象征"武王观兵"②。

程颐对此大为不满，说："'反复道也'，言终日乾乾往来，皆由于道也。三位在二体之中，可进而上，可退而下，故言反复。'知至至之'，如今学者且先知有至处，便从此至之，是'可与几也'。非知几者，安能先识至处？'知终终之'，知学之终处而终之，然后'可与守义'。王荆公云：'九三知九五之位可至而至之。'大煞害事。使人臣常怀此心，大乱之道，亦自不识汤武。'知至至之'，只是至其道也。"③ "介甫以武王观兵为九四，大无义理，兼观兵之说亦自无此事。如今日天命绝，则今日便是独夫，岂容更留之三年？今日天命不绝，便是君也，为人臣子，岂可以兵胁其君？安有此义？"④

从以上的分析可见，王安石对商汤、周武"革命"之说不像孔子、孟子及其后的一般儒家一样采取回避的态度，而是直接予以承认和肯定。表明王安石赞同臣对君的革命，而正统儒家对此讳莫如深，不敢公开表态，因为这一方面触犯了君尊臣卑之底线，一方面历史上又有这样大量的臣革君之命的事实，底线与事实针锋相对，是一个两难的命题，所以干脆采取回避的态度。

王安石论说的君臣角色互换的问题是王安石主张"君子循道以去其君"思想的自然引申。因为以道义决定君臣关系，则隐含着君臣在道义面前平等的思想，如果君主不能行使其职权，不能很好地履行自己的职责和使命，则君主就没有资格担任君主，就应该退位。这个思想对于在宗法制基础之上所建立的君尊臣卑的制度当然是很不适宜的。但是，王安石一方面从警醒君主的角度出发，一方面从君臣关系平等的角度出发，大胆地提出了臣对君革命的思想。这在古代中国真是不可思议的事情，从中也可以看出王安石的确是一个特立独行的思想家，其思想超越出他的时代很远。

有论者谈到王安石所论的君臣关系中，有德之臣子可以取无道之君主而代

---

① 李衡：《周易义海撮要》，见《四库全书》第 13 册，上海古籍出版社 2003 年版，第283 页。

② 李衡：《周易义海撮要》，见《四库全书》第 13 册，上海古籍出版社 2003 年版，第283 页。

③ 〔宋〕程颢、程颐：《二程遗书》卷十九，中华书局 1981 年版，第248 页。

④ 〔宋〕程颢、程颐：《二程遗书》卷十九，中华书局 1981 年版，第250 页。

之，是由于统治阶级对理论需求的社会环境因素所导致的结果。① 因为，北宋王朝是取周朝的统治而代之的，为了证明其合理性，必然会产生对臣子可以"革命"的理论需求。王安石对臣子可以革命的论证正是迎合了这种王朝政治的需要，因此，王安石的思想有着时代背景的因素使然。但是，王安石的道义思想特别是"三不畏"思想都是以道义为判别是非准绳的思想，这个思想可以说在王安石的思想体系中占有很重要的位置，是王安石思想一个很重要的特色。如果将此很重要的思想所判别的君臣关系仅仅看作是王安石对王朝政治的需求所做的回应，则未免低估了王安石君臣关系的思想价值。很显然，王安石没有将这种思想与宋朝统治的合理性时时联系在一起。合乎情理的推理倒应当是，王安石以此可以为自己争取到更大的变法空间，为法令政策的实施铺平道路。当变法符合道义的时候，君主就不能横加干预，以免打乱臣子实施具体事务的步骤。所以，臣子可以拿道义来作为自己政策法令推行的根据。马永卿在《元城语录》中所记刘安世说道："（金陵）得君之初，与主上若朋友，一言不合己志，必面折之，反复诘难，使人主伏弱乃已。"② 就是坚持自己的正确意见，不肯让步。但是第二次入相以后，宋神宗对他的意见不再采纳时为多了。据《长编》记载："吕本中《杂说》：'王安石再相，上意颇厌之，事多不从。安石对所厚叹曰："只从得五分时也得也！"'"③ 这时，王安石意识到不能按照道义来行事了，就表现出了彻底退隐的情绪。这是以道义为准绳在政治上不能顺畅表达自己思想和实践自己的主张时自然的应有表现。

综合以上的分析，王安石的君臣关系论既坚持了传统的君尊臣卑的原则，又在自己的思想探索中，表现出了对传统思想的叛逆，可以说王安石的思想在君臣关系论上是冲突和矛盾的。王安石所提出的在道义面前君臣可以迭为宾主的平等思想是根本不现实的，所以最后他只有退隐金陵的结局。

第三节　论王安石在《尚书新义》中的"惟己"思想

王安石对《尚书·仲虺之诰》中"惟王不迩声色，不殖货利，德懋懋官，功懋懋赏，用人惟己，改过不吝，克宽克仁，彰信兆民"一段话，解释为："用

---

① 杨倩描：《王安石〈易〉学研究》，河北大学出版社 2006 年版，第190 页。
② 马永卿：《元城语录》，丛书集成初编本，中华书局 1985 年版，第10 页。
③ 李焘：《续〈资治通鉴〉长编》卷二七八，中华书局 1992 年版，第6803—6804 页。

人惟己，己知可用而后用之。如此则是果于自任，而不从天下之所好恶也。王者心术之真，大抵如此。改过不吝，言己有过则改之，无复吝惜，若所谓'过则勿惮改'也。用人惟己，则善者无不从；改过不吝，则不善者无不改：此所以能合并为公，以成其大也。其发而为政，又能宽以居之，仁以行之，盖所谓'以不忍人之心，行不忍人之政'也。"①

对于这一思想林之奇批评道："'惟己'，与'慎厥终，惟其始'之'惟'同，言用人之言如自己出也，若所谓'善与人同，舍己从人，乐取诸人以为善'也。王氏曰：'用人惟己，己知可用而后用之。'如此则是果于自任，而不从天下之所好恶也。王氏之心术之异，大抵如此。"②

王安石主张的"用人惟己"思想的精髓就是坚持自己的正确意见，不畏流俗之言，不为流言所左右和影响的意思。所以，当我们说到王安石"用人惟己"思想的时候，应当将其与王安石著名的"三不畏"中的"流俗之言不足畏"联系起来。对于"流俗之言不足畏"，王安石说："陛下询纳人言，无小大唯言之从，岂是不恤人言？然人言固有不足恤者。苟当于义理，则人言何足恤？故《传》称'礼义不愆，何恤于人言！'郑庄公以'人之多言，亦足畏矣'，故小不忍致大乱，乃诗人所刺；则以人言为不足恤，未过也。"③ 其精髓就是坚持自己的正确意见，对于流俗之言不予理睬。

就"用人惟己，己知可用而后用之"而言，只是讲到了用人方面坚持自己正确意见。而"流俗之言不足畏"是说无论做什么事情，只要是正确的，就不能怕流俗之言。在这段与皇帝赵顼的谈话中，王安石说我们亦有畏人言的时候。但是，王安石紧接着说："苟当于义理，则人言何足恤？"王安石斩钉截铁地主张我们亦有不畏人言的时候，就是当我们的所作所为在符合义理的条件下别人再说三道四的时候，我们就必须不畏人言。

王安石在《尚书·周书·大诰》的注解中指出："武庚，所择以为商臣；三叔，周所任以商事也，其材似非庸人，方主幼国疑之时，相率而为乱。非周公往征，则国家安危存亡，殆未可知。然承文、武之后，贤人众多，而迪知上帝

① 程元敏辑：《三经新义辑考汇评（一）——尚书》，（台北）"编译馆"1986年版，第75—76页。

② 林之奇：《尚书全解》，见《四库全书》第55册，上海古籍出版社2003年版，第266页。

③ 杨仲良：《续资鉴长编纪事本末》卷五九，北京图书馆出版社2003年版，第1919—1920页。

以决此事者，十夫而已，况后世之末流？欲大有为者，乃欲取同于污俗之众人乎?"① 在此王安石指出，如果试图迎合见识低下、人格卑污之人的意见，就有导致国灭生死的可能，因此，不能从流俗之言。王安石这里从反面指出我们的行为符合义理时应当不畏人言而应当惟己，并且指出了如果听任他人言语的摆布所引起的不堪设想的后果。

据《宋史·陆佃传》，当陆佃向王安石进言，说外间颇有人说他拒谏时，王安石回答道："吾岂拒谏者，但邪说营营，顾无足听!"② 可见，王安石拒谏只是流俗之辈的无益之言而已。

关于这一点，《长编拾补》也记载道："上因论及台谏官言不可失人心，安石曰：'所谓得人心者以为义理。理义者，乃人心之所悦，非独人心，至于天地鬼神亦然。先王能使天地鬼神亦莫不宁者，以行事有理义故也。苟有理义，即周公致四国皆叛不为失人心；苟无理义，即王莽有数十万人诣阙讼功德不为得人心。'"③

在《答司马谏议书》中，王安石说："盘庚不罪怨者，亦不改其度。盖度义而后动，是以不见可悔故也。"④ "度义"就是遵照理义的精神实质采取行动。

从以上的引文可见，王安石在各种场合下，都表明了坚持自己正确的思想观点，即坚持"惟己"论，同时也对不惧人言的惟己思想设定了一定的前提条件。当然这个前提不仅是针对用人惟己而言，且对于所有惟己之事都是必须具备的前提条件。如果抛开这个前提而论惟己，则并非王安石的原意。因此，抛开这个前提条件而批判王安石的惟己论也是不合理的。王安石说到"用人惟己"时，将其置于与"改过不吝，则不善者无不改"相对的地位而言，都是强调了要改过迁善。用人惟己是从正面而言，改过不吝则从反面而言。对于具体的人来说，如果他能坚持自己正确的观点，做到"惟己"；同时能够改正自己的过失，就能够"合并为公，以成其大也"。这个意思仍是从合乎"义理"的角度出发而言的。由此可见，王安石在说到惟己之时，处处规定了惟己的合乎义理性。只有在这个前提之下，才畅言所谓的惟己思想。从这样的角度来分析，王安石的惟己观点可以说并无挑剔之处。用一句通俗的大白话说，坚持自己的正确意见，改正自己的错误，在某种意义上说，应当是正确和无可指责的。

① 林之奇：《尚书全解》，见《四库全书》第 55 册，上海古籍出版社 2003 年版，第534—535 页。
② 脱脱等：《宋史·陆佃传》卷三百四十三，中华书局 1985 年版，第10917 页。
③ 黄以周：《续〈资治通鉴〉长编补遗》，上海古籍出版社 1986 年版，第346 页。
④ 王安石：《王文公文集》（上），唐武标校，上海人民出版社 1974 年第 1 版，第97 页。

王安石为惟己设定了符合义理这个前提条件，那么在王安石看来怎样才能符合义理呢？从逻辑上讲，要使自己的行为符合义理的精神，就必须首先学习儒家的义理思想和真正将这套思想内化为自己的思想和行动，而这就是儒家所谓的内圣学功夫。在王安石看来，内圣学功夫的主要表现为为己之学；并以为为己之学的内圣之学修养好了，就能做到符合义理，就能自然做到中规中矩。

在《尚书新义》这段诠释文字中，王安石将"汤之所以能成宽仁之德者"，在于汤有"清净寡欲，眇然天下，举不足以动其心"的道德修养。王安石这个观点当然受到了道家德行修养的影响，王安石认为道家的这个清心寡欲对道德修养有好处，因为能做到这些，就能够"利与人同，以施其不忍人之政，兹其所以彰信于天下也"。① 既然对修养心性有好处，王安石就毫不犹豫地拿过来用，并且从来也不讳言对佛道思想的吸纳。这可见出王安石率真的性格，与那些受了佛道思想的影响却对此讳莫如深的理学家形成了鲜明的对照。当然，王安石在道德修养方面的思想观点主要还是儒家的，对佛道思想主要持批判态度，只是对可用的成分毫不犹豫地加以改造吸收。王安石在这里论述"清心寡欲"的修养途径是随文而论的，并没有阐述修养的全部途径。因为王安石在这里谈到的是帝王之惟己，帝王因为其至高无上的权力和优越的物质条件，很容易导致纵欲享乐而不问国事。王安石在《进戒疏》中说："仲虺称汤之德，先不迩声色，不殖货利，而后曰用人惟己。"② 所以，王安石就主要以清心寡欲作为帝王惟己之限制条件。但是，要使自己的思想和行为真正合乎义理的精神，就必须全面修养好自己的德行。

然而，王安石的惟己论从字面上很容易给人刚愎自用的印象，从而招致他人的诟病。王安石用这个词时可能考虑到了他的负面效应，因而王安石就在该段文字中对可能引起的误解进行了回应。他说："刚愎自用，遂其非而莫之改，如此则所施者无非虐政，是水之益深火之益热也。"从这里可以看出王安石是明确反对刚愎自用的，所以他的惟己论的实质并没有刚愎自用的意思，而只是要坚持自己正确思想的意思，如果是错误的思想，则必须"改过不吝"，这就是前面所说的王安石的惟己论有一个合乎理、义的前提。从历史的事实来考察，王安石不是听不进别人的意见，相反，他对于别人的正确意见是虚心倾听和接受。

① 程元敏辑：《三经新义辑考汇评（一）——尚书》，（台北）"编译馆"1986年版，第76页。

② 王安石：《进戒疏》，见《全宋文》第63册，上海辞书出版社/安徽教育出版社2006年版，第346页。

在《尚书·商书·太甲下》的注解中，王安石写道："有人之言，虽于汝心为逆，必于道理中求之；恐其后于道而有益也。有人之言，虽于汝志为顺，必于非道理中求之；恐其不合于道而有损也。"①

王安石在变法的起始阶段，即熙宁二年（1069 年）的三月，就向神宗皇帝建议说："除弊兴利，非合众智则不能尽天下之理。乞诏三司判官、诸路监司及内外官，有知财用利害者，详具事状闻奏。诸色人听于本司陈述。"② 这里，王安石提到了用"众智"以"尽天下之理"，充分表明王安石不是一个刚愎自用的人。

王安石在制定和推行新法时非常慎重，尽量考虑老百姓的意见。如免役法从议论到制定就用了两年的时间，广泛听取了各方的意见。据《长编》记载，神宗与王安石在讨论重视民事时，神宗强调民事不可缓，又谓"修水土诚不可缓"，王安石言道："去徭役害农亦民事也，岂特修水土乃不民事？如修水土，非陛下能胜异论，则谁肯为陛下尽力？且议助役事已一年，须令特运使、提点刑狱、州县体问百姓，然后立法。法成，又当晓谕百姓，无一人有异论，然后著为令。则其于民事可谓不轻矣。"③ 不论所有新法是否真正做到了"无一人有异论"，但这样的表述就足以体现王安石对百姓意见的重视和对人心民意的充分尊重。

从保守派对他的攻击中也可以看出王安石其实并不"违众自用"，而是广泛听取各方意见。如刘挚的那道《分析曾布札子》说，王安石常常把"市井屠贩之人皆召之政事堂"，讨论一些具体的政策法令是否适合的问题。这是一般士大夫很难做到的，也为他们所不解与嘲讽；王安石却不分等级贵贱，将这些布衣百姓召至政事堂商讨政策法令，充分显示了王安石对平民百姓的爱护和对他们言论的尊重与重视。

总括而言，王安石的惟己论是以符合义理精神为前提的，并不是刚愎自用。但是一个人是否真理在握，也不是他自己说了算的，而要靠实践的检验（我们从此可以看出"惟己"论的局限性）。再说，即便是真理在握者，也并不代表他在实践中就能取得成功。因为真理在握者，如果得不到大家的认同，在实际运行过程中，其效果也会大打折扣。王安石就是这样的真理在握者，虽然他从义

① 程元敏辑：《三经新义辑考汇评（一）——尚书》，（台北）"编译馆"1986 年版，第84 页。
② 杨仲良：《长编纪事本末》卷六六，北京图书馆出版社 2003 年版，"三司条例司"，第2130—2131 页。
③ 李焘：《续〈资治通鉴〉长编》，中华书局 1986 年版，第5444 页。

理精神而言可能是正确的，但是他参与和主持的熙宁变法仍然难逃失败的厄运。

从以上的分析可见，王安石的惟己论精髓就是坚持自己的正确意见，不畏流俗之言，不为其所左右与影响。王安石也不是一味片面地坚持惟己论，而是认为只有在自己的思想观点和见解符合义理精神的前提条件下才坚持惟己论。对于他人的言论王安石也是虚心倾听和接受，只是对于那些流俗之言，王安石坚决用惟己论加以排斥，体现了他不与流俗之人为伍的崇高精神。也正是靠着这种惟己思想的坚持精神，王安石才能在世俗和舆论的强大压力下不屈不挠地坚持变法改革的事业，才使新法不至于如昙花一现般出现在中国历史的舞台上。王安石参与的熙宁变法虽然没有取得成功，但是王安石所采取的一些变法措施，在其后的封建时代一直延续下来，惠及后世，这也部分得益于王安石坚持惟己精神的结果。

王安石的惟己论是与他坚持义理的精神联系在一起的，正是因为认为自己的行为是符合义理的，所以才惟己。而"惟理之求"和"合吾心者"又是道的衡量标准，所以合义理的行为和思想必然就是符合道的行为和思想。这样看来，王安石坚持惟己论就是坚持道的原则和立场，并且按照这个原则和立场来指导自己的一言一行。所以，王安石的惟己论与王安石哲学思想中的道本体论思想是直接关联在一起的，或者说惟己论是王安石的哲学思想在他的实践品质中的自然的应有的表现。

第四节　王安石的礼学思想

王安石在注解《周礼》之前，就写过《不礼之礼》《礼论》《礼乐论》等有关礼学思想的文章，这些文章与《周礼》文本都有一定的关系，因为王安石的这些作品是在传统礼乐论思想的文化背景下有感而发的。传统礼乐论形成的基础正是所谓的"三礼"文本，即《周礼》《仪礼》《礼记》，所以王安石早年这些有关礼学思想的篇章虽然不是直接为《周礼》做注解而写的，但是与后来对《周礼》文本的训释一样都是讨论礼学思想。因此将这三篇文章与王安石对《周礼》的训释放在一起来讨论王安石的礼学思想更能揭示王安石礼学思想的特质。我们将王安石有关礼学思想的杂著与《周礼新义》文本放在一起讨论，本身说明了王安石在杂著中表现出的哲学思想与《周礼新义》中所体现出的思想具有某种联系性和一致性。《周礼新义》有少量解释尽管有为变法寻找依据而带有政治教科书的色彩，但是从我们的分析中仍可以看出，王安石的这部书仍然是以其哲学思想作为指导的学术著作，而不是其政治目的的工具。

一、礼的内圣外王之特点

在《礼乐论》中，王安石说："圣人，尽性以至诚者也。神生于性，性生于诚，诚生于心，心生于气，气生于形。形者，有生之本。故养生在于保形，充形在于育气，养气在于宁心，宁心在于致诚，养诚在于尽性，不尽性不足以养生。能尽性者，至诚者也；能至诚者，宁心者也；能宁心者，养气者也；能养气者，保形者也；能保形者，养生者也；不养生不足以尽性也。生与性之相因循，志之与气相为表里也。……先王知其然，是故体天下之性而为之礼，和天下之性而为之乐。礼者，天下之中经；乐者，天下之中和。礼乐者，先王所以养人之神，正人气而归正性也。"① 王安石是从不养生不足以尽性这个角度来谈有利于养生的礼乐。礼乐之所以来的根据就是养生可以尽性，当然这中间有一个礼乐养生保形养气宁心至诚尽性的修养次第在里面。可见礼乐经过一定的修养进程最后可以达到尽性的内求境界。礼乐有益于养生，养生是为了尽性，所以礼乐、养生、尽性是一体的，是圣人之事。王安石将礼乐从内圣的角度归源于养生，独具一格。是对于道家思想的吸收而提出的，说明了王安石对性情和我们个体的生命的双重重视。与一般儒家不同，有时代清新的气息。

王安石还说："礼乐所以养人之情也。礼反其所自始，乐反其所自生，吾于礼乐见圣人所贵其生者至矣。世俗之言曰'养生非君子之事'，是未知先王建礼乐之意也。② ……"③ 礼不仅有益于养生，而且礼还可以养情。因为圣人内求，所以要养情，以免放纵。而世人外求，放纵情欲，没有做到养情。所以养情与养生属于同一范畴的内容，是直接为内求服务的。

对于世俗没有看到礼乐在达到我们内圣境界过程中所发挥的重要的功夫作

---

① 王安石：《王文公文集》（上），唐武标校，上海人民出版社 1974 年版，第333 页。

② 朱熹在批评王安石之学的时候说道："若夫道德性命之与刑名度数，则其精粗本末虽若有间，然其相为表里，如影随形，则又不可得而分别也。今谓安石之学，独有得于刑名度数，而道德性命则为有所不足，是不知其于此既有不足，则于彼也亦将何自而得其正耶？夫以佛老之言为妙道，而谓礼法之事为粗迹，此正王氏之深蔽……"（朱熹：《读两陈谏议遗墨》，见《朱子全书》，上海古籍出版社/安徽教育出版社 2002 年版，第3382—3383 页）可见王安石也未尝不是以为道德性命与刑名度数相为表里，无所分别的，只是朱熹认为王安石没有做到这一点罢了。从王安石对礼乐的观点来看，我们可以看出王安石与同时代的理学家是在同一个论域中来论述性命之理和刑名度数的，只是出于学派立场而各自攻击对方没有见道罢了，其中程颢批评王安石没有见道的例子更是众所共知。

③ 王安石：《王文公文集》（上），唐武标校，上海人民出版社 1974 年版，第334 页。

用，而只是将礼乐看作顺流俗的弊端，王安石批评道："呜呼，礼乐之意不传久矣！天下之言养生修性者，归于浮屠、老子而已。浮屠、老子之说行，而天下为礼乐者独以顺流俗而已。夫使天下之人驱礼乐之文以顺流俗为事，欲成治其国家者，此梁、晋之君所以取败之祸也。然而世非知之也者，何耶？特礼乐之意大而难知，老子之言近而易晓。圣人之道得诸己，从容人事之间而不离其类焉；浮屠直空虚穷苦，绝山林之间，然后足以善其身而已。由是观之，圣人之与释老，其远近难易可知也。是故赏与古人同而劝不同，罚与古人同而威不同，仁与古人同而爱不同，智与古人同而识不同，言与古人同而信不同。同者道也，不同者心也。"①

将浮屠老子之虚诞不经之说看作是妙谈，必然视礼乐为顺流俗之举，而没有看到圣人制礼作乐的真正本意。王安石站在儒家入世的立场上批评了释老的空虚穷苦、独善其身的遁世情怀，认为释老的做法与礼乐之本意背道而驰。因为礼乐向内可以修身养性，向外可以调节人际关系，有利于社会和谐与稳定。

以上谈到的情况是圣人制礼作乐之目的乃为了尽性，而尽性是为了修养我们的德行。所以，礼乐是为了完善我们天赋的德行。针对荀子的圣人化性起伪的观点，王安石说："礼始于天而成于人，知天而不知人则野，知人而不知天则伪。圣人恶其野而疾其伪，以是礼兴焉。"② 在这里，王安石谈到了礼是产生于人之天性的，人之天性是礼所以产生的基础。与前文王安石的礼乐观合看，表明了王安石所认为的礼乐不仅有利于尽性，而且礼乐本身也产生于人的天性，——所以礼乐既产生于我们的天性，又服务于我们的天性。但是光有天赋，而没有人为主观去完成，王安石批评为"知天而不知人则野"，所以没有我们主观努力去完成，仍然是不能发掘我们的天赋德行。只看到我们不好的一面而没有看到我们本身可以改变这一点就是"知人而不知天"，这就是作伪。因为我们要改变这一点的源泉是我们自身。因此，圣人制礼作乐的目的就是"恶其野而疾其伪"。

从以上的分析，我们可以看出王安石的这种礼之来源的思想的立论基础是孟子的性善论。正是性本善，所以在后天的环境中受到遮蔽的天性就必须在礼乐的熏陶下才得以重新显现于我们心中。礼乐作为养生尽性的一种教化形式表

---

① 王安石：《王文公文集》（上），唐武标校，上海人民出版社 1974 年版，第335—336 页。
② 王安石：《王文公文集》（上），唐武标校，上海人民出版社 1974 年版，第337 页。

明了礼乐与对于内求的内圣之道有着直接的关联，所以礼乐是直接为内圣服务的①；但是礼乐中的礼又不知在此，因为礼对于全体人都适用的时候，就上升为一种国家的制度形式。这时礼就有某种功利及王业诉求，因而礼就具有外王色彩。因此，我们可以说礼乐作为一种道德和伦理规范及制度形式是内圣与外王相结合的最好形式；我们也不妨这样说，王安石的礼学思想体现了他的内圣与外王相统一的思想。

这一点，在王安石注解《周礼·节服氏》中直接予以了点明，王安石说："而其官名之曰节服氏者，盖中而不可不高者，德也；节而不可不积者，礼也。由礼之升而藏焉，则为道之一，为德之高；由道之降而显焉，则为礼之节。建常以象道，服衮以象德者，外王之礼也。若夫内圣之道，则荡然无执，而人以维之，道之所以不散也。……通乎此，则先王制礼之意，岂不微哉。"② 由此可见，王安石认为礼中蕴含的大义，即是"外王之礼"与"内圣之道"。

王安石还说："外作器，以通神明之德；内作德，以正性命之情；礼之道，于是为至……"③ 在此，王安石也明确点明了至道之礼包含了内外两个部分，礼是这两个部分的有机统一体。

二、王安石对礼表现为等级制度为基础的诸形式的阐述

对《周礼》中"以八则治都鄙：一曰祭祀，以驭其神；二曰法则，以驭其官；三曰废置，以驭其吏；四曰禄位，以驭其士；五曰赋贡，以驭其用；六曰礼俗，以驭其民；七曰刑赏，以驭其威；八曰田役，以驭其众。"这一段话，王安石的训释为："……学以致其道者，士也；在所崇养，故以禄位御之。治以致其事者，吏也；在所察治，故以废置驭之。言废常先置者，必有废也，然后有所置。礼则上之所以制民也，俗则上之所以因乎民也，无所制乎民，则政废而家殊俗；无所因乎民，则民偷而礼不行，故驭其民当以礼俗也。……废置者，

---

① 方笑一说："也就是说，礼同样具有维护人的心灵秩序的功能。这是另一种存在于人内心的'法度'，也就是道德法则。道德法则体现于诗经诠释中，已不仅仅是汉儒所强调的'美刺'，即从外强加给诗经的、用来约束帝王的行动的某种道德评判价值，它更着重个人的内心修养和自省调控能力，希望人们真正能从内心出发，保持精神活动的纯洁和高尚。"（方笑一：《北宋新学与文学——以王安石为中心》，上海古籍出版社 2008 年版，第 53 页）

② 程元敏辑：《三经新义辑考汇评（三）——周礼》，（台北）"编译馆" 1987 年版，第 329 页。

③ 程元敏辑：《三经新义辑考汇评（三）——周礼》，（台北）"编译馆" 1987 年版，第 290 页。

所以治之；禄位者，所以待之。治之者政也，待之者礼也，徒治之以政，而不待之以礼，则将免而无耻，故四曰禄位以驭其士。……"①

"礼则上之所以制民也"，礼是维护统治者等级制度的政治准则、道德规范和各项典章制度的总称，后来发展为区分贵贱尊卑的等级教条。礼的本质特征是尊卑有别，等级制度不可逾越，对于平民来说就是一个很大的制约，可以说礼是封建统治者用来制民的工具。"驭其民当以礼俗"，礼俗，即礼与俗，礼就是前面所讲到的礼，俗指的是风俗习惯，是各地的风土人情。如果强迫推行礼而忽视风土人情就会使得这种礼与俗相违背，礼也就无法制民；只有礼俗结合，才能够使得民安分守己。

"治之者政也，待之者礼也，徒治之以政，而不待之以礼，则将免而无耻，故四曰禄位以驭其士。"对待吏士之所以有如此大的差别，是因为"学以致其道者，士也……治以致其事者，吏也"，即他们的职责的性质不同，这点与王安石"不豫道揆"思想合看，更能清楚地看出王安石认为吏士的职责性质不同，其待遇也相应不同。

吏与士在国家政治生活中的地位不同，因而享受的待遇也就有差别。这种政策措施是以等级制度的存在为前提的。王安石认为礼是等级秩序的反映，因而礼就必须体现这种等级制度的存在，而当礼表现为国家制度形式和道德规范的时候，就体现了这种等级制度的本质。②

王安石从亲疏、尊卑、贵贱来建立这个世界的秩序，礼作为一种制度形式是基于反映亲疏、尊卑、贵贱关系的等级制度而建立起来的。王安石说："孔子病之，掌五礼之禁令，与其用等，则以防僭故也。用等之不同，有尊卑焉，于

---

① 程元敏辑：《三经新义辑考汇评（三）——周礼》，（台北）"编译馆" 1987 年版，第22—23 页。

② 礼以等级制度为基础，当然是王安石的主要看法，也是儒家的普遍看法。但是作为一个不拘一格吸收各家各派思想的王安石的这个思想也受到了道家思想的影响，因而也表达出了作为等级制度之礼的不同的看法。在《周礼·夏官·节服氏》的注释中，王安石写道："以道观之，则何贵何贱，是谓反衍；维之以人，则遂分贵贱也。上德不德，是以有德，取节于彼，则不自有其贵也。通乎此，则先王制礼之意，岂不微哉！"（程元敏辑：《三经新义辑考汇评（三）——周礼》，（台北）"编译馆" 1987 年版，第430页）从人来讲，要分贵贱，但从道来讲，就无贵无贱。这就将道看作超越于人道之上的一种形式，那么人道就不是至道，这很显然是受道家思想影响的观点，是儒家所不能接受的，因为儒家认为人道之有贵贱才是至道，至道是存在于现实的伦理秩序之中的。这一点说明了王安石是一个思想较为复杂的思想家；另外，也表明了道家等其他学派的思想从某个角度来看，有其存在的价值和意义，至少从精神修养的层面看，有其价值。因而，这样的观点王安石也就有意无意地表达出来了。

是乎辨庙祧之昭穆；有贵贱焉，于是乎辨五服、车骑、宫室之禁；有亲疏也，于是乎掌三族之别，以辨亲疏、尊卑、贵贱。"① 王安石在注解《春官·家宗人》时说："夫礼所以定尊卑，别贵贱，辨亲疏，而明分守也。"② 王安石在《周礼·浆人》中也说过类似的话，他说："盖上下、内外、小大相成焉，礼之所以立也。"③ 都表明了礼是以等级制度为基础的。

至于说到等级制度存在的依据，王安石在谈到五礼之序的时候，实际上也谈到了这个问题。王安石说："礼之道，施报而已。以吉礼事邦国之鬼神示，则施报之大者；以凶礼哀邦国之忧，则施报之急者；能务施报，以主天下之平，则能宾诸侯，一天下；有不帅也，军礼于是乎用矣；无敢不帅，然后人各得保其常居，而嘉礼行焉。此五礼之序也。礼之行，有以贤治不肖，有以贵治贱。"④ 行礼的准则就在于"有以贤治不肖，有以贵治贱"，而这一点也就是等级制度存在必要性的思想根源。

在祭祀神鬼示的时候，也讲究一个礼的尊卑秩序，表明讲究尊卑是礼的一个根本特性。在谈到神鬼示的排列，王安石说："大宗伯之礼，或以神鬼示为序，或以鬼神示为序，或以神示鬼为序。以神鬼示为序，定上下也；以鬼神示为序，辨内外也；以神示鬼为序，明尊卑也。定上下然后辨内外，辨内外然后明尊卑，礼之序也。"礼作为一种温和的统治形式，是与刑政相对的；而王安石对这两者的关系的观点是："先王之于民也，德以教之，礼以宾之，仁以宥之，义以制之，善者怗焉，不善者惧焉。""盖治所不能及，然后教；教所不能化，然后礼；礼所不能服，然后政；政所不能正，然后刑；刑所不能胜，则有事焉；刑之而能胜，则无事矣。"⑤ 表达了王安石治理国家以礼义为主、刑政为辅的思想。这些思想符合儒家传统仁政的精神传统，从而也可以看出，王安石所参与的熙宁变法其指导思想仍是儒家的，而绝不是法家严刑峻法的那一套。

---

① 程元敏辑：《三经新义辑考汇评（三）——周礼》，（台北）"编译馆"1987年版，第293页。

② 程元敏辑：《三经新义辑考汇评（三）——周礼》，（台北）"编译馆"1987年版，第399页。

③ 程元敏辑：《三经新义辑考汇评（三）——周礼》，（台北）"编译馆"1987年版，第128页。

④ 程元敏辑：《三经新义辑考汇评（三）——周礼》，（台北）"编译馆"1987年版，第290页。

⑤ 以上三引分别见于程元敏辑：《三经新义辑考汇评（三）——周礼》，（台北）"编译馆"1987年版，第277页、464页、55页。

在注解《诗经·大雅·大明》中，王安石写道："明文武之兴，以德不以力也。"① 文武的兴盛靠的是德治，而非力治，表达了要以德治为主的治国理念。在《尚书·周书·康诰》的注解中，王安石又写道："刑罚之有叙者，政而已，未及夫德也。故民之和，强勉而已，非其德也。惟导之以德，然后民应之以德也。"② 在《诗经·周南·汉广》的注解中，王安石说道："华民而至于男女无思犯礼，则其诰教之所能令，刑诛之所能禁者，盖可知矣。然则化人者，不能感通其精神，变易其志虑，未可以言志也。"③ 处处都以道德教化为治理国家的优先考虑策略，因为道德教化有感化人心的作用，而这是刑罚所达不到的。由上可知，王安石以礼的等级制度思想来治理国家仍是儒家以德治国的理念模式，与法家的严刑峻法有本质区别。

三、礼的权时达变

权时达变的思想是王安石变革精神的源泉和动力，贯穿在王安石的思想和行政事务之中，也是王安石思想的根本特性。我们看到王安石权时达变在其礼学思想之中也有非常充分的体现。

王安石说："则尊卑异数，贵贱异用，而同乎王之所制；道有升降，礼有损益，则王之所制，宜以时修之，修法则为是故也。"④

为什么要修法则，正是因为"道有升降、礼有损益"。这种观点体现了王安石"惟理之求"和"合吾心者"即是道的哲学思想，从这两个标准出发，必然会得出"礼有损益"的结论。因为情况发生了变化，"合吾心者"也必将不同。王安石的这些注释都是其哲学思想的具体体现。

王安石还用具体的历史事例说明了在任何时候都必须做到权时达变，他说："及周公制礼，则凶荒礼丧，然后无征。盖所以权之也。贡者，夏后氏之法，而孟子以为不善者，不善非夏后氏之罪也，时而已矣。"⑤

① 邱汉生：《诗义钩沉》，中华书局 1982 年版，第227 页。
② 程元敏辑：《三经新义辑考汇评（一）——尚书》，（台北）"编译馆"1986 年版，第155 页。
③ 邱汉生：《诗义钩沉》，中华书局 1982 年版，第17 页。
④ 程元敏辑：《三经新义辑考汇评（三）——周礼》，（台北）"编译馆"1987 年版，第547 页。
⑤ 程元敏辑：《三经新义辑考汇评（三）——周礼》，（台北）"编译馆"1987 年版，第211 页。

王安石说："以六德为之本，故虽变，犹止乎礼义。"① 变来变去，是要根据礼义之变化而变化，而不能脱离礼义这个变法的根本指导思想。可见，王安石变法是没有违背当时礼义的精神，是遵循这种合乎礼义精神来变革的。处处以六德为本，变革也以是否符合礼义为标准，表明王安石谨守儒家礼义的底线。以六德为本，是要谨守六德的精神实质，并不是要求我们恪守其形式。因为六德的精神实质虽然没有改变，但是六德的形式却日新月异地发展变化着，也正因如此，所以我们要权时达变。

四、礼乐相和

礼乐都是联系在一起的，人们也常常说周公制礼作乐，乐与礼主要是用来分别人们之间的关系相比，强调的是和。礼是所谓的尊尊，乐是所谓的亲亲。既然礼乐如影随形，在此，我们就看看王安石对乐的看法。谈到乐的作用，在《周官·大胥》的注解中，王安石说道："以六乐之会正舞位，以序出入舞者，则会六乐而舞之，其列众，其变繁，易乱而难治故也。六乐有文舞焉，有武舞焉，征诛揖让之序尽此矣；盖其义，则有孔子为之三月不知肉味者，非穷神知化，孰能究此哉？故先王成人终始，于此而已。"② 乐在演奏中是有舞相伴的，既有文舞，又有武舞。在此过程中，乐的主要作用，就是"征诛揖让之序尽此矣"；且先王赖此而"成人终始"，表明乐的作用非常之大。

在另一段注解中，王安石阐明了乐对王德的重要作用。王安石说："史序事，王行见于事，故大史读谥；瞽掌乐，王德成于乐，故大师作谥。谥，成德之名也。"③ 乐既然成人终始，那么王的德行也可以成于乐，即是"王德成于乐"。可见乐在教育人成就人中的作用与礼是相辅相成的，乐与礼一样同样能感化人心，乐的教育功能是显而易见的。

王安石本人对声律也很有研究，在注解《周礼·小师》一节中，王安石说："夫天，阳也；地，阴也。东南方，阳也；西北方，阴也。然阴阳之中，复有阴阳焉，故高声辐，天之阳也；正声缓，天之阴也；下声肆，地之阴也；陂声散，地之阳也；险声敛，东方之阴也；达声赢，东方之阳也；微声，西方之阴也；

---

① 程元敏辑：《三经新义辑考汇评（三）——周礼》，（台北）"编译馆" 1987 年版，第341 页。

② 程元敏辑：《三经新义辑考汇评（三）——周礼》，（台北）"编译馆" 1987 年版，第339 页。

③ 程元敏辑：《三经新义辑考汇评（三）——周礼》，（台北）"编译馆" 1987 年版，第343 页。

回声衍，西方之阳也；侈声怍，南方之阳也；声郁，南方之阴也；薄声甄，北方之阴也；厚声石，北方之阳也。"① 用阴阳之理来阐明声乐的原理，将乐中的关系做了详尽的分析，使抽象的声乐分析具体化了。

王安石在解释《春官·大宗伯》一节时说："天产养精，故以作阴德，阴德所以行阴礼者也，以中礼防之，则使其不淫；地产养形，故以作阳德，阳德所以行阳礼者也，以和乐防之，则使其不怠；天地之化，是谓大和，百物之产，则亦天地之和而已。中礼和乐，所以合之，合而与天地同流，然后可以事鬼神，谐万民，致百物。"② 王安石认为只有与天地同流的礼乐才可以"事鬼神，谐万民，致百物"。王安石谈到了乐和礼分别与地产和天产相配合，可以做到在天地之和背景下它们各自的相和。在谈到礼与乐它们各自缺一不可时，王安石引进了阴阳这一对范畴，正是因为天产作阴德，地产作阳德，才有必要使得礼、乐分别与它们相和。因为有了阴阳的分别，所以礼乐它们各自都不可缺少。王安石同时还认为，礼乐背后隐藏着深奥的内圣学底蕴，即礼乐之和可以直接溯源为生生不息而又于穆不已的天地之和。

五、礼的奢俭关系

王安石在训释《周礼·掌客》中谈到了礼的奢简问题，他说："国新、凶荒、礼丧、祸灾、在野外，则杀焉；制其正，不制其杀，则礼之本宁俭而已。"③

在训释《周礼·享人》中，王安石也在谈到这个问题时说："及至后世，阻威役物，暴殄生类，以穷鼎俎之欲，虽圣人复起，亦无如之何矣！则亦因时之宜，为制贵贱之等，使无泰甚而已。然则庶具百物备者，岂以为吾心如是而后慊哉？其势有不得已尔。故每于为礼本始以示之，使知礼意所尚，在此不在彼也。"④ 在这里王安石谈到了礼之奢俭的问题，认为圣人制礼也会考虑到"使无泰甚而已"，但是却必须"制贵贱之等"，参照前文的语句，我们可以知道"制贵贱之等"正是"制其正，不制其杀"的意思。但是，在这里，王安石也没有

---

① 程元敏辑：《三经新义辑考汇评（三）——周礼》，（台北）"编译馆" 1987 年版，第345—346 页。

② 程元敏辑：《三经新义辑考汇评（三）——周礼》，（台北）"编译馆" 1987 年版，第288 页。

③ 程元敏辑：《三经新义辑考汇评（三）——周礼》，（台北）"编译馆" 1987 年版，第562 页。

④ 程元敏辑：《三经新义辑考汇评（三）——周礼》，（台北）"编译馆" 1987 年版，第103—104 页。

明白说出"制其正，不制其杀"的理由，只是说了一句很含糊的话"其势有不得已尔"，至于其势是什么，王安石语焉不详。但是当我们参考另一处文字的时候，这个疑问就豁然明白了。

另一处的文字是这样的，王安石说："圣人之制礼也，非不欲俭，以为俭者非天下之欲也，故制于奢俭之中焉。盖礼之奢为众人之欲，则圣人之意未尝不欲俭也。孔子曰：'麻冕，礼也，今也纯，俭，吾从众。'然天下不以为非礼也。盖知向之所谓礼者，礼之常，而孔子之事为礼之权也。且奢者为众人之所欲而制，今众人能俭，则圣人之所欲而礼之所宜矣，然则可以无从乎？使孔子蔽于制礼之文而不达于制礼之意，则岂所谓孔子哉？"①

阅读完这段文字，我们立即明白了王安石在前文中所说的"其势有不得已尔"这个"势"指的是什么？就是"圣人之制礼也，非有欲俭，以为俭者非天下之欲也，故制于奢俭之中焉。盖礼之奢为众人之欲，则圣人之意未尝不欲俭也"。所以圣人制礼"制其正，不制其杀"的真实原因就是众人欲奢不欲俭，圣人必须考虑到这一点，但是礼之本又是宁俭而已。因而，圣人在这两者之间进行取舍的时候，就是在制礼之时"制其正，不制其杀""以为俭者非天下之欲也，故制于奢俭之中焉"。而当遇到"国新、凶荒、礼丧、祸灾、在野外"的时候，"则杀焉"；另一种"则杀焉"的情况就是孔子所说的"麻冕，礼也，今也纯，俭，吾从众"，因为众人从俭，那么本来在礼上要求从俭的圣人又何乐而不为呢？因此圣人在这种情况下欣然杀礼。由此，我们可以看出王安石在礼之奢俭问题上的立场，就是礼之正比起礼之俭来更重要更根本。因此，对礼首先要问其正，而不是问其俭，而礼之正是奢俭适中。但是在众人从俭的时候则从众。所以，王安石也不主张奢华。那些以为王安石提倡礼之奢华的人是没有什么理论根据的，王安石并无此意。

王安石在《周礼·膳夫》的解释中，说道："膳夫授祭者，授王以所祭之物也；食有祭，所以仁鬼神，君子无终食之间违仁焉。品尝食者，养至尊当慎故也，其所防也微矣。事君左右，就养有方，则品尝食，膳夫之事。以乐侑食，卒食，以乐彻于造者。无大丧，无大荒，无大礼，无天地之灾，无邦之大故，则王可以乐之时，故侑食及彻皆以乐，所谓忧以天下，乐以天下者也。且人之养也，心志和而后气体从之，食饮膳羞以养气体也；侑彻以乐，则所以和其心志，而助气体之养焉。造，至也；致食于是，然后进而御王；及其卒也，彻于

---

① 王安石：《王文公文集》（上），唐武标校，上海人民出版社 1974 年版，第 324 页。

所致而置焉，是之谓彻于造。"① 王安石在这里谈到王可以乐之时，主要指王可以乐，是因为国泰民安，人总有需要放松和快乐的时候，这也有益于养生；另外，在这个有益于养生的过程中，王也可以和其心志，养其气体，从而有益于修身养性。概括地说，王安石在这里主张王可以乐之时，是因为乐闲情逸致养生和其心志与养其气体。表明了王安石一贯的思想，即既重视个体的正当欲求的满足和个体的生命价值（养生），又重视对内在精神世界的培育，进而将这二者有机地联系在一起，以为养生可以促进内在精神活动的纯洁与高尚。可见，王安石主张王可以乐之时，并非主张王可以寻欢作乐、纵情声色，而是在符合礼的前提下，有"王可以乐之时"，因为王之乐可以养生进而可以尽性。

但是这段话却受到了理学家的大肆批判，以为王安石此种论调倡导了奢侈之风，引起了亡国之灾。魏了翁对其进行了苛刻的评价，他说："王荆公专本此意，以人主当享备物极。至童贯、王黼，专创应奉司，以启人主侈心，祸至不可胜言。学术误国，原于康成，先儒未有发此义者。"② 但是，不管后世的当政者对王安石这种思想进行了怎样的利用，我们都应当看到这种思想本身并不直接鼓励帝王奢侈淫乐，而是鼓励帝王养其气体，致精明而交神明。在解释《周礼·岁终》时，王安石明确地提出了要防止穷奢极欲。他说："所谓不会，非不会其出，不为多少之计而已。王与后及膳禽饮酒及服皆不会者，至尊不可以有司法数制之；世子则惟膳正，礼可以不会。膳禽则燕食之膳也，与其饮酒及服皆会，则以防荒侈故也。"③

六、结论

王安石的礼学思想继承前人又体现了那个时代的时代主题。王安石对礼的论述更加自觉地围绕着性命之理和制度形式来展开，充分彰显了有宋一代勃兴的性命之理的主题，这是王安石与其他的以理学家为主体的宋儒开创的有意识地建设儒家内圣之学的主要内容。遵守礼就可以做到养生，进而做到尽性，就可以保持精神活动的纯洁与高尚，就可以在内圣之学上达到一定的思想境界，这是礼对自我精神世界调控的向内功能；礼表现在外，还有调节人际关系和稳定社会秩序的功能。礼的这种表现在外的功能的存在形式就是礼义规范、道德

---

① 程元敏辑：《三经新义辑考汇评（三）——周礼》，（台北）"编译馆" 1987 年版，第84 页。

② 魏了翁：《鹤山大全集》卷一〇五，四部丛刊本。

③ 程元敏辑：《三经新义辑考汇评（三）——周礼》，（台北）"编译馆" 1987 年版，第95 页。

规范和典章制度等。从王安石对礼的对内和对外的两个功能的论述，我们清楚地看到王安石在这里表达了内圣和外王统一于礼的思想。这是王安石内圣与外王并重，内圣才能外王，内圣外王为一体思想的最好注脚。

对于礼的奢俭问题，王安石谨遵圣人法意，以为要奢俭适度，反对过分奢华，并且表达了从众的思想，体现了王安石礼来源于现实生活，又要受现实生活检验的思想。在礼中王安石还表达了权时达变的思想，这都体现了其思想是紧紧地贴近社会生活现实的，是王安石作为一个政治家的思想特色。作为一个对现实生活具有强烈干预精神的封建士大夫，王安石礼学思想基本上是站在儒家的立场上。

第五节　祭祀之礼与内圣之学
——内圣之学的根本性与神圣性

在前面一节中，我们谈到过王安石的礼将内圣与外王统一起来，着重谈了王安石的礼学思想。在这一节中，我们再从祭祀之礼与内圣之学的关系来考察王安石是如何来展开和阐明其内圣之学的。

我们先从王安石强调内圣之学的重要性说起。王安石说："有吏士以行法则，然后政教立，政立则所以富之，富之然后赋贡可足，教立则所以穀之，穀之然后礼俗可成，故五曰赋贡以驭其用，六曰礼俗以驭其民。政教立，然后就继之以刑赏，刑赏则政教之末也……"① 这一点，可与王安石对《礼记》的一段经文的看法联系起来看。王安石曰："乐事劝功，尊君亲上，然后兴学，礼乎？曰：学者先王之所以教，有教然后使人能乐事劝功，尊君亲上，教成然后兴学，似非先王之法也。孔子为富而后教之者，民窘于衣食，故不可驱而之善也。故富有者，王道之始。虽然，所以教者未尝待民以大富足乃始兴学也。随其力之厚薄，势之缓急，而为之礼，皆所以教之也。教不可一日废，则学不可一日亡于天下也。"② 王安石一方面同意富而后可教，表明了教须有一定的物质条件作为基础的思想；另一方面也主张教不可一日废，学不可一日亡于天下，不要等待大富才可教，教有其独立性的思想，即我们在一定的物质条件的前提

① 程元敏辑：《三经新义辑考汇评（三）——周礼》，（台北）"编译馆"1987 年版，第23 页。
② 卫湜：《礼记集说》，见《四库全书》第 117 册，上海古籍出版社 2003 年版，第664 页。

之下，应当随时随地去学习。所以，王安石是不赞成《礼记》中"教成然后兴学"的主张，王安石在此处的学当偏指对内圣之道的学习。

因为在以上解释《周礼·大宰》的文字中，王安石还说道，"学以致其道者，士也……治以致其事者，吏也"①，士之事是学并且要践履其所学之道，这个道主要就道德境界方面而言。王安石没有将吏所行之事当作学，而是明确地称作"治"，其实吏所行之事也包括一个学习其专业知识而最终去完成的过程。但王安石却只是称士所行之事为学，且这种学的目的是"致其道者"，表明王安石所说之学具有特殊的含义，即为"致其道者"的"学"，这就是内圣之道之"学"。王安石对"学"的看法表明了他对内圣修身之学的重视，也表明了他对经书的注解是以内圣之学为基础和指导思想的。从士的角色定位，也是王安石对自我担当的角色定位来看，王安石以为士不仅要"学"，而且还要"致其道者"。"学"属于内圣，"致其道者"属于外王，可以清楚地看出王安石将内圣而外王或者说在内圣基础之上的外王的历史重任赋予了士这个阶层。这个思想主要来源于《三经新义》，我们也可以说，王安石在《三经新义》中力图在内圣之学的基础上将内圣与外王有机地统一起来。《三经新义》的读者群主要是士，修撰的目的主要也是针对士，因此，王安石实际上是想在一道德的前提下使得士子学习《三经新义》有所得，并且在此基础上再去"致其道者"。《三经新义》中"道"的特色由此而显现。

王安石强调了内圣之学不可一日或缺，那么怎样才能修养自己的内圣之学呢？前文说过《三经新义》主要是针对士而修撰的，因此，王安石在《三经新义》中谈到的内圣之学实际上也主要是针对担负着"学以致其道者"的士和帝王，在《周礼新义》中，王安石所谈的内圣之学的修养尤以帝王为论述对象，这在后文将会再次分析到。我们从后面的阐述中，会发现《周礼新义》阐明内圣之学主要是从祭祀之礼的角度来展开的。王安石这个思想与前面的礼学思想中主张礼可以养生进而可以尽性相一致。从本节的观点来看，毋宁说，王安石对帝王内圣之学的修养功夫重点落实在祭祀之礼上。

一、祭祀之斋、心斋与内圣之学的关系

王安石说："膳夫授祭者，授王以所祭之物也；食有祭，所以仁鬼神，君子无终食之间违仁焉。品尝食者，养至尊当慎故也，其所防也微矣。事君左右，

---

① 程元敏辑：《三经新义辑考汇评（三）——周礼》，（台北）"编译馆"1987年版，第22页。

就养有方，则品尝食，膳夫之事。……且人之养也，心之养也，心志和而后气体从之，食饮膳羞以养气体也；侑彻以乐，则所以和其心志，而助气体之养焉。"①"食有祭，所以仁鬼神，君子无终食之间违仁焉"，祭祀鬼神，是一种仁的表现，王安石以此得出"君子无终食之间违仁"的结论。在这里，王安石将祭祀鬼神与内心修养联系起来，表达了外在的祭祀行为与内在的修养直接关联的观点。

"且人之养也，心之养也，心志和而后气体从之，食饮膳羞以养气体也；侑彻以乐，则所以和其心志，而助气体之养焉。"这里，王安石对修养功夫进行了一番论述，表明了他像其他理学家一样对修养功夫问题进行了专门的探讨，也如理学家一样主要是探讨了心性气质等问题。这一点，在我们前面阐述的王安石的哲学思想中看得很清楚，由此也可见，王安石将其哲学思想贯彻到了经典的解释之中。王安石与其他理学家一样将他的思想触角伸进了新时代的共同话题之内，但是对于谁最先涉足道德性命之学的问题学术界一直有争议，有人以为是王安石，有人以为是二程等不同意见。②

上文所说到的祭祀是指帝王之祀，与前文所说到的"学以致其道者，士也"合看，则王安石所谈的与祭祀紧相关联的内圣之学主要是针对帝王和士而言，因为是他们承担着"致道"的历史使命。通俗一点说，国家的命运掌握在他们手里，所以他们尤其要在内圣之学方面有严格的修养。因此，《周礼新义》所谈论的内圣之学自有其独特性。在以上的讨论中，我们发现饮食有助于养生也是就膳夫事君之饮食而言的。首先是膳夫授祭祀，就是当王要饮食的时候，先祭祀鬼神。王安石以为这样就是仁鬼神，就能做到王无终食之间违仁，以便随时随地地培养王的仁爱品质，即内在的道德品质。而一个人的培养主要就是道德品质的培养，所以王安石说："人之养也，心之养也……"这里对心的培养既是一个过程的表述，也是一个目的的表述，也就是说培养一个人要从培养心入手，一个人培养成功也是这个人内心培养好了，即内心具有高尚的道德品质，同时这个心之养还有此时此刻保持自己宁静心态的意思。王安石对"心"的重视可以说抓住了内圣之学的纲领，直奔有宋一代以道德性命之学为主题的核心内容。可以说，王安石体现出了宋代学术的要害。

---

① 程元敏辑：《三经新义辑考汇评（三）——周礼》，（台北）"编译馆"1987年版，第84页。

② 参见陈植锷：《北宋文化史述论》，中国社会科学出版社1992年版，第二章第五节。虽然谁最先探讨性命之学的问题一直有争议，但是我们却可以肯定的是王安石与洛学派代表人物二程都是较早重视性命之学的学者。

对"王斋日三举"的解释，王安石说："孔子斋必变食者，致养其体气也。王斋日三举，则与变食同意。孔子之斋，不御于内，不听乐，不饮酒，不膳荤，丧者则弗见也，不蠲（免除）则弗见也；盖不以哀乐欲恶贰其心，又去物之可以昏愦其志意者，而致养其气体焉；则所以致精明之至也，夫然后可以交神明矣。然此特祭祀之斋，尚未及夫心斋也。所谓心斋，则圣人以神明其德者是也。故其哀乐欲恶，将简之弗得，尚何物之能累哉？虽然，知致一于祭祀之斋，则其于心斋也，亦庶几焉。"① 对此段议论，清王太岳说："'然此特祭祀之斋，尚未及夫心斋也。'案：心斋之义，本庄子；但庄子以不饮酒不茹荤为祭祀之斋，与周官'斋日三举'之斋，义各不同。安石盖借用。"② 王太岳的评论是正确的。因为，王安石也说："孔子斋必变食者，致养其体气也。王斋日三举，则与变食同意。"意思是说，王之祭祀之斋与孔子之祭祀之斋是不同的，王可能听乐，饮酒，膳荤。但是，王之饮食可以养生直至养心这一点上两者是相同的，即王斋与孔子变食都出于同样的目的。因此，王安石仍然称王之斋为祭祀之斋，王太岳因而也说王安石是借用孔子的祭祀之斋。但是受到道家养生之学影响的王安石认为王之斋从目的性相同于孔子祭祀之斋来说仍然是祭祀之斋。

王安石以为孔子斋必变食，与王之饮食有同样的目的，就是养其气体致精明之至交神明。这样自我的精神状态就达到了一个内外合一难以言传的境界，这就是一种理想的道德和精神状态。

王安石在这里以为祭祀之斋与心斋还是不同的，祭祀之斋可以"致养其气体焉；则所以致精明之至也，夫然后可以交神明矣"，而心斋可以进一步"神明其德"。虽然如此，但是如果在祭祀之斋上表现出致一的态度，则仍然能够达到心斋相同的效果和目的。从这里，我们可以看出王安石在对待帝王修养问题上所表现的一种非常明显的矛盾心态，一方面王安石认为心斋的修养方法是最有效果的，因为这样首先就做到了"其哀乐欲恶，将简之弗得，尚何物之能累哉"，不为物累，这样才能够"神明其德"。但是，王安石也非常清楚这种修养方法对于帝王与士大夫阶层是不适用的，在心斋不能采用的情况之下，王安石才勉为其难地采用了祭祀之斋作为帝王的内修方法与途径。

王安石受到了道家修养方法的影响，认为心斋的修养功夫是最有利于达到

---

① 程元敏辑：《三经新义辑考汇评（三）——周礼》，（台北）"编译馆"1987 年版，第88 页。

② 王太岳：《四库全书考证》，见《四库全书》第 1497 册，上海古籍出版社 2003 年版，第205 页。

"神明其德"的境界的，但站在儒家的立场上和受其对象条件的限制，不得不用变通的办法舍弃心斋而采用祭祀之斋，最后说了一句心斋与祭祀之斋"亦庶几焉"，在自信中似乎略显中气不足。

二、祭祀之对象的各有所主与内圣之学的关系

在吉、凶、宾、军、嘉五礼中，吉礼是有关祭祀之礼，是由大宗伯来掌管的，《周礼·大宗伯》说："大宗伯之职，掌建邦之天神、人鬼、地示之礼，以佐王建保邦国。"用吉礼祭祀天下各国的人鬼、天神和地神。王安石对此段的解释是："谓之建邦之天神、人鬼、地示之礼，则礼当自王出故也；谓之事邦国之鬼、神、示，则其所事，非特王国而已。禋者，意之精也，无事于气矣；血者，物之幽也，无事于形矣。实柴槱燎，用气而已；貍（mai）沈疈（pi）辜，则用形焉；气亲上，形亲下，则各从其类也。柴而实牲，然后槱燎，天祀之所同也；或言实柴，或言槱燎，则相备而已。相备而言实柴于上，言槱燎于下，以先后为尊卑也。山林之受物也，以貍；川泽之受物也，以沉；以貍沉祭焉，则各以其物宜也。四方异体，肆而不全；百物异用，制而不变；以沈疈祭焉，则亦各以其物宜也。天祀用物气而贵精，地祭用物性而贵幽，鬼享用人义而贵时。"①

金锷说道："大宗伯于昊天上帝言禋祀，日月星辰言实柴，司中、司命、风师言槱燎，皆类叙而别言之，其礼必各异。禋之为烟，又为精意以享，故知其但以币帛加柴上而燔之，不贵多品，又取其气之洁清也。实柴，谓以身体加于柴上，祭日月非全燎，当取其体之贵者燔之。"② 可见，天神也是分等级的，等级不同，则祭祀内容亦有区别。所以，孙诒让说："窃以意求之，禋祀者，盖以升烟为义；实柴者，盖以实牲体为义；槱燎者，盖以焚燎为义。"③ 关于祭祀地示用血祭，金鹗说："血祭，盖以血滴于地，如郁鬯之灌地也。血祭与禋祀正对，气为阳，血为阴，故以烟气上升而祀天，以牲血下降而祭地，阴阳各从其类也。然血为气之凝，血气下达源泉，亦见周人尚臭之意。"④ 贾公彦说："则此上下天神言烟，地示言血，此宗庙六享言裸，是其天地宗庙皆乐为下神始，烟血与裸为歆神始也。"⑤

---

① 程元敏辑：《三经新义辑考汇评（三）——周礼》，（台北）"编译馆"1987年版，第277—278页。

② 转引自孙诒让：《周礼正义》，中华书局1987年版，第1301页。

③ 孙诒让：《周礼正义》，中华书局1987年版，第1301页。

④ 转引自孙诒让：《周礼正义》，中华书局1987年版，第1317页。

⑤ 转引自孙诒让：《周礼正义》，中华书局1987年版，第1331页。

从内圣学上讲，祭祀之对象各有所主，从物气而贵精到物性而贵幽再到人义而贵时，对象不同其所主亦有区别。祭祀的主要对象就是天神、地示和人鬼，而对天神是要精，对地示是要幽，对人鬼是要义。王在祭祀的时候，心理上应当也经历过这些祭祀所显现的气氛的影响。在此过程中，王自然受到了感染，因而在身心上受到了一次次意、气和形的洗礼。王之所以能够感受到这些，是因为"人之精神与天地同流，通万物一气也"①。所以，从这里亦可以看出祭祀之对象的不同所达到的不同效果对王的精神是一次次良好的熏陶。从这里我们似乎看到了王安石的意、气、形之间的关系，用祭祀的形式表达了一种祈求用物质的方式来达到一种"意之精"的精神境界的效果。这种从形到气再到意之精的过程与个人修养从养生到养气再到养心的过程具有对应性，这种对应性意在表明王之祭祀之过程，实际上是其精神境界得到一次次历练和提高的过程。因此，王之祭祀过程本身是一种修身养性的过程。所以，王之祭祀是有利于尽性的内圣之学的修养。

三、王之吉礼之服与内圣之学的关系

王之祭祀之斋在仁鬼神上不仅体现为祭祀所用的祭品不同，而且还体现在王所穿的衣服上也被赋予了某种深刻的含义。前文说过，王之祭祀之礼又称为吉礼，从王所穿之吉礼之服我们可以看出王之吉服实际上隐含着内圣之学的深意。

王安石说："祀昊天上帝，则大裘而冕，祀五帝亦如之者，大裘无经纬之文，无绘绣之功，其色则复乎至幽而已；群而不党，则又由天道而公焉；致恭以有礼，则事至尊之道也，故以祀昊天为称。祀五帝，则如之而已。五帝之为德，则既有所分矣，裘不可徒服，盖亦服衮，故《礼记》言'郊之祭，王被衮以象天'也。"②

"王之大裘而冕"，"大裘无经纬之文，无绘绣之功"，其象征意义是群而不党，则又由天道而公。王在祭祀不同对象的时候，其所穿的衣服与所戴的帽子都是有象征意义的，因而会有所差别。对于昊天，最大的神，讲究一个天道而公的象征意义。所以大裘无经纬之文，无绘绣之功。王在祭祀天的过程中，所

① 程元敏辑：《三经新义辑考汇评（三）——周礼》，（台北）"编译馆" 1987 年版，第 357 页。

② 程元敏辑：《三经新义辑考汇评（三）——周礼》，（台北）"编译馆" 1987 年版，第 316 页。

穿之衣、所戴之帽所赋予的象征意义，会给王留下很深的印象。天道群而不党公正至尊的特性也一定会深深烙印在王的脑海里。

"以书考之，古人之象，凡十二章；盖一阴一阳之谓道，道之在天，日月以运之，星辰以纪之；其施于人也，仁莫尚焉，无为而仁者，山也；仁而不可知者，龙也；仁藏于不可知，而显于可知者，礼也；礼者，文而已，其文可知者，华虫也；凡此皆德之上，故绘而在上。宗彝，则虎蜼之彝。虎，义也；蜼，智也。象之于宗彝，则又以能长奉宗庙为孝焉。柔顺清洁，可以荐羞者藻；昭明齐速，可以亨饪者火；藻也，火也，则所以致其孝。米，养人也，粉之然后利散而均焉。养人而已，而无断以制之，非所谓知刚柔，黼则所以为断也；用断不可以无辨，黻则所以为辨也；凡此皆德之下，故絺绣而在下。然辨物者，德之所以成终始也。"①

一阴一阳之谓道，道有天道和人道，天道表现为日月星辰的运行，② 而人道表现为仁，山是代表无为而仁者，龙是代表仁而不可知者。仁而表现为可知的形式就是礼。礼之文是通过华虫而表现出来的。这些是德之上，因此是绘在上衣上的。绘在上衣上，所以叫作上德，而之所以绘在上衣上，是由于这些事物代表阳。这一点，在《尚书新义》的解释中我们看得更加清楚。王安石说："日月星辰山龙华虫，凡此，德之属夫阳者，故在衣而作绘。宗彝藻火粉米，凡此，德之属夫阴者，故絺绣在裳。"③ 王安石的这个解释也不是自我穿凿，也有旧注作为基础。《尚书正义》说："盖以衣在上为阳，阳统于上，故所尊在先；裳在下为阴，阴统于下，故所重在后。"④ 并且王安石所认为的德之上者，也是根据《尚书正义》中"阳统于上，故所尊在先"而来，即德之上者，就是阳在地位上要尊于阴。

"宗彝藻火粉米"，是德之下者。其中宗彝是虎蜼的意思，因为宗彝祭器上经常刻有虎蜼这两种动物，于是逐渐用宗彝代表虎蜼。对于宗彝的含义，《尚书正义·益稷》与《周礼正义·司服》列举了许多解释，究竟是宗庙彝尊之本义，

① 程元敏辑：《三经新义辑考汇评（三）——周礼》，（台北）"编译馆"1987年版，第317页。

② 从表面上来看，王安石对天道的解释是从天的运行情况来说的，是偏重自然之天道，而非哲学本体论上的天道。但是我们从后文可知，"辨物则知善之为善，推而上之，可以至于天道，则圣人之能成矣"，上知天道就能成圣人，而圣人是道德方面达到高深境界的人。可见，王安石的天道具有自然之道和道德之道的双重意义。

③ 程元敏辑：《三经新义辑考汇评（一）——尚书》，（台北）"编译馆"1986年版，第42页。

④ 孔安国传、孔颖达正义：《尚书正义》，上海古籍出版社2007年版，第171页。

还是其指代义，真可谓众说纷纭，莫衷一是。王安石根据十二章包含的意义，取虎蜼义，代表了后世看法的主流。虎是义，蜼是孝，这也是以旧注为根据的解释。而藻和火"则所以致其孝"者，这个解释则是王安石的独创。盖王安石以为虎是义，这是对于他人；而对于自己的家人长辈则是要孝，而藻火就是孝的凭借。因为米粉不仅可以用来致孝，而且还有一般意义上的养人之义。养人也应当有刚柔之分，所以必须有断，断之时，还要辩论是非善恶作为断之根据，所以，必须有可辨之黼。很显然，王安石的解释意图是要将宗彝藻火米粉黼黻联系起来做一种有逻辑性和联系性的解释。

从以上王安石对十二章的寓意所做的解释可以看出，王安石力图将这十二种图案赋予道德的含义。在这里，王安石表达了王之祭祀之斋与内圣之学紧相关联的思想，从而证明王之祭祀之斋可以达到养生尽性的目的，即由祭祀之斋可以达到内圣。王安石不满足于对一字一词的解释，而是要在其中寻求所谓的微言大义，而这些又主要是心性修养方面的奥义。王安石对经典文本的疏解这些特点显然具有时代的特色，是宋代性命之理、道德之学在王安石学术中的反映。

王安石对经典文本的内圣学解释尤其体现在对黼的解释上。在此，我们再就对以上米粉黼黻的解释做一申论，以便看出王安石的解释既以旧注作为基础，又有自己的独特的思维取向。用米粉养人是仁义之举，然而，无断就可能失去对他们的控制，断之还要辨别之，才能成就德行。对于此处的辨之含义，王安石没有做过多的阐释，我们不能理解为何辨就可以做到"德之所以成终始也"。但是，王安石对于这个辨字在《诗经新义》中做了很好的解释，使我们一下子理解了这个"辨"的含义究竟是什么。王安石说："辨物则知善之为善，推而上之，可以至于天道，则圣人之能成矣。"这个辨物之善之辨①，类似于理学家做格物的功夫，而这个黼是辨物之义并非是王安石的师心自用，也是有考据学的根据的。杨旭说："黼古象两弓相背，取其辨。"②《周礼正义》也说："黼，黑与青，为形则两己相背，取臣民背恶向善，亦取君臣有合离之义、去就之理也。"③《尚书正义》说："又云藻取有文，火取炎上，粉取洁白，米取能养，黼

---

① 王安石还有"辨事"一说，他说："欲善其事，必先善其行；善行宜以德，不宜以伪，直内则所以为德也；直而不正，非所以为德。正然后能守法，守法则将以行之；行之则宜辨事，辨事则吏治所成终始也。"［程元敏辑：《三经新义辑考汇评（三）——周礼》，（台北）"编译馆"1987年版，第61页］此处之辨事主要是指找出事物的规律。

② 转引自孔安国传、孔颖达正义：《尚书正义》，上海古籍出版社2007年版，第185页。

③ 孙诒让：《周礼正义》第6册，中华书局1987年版，第1628页。

取能断，黻取善恶相背。"①

可见，王安石的辨物，就是辨认善恶。从格物上讲，也是做伦理道德修养的功夫。王安石的这些看法，都是在以往注疏的基础上做出的更集中更鲜明地具有内圣意味的解释，并非像他的批评者所说的那样是天马行空的随意凿说。如宋高宗（赵构）绍兴十二年六月二十二日癸未，因举子上书乞用《三经新义》为言者所论，而言道："六经所以经世务者，以其言皆天下公也；若以私意妄说，岂能经世乎？王安石学虽博而多穿凿以私意，不可用。"②

辨物之辨的象征意义在十二章中是由黻来承担的，而黻是六服中都具备的。因此，黻所象征的意义辨物就变成六服中共同的象，那么辨物也就变成了所有祭祀活动中必须有的内容。在王安石看来，因为只有辨物才能够至于天道，才能成圣。所以，在此，王安石通过对祭服的阐述表明了怎样达到内圣境界的观点。正是因为这些活动，祭祀所蕴含的道的大义才在王心中留下强烈的印记。因此，王的祭祀之斋是王修身养性的一种好方式，王由此而走上圣人之路。

四、结语

用祭祀之斋可以达到修养心性的目的，礼有利于养生，进而可以做到尽性。所以，在《周礼新义》中，王安石的内圣学思想主要是通过礼得以表达的。从对礼与心性之学的关系看，王安石尤其重点地阐明了祭祀之礼对内圣之学修养的重要意义。

"外作器，以通神明之德；内作德，以正性命之情；礼之道，于是为至。"③这句话非常恰当地说明了礼从外可以通神明之德，这种从外部祭祀中体验到的神明之德又可以内化为自我的德性。也就是天道的"群而不党"和"天道而公"的德行在既体验又内化的过程中深深地印在王的心中，形成了王的道德品质，即"内作德"，然后就可以正性命之情，使得自我的性命之情符合内在的德行。方笑一说："也就是说，礼同样具有维护人的心灵秩序的功能。这是另一种存在于人内心的'法度'，也就是道德法则。"④ 对于王来说礼之所以能够维护

① 孔安国传、孔颖达正义：《尚书正义》，上海古籍出版社 2007 年版，第 170 页。
② 程元敏辑：《三经新义辑考汇评（三）——周礼》，（台北）"编译馆" 1987 年版，第 670 页。
③ 程元敏辑：《三经新义辑考汇评（三）——周礼》，（台北）"编译馆" 1987 年版，第 290 页。
④ 方笑一：《北宋新学与文学——以王安石为中心》，上海古籍出版社 2008 年版，第 53 页。

内心的心灵秩序，关键是通过祭祀之斋体验到神明之德形成内在的道德修养以后可以"正性命之情"。联系到礼可以养生进而可以尽性，我们可以说，王安石的尽性既指"通神明之德"，又指"内作德，以正性命之情"。因为这两者在王安石看来就是一致的，这体现了他天道与人道相统一的思想。

总之，王安石在《周礼新义》中通过祭祀之礼的不同侧面阐明了他的内圣之学的思想，这与他早年对内圣学思想的探索是一致的，也就是要以内圣学作为基础方才能开出正确的外王事业来。所以，王安石对《三经新义》的诠释和对外王事业的追求始终没有离开过其赖以作为基础和支撑的内圣之道的思想根基。

第四章

《三经新义》研究（下）

从第三章的分析可见，王安石对经典的训释非常明显地体现了他的内圣外王相并重，内圣是外王基础的思想。王安石在变法期间的学术思想由于受到变法环境等多方面因素的影响，不免打上了为变法服务的烙印，有些训释也有牵强之处。可以说这时的学术发展与他的哲学思想有间或表现出相异的一面，但是我们看到王安石的学术仍以健康积极的发展为主旋律。从下面的分析中，我们更能看出王安石在变法期间学术发展变化的具体情况，即便如此，这些变化仍然不足以改变王安石的经典训释是以他的哲学思想为指导这样一个基本事实，其学术发展的新动向毋宁说是一种受到各种因素的影响所做的形式上变动的表现。

第一节　王安石"不豫道揆"思想探析

一、"不豫"的含义

王安石在《周礼·小宰》一节"掌邦之六典、八法、八则之贰，以逆邦国、都鄙、官府之治；执邦之九贡、九赋、九式之贰，以均财节邦用"的训释中说道："至其言九贡、九赋、九式，小宰司会所序先后，皆与大宰不同，则大宰以道佐王揆事，使邦国服，然后致其贡物，故序九贡在九式之后；小宰、司会则以贡赋之法受其入，以式法出之而已，所以致其贡之序，则非所豫也，故以九贡为先，九赋次之，九式为后。"① 在另一处，王安石也写道："小宰掌戒而不掌誓，掌具而不掌修。盖誓听于一，而修则有所加损；戒与众共，而具则具之

---

① 程元敏辑：《三经新义辑考汇评（三）——周礼》，（台北）"编译馆"1987年版，第52页。

而已。又言以法，则亦不豫道揆故也。"① 王安石所说的"道揆"来自《孟子·离娄上》"上无道揆也，下无法守也"。朱熹解释道："道，义理也；揆，度也。法，制度也。道揆，谓以义理度量事物而制其宜。"② 那么，在这些地方，王安石所使用的"不豫"到底是什么意思呢？查阅字典可知两个义项较为适合此"不豫"的含义。"①不事先预备。《礼记·中庸》：'凡事豫则立，不豫则废。'……⑥不参与。三国魏曹囧《六代论》：'衣食租税，不豫政事。'"③ 从两项的比较来看，可以看出"不豫"是"不参与"的意思。

就是说王安石认为"法"不参与"道揆"，即法不用道来衡量之意。对于一向以道揆自居和有着"道之全"思想的王安石来说，这个观点真有些出乎我们的意料。但是这又是千真万确的事实，而且王安石不只在一处地方说过这样的话，并且王安石所说的"不豫"也确确实实是"不参与"的意思。在谈到宫正与王宫之正与后室之纠禁的关系时，王安石写道："小宰掌王宫之政令，凡宫之纠禁，而宫正掌王宫之戒令纠禁，则王宫之政与后室之纠禁，皆非宫正所豫也。"④ 在这里，"不豫"也是"不参与"的意思。

王安石在解释"内史"一节的时候，更是直接地使用了"不与"这个词。王安石写道："夫上下之分，有道揆，有法守，大宰有八柄诏王驭群臣者，明道揆于上，而所掌者，非特法守而已。内史掌王八枋之法，以诏王治者，谨守法，而下而道揆有不与也。"⑤ 从"又言以法，则亦不豫道揆故也"与"而下而道揆有不与也"的比较来看，"不豫"就是"不与"的意思。在对这节的紧接着的解释中，王安石说道："至于内史，则庆赏、刑威杂而不知其孰先，主于守法，而不豫其道揆之意也。"⑥ 在这里，"不预"也就是"不与"的意思。

由此可见，王安石在同一的意思上使用与、豫、预这三个词。所以王安石说出的法不用道来衡量的话是至为不疑的了。那么，王安石所要表达的意思是什么呢？他难道要全盘推翻早年所表达的"道之全"的思想吗？难道他要与儒

---

① 程元敏辑：《三经新义辑考汇评（三）——周礼》，（台北）"编译馆"1987 年版，第63 页。

② 朱熹：《四书章句集注》，中华书局1983 年版，第276 页。

③ 罗竹风主编：《汉语大词典》，上海辞书出版社1986 年版，第469 页。

④ 程元敏辑：《三经新义辑考汇评（三）——周礼》，（台北）"编译馆"1987 年版，第77 页。

⑤ 程元敏辑：《三经新义辑考汇评（三）——周礼》，（台北）"编译馆"1987 年版，第381 页。

⑥ 程元敏辑：《三经新义辑考汇评（三）——周礼》，（台北）"编译馆"1987 年版，第382 页。

家传统思想背道而驰吗？下面就具体地分析一下王安石这个"不豫道揆"的思想到底要表达一个什么样的意思。

二、王安石"不豫道揆"的真实内涵及其用意

王安石在前所引文中说到大宰与小宰的职责要求不一样，大宰"以道佐王揆事"，所以"使邦国服，然后致其贡物，故序九贡在九式之后"，而小宰"致其贡之序，则非所豫也"，因为小宰不"以道揆事"。也就是说大宰与小宰的职责要求不同，以道揆事是大宰的职责。但是对于小宰而言，他的职责就是按照事情的规则来办事，这显然不同于大宰首先和主要"以道揆事"的要求，因此就说小宰"不豫道揆事"。但是如果说按照一定的规律来办事也是以道揆事，那么小宰何尝不也是"以道揆事"？所以，很显然，王安石所指的道是大宰从道德精神方面而言的，所以以道为主，体现仁政的思想精神，而小宰是执行具体事务之官员，因此行事以事物的具体规律为主和优先考虑对象。所以王安石说："下有事则治乎上，上有事则令乎下。大宰尊于宾客，故大宰以礼待宾客之治；宾客尊于群吏，故小宰叙群吏之治以待宾客之令。"[1] 这明确阐明了大宰与小宰地位不同，职责要求也就不同。大宰虽然尊于宾客，但是还须以礼待宾客，因为道揆故；而小宰是按照事物的规律行事。各有职守，不容混同。

各行其是在王安石政治思想的建构中有着非常重要的意义，因为只有这样才能够维持政治秩序的稳定与分明。所以，王安石在另一处训释中说道："大司徒令于教官，则所谓修乃事者，自其教官之职事也；小宰以官刑宪禁令，考乃法，则所以避禁也；令待乃事，则其事有待乎王宫之政令焉故也。共所以事上，正所以临下；在宫则戒以不共，在府则戒以不正，亦各其所也。"[2] 王安石在这里主要是从"各其所"的角度来说的，即法不是专门讲道的，而是讲一些具体的法律条文。因此，就不以讲道为主或为先。从另一则释文中，我们更清楚地看出王安石各负其责的思想，他说："旗物，以作战也，故于教治兵、辨旗物之用：日月为常，天道之运也，王之涖兵，以道而已，故王载大常；交龙为旂，君德之用也，诸侯之涖兵，以德而已，故诸侯载旂；军吏，孤卿之为将者也，以猛毅致其义，故军吏载旗；师都，孤卿之位众者也，以众属军吏，故载擅，

---

① 程元敏辑：《三经新义辑考汇评（三）——周礼》，（台北）"编译馆"1987年版，第68页。

② 程元敏辑：《三经新义辑考汇评（三）——周礼》，（台北）"编译馆"1987年版，第66页。

取其宣以事上而已。"① 说明各负其责的道理，王者是为道的；相应的，诸侯是以德而已；军吏是以猛义致其义，而不会顾及道。这个观点使我们反观大宰有其道，而小宰不与的道理。就是说各个官职的侧重点不一样，不是小宰真的完全不去顾及道。

在这里，王安石说到大宰是"以道揆事"，而小宰不与，其依据就是大宰首先是要使得邦国服从。而从财物上是不足以使得邦国信服的，只有道义才能使得邦国信服。所以大宰之职责是先使邦国服，然后才致其贡物。这还是受到了儒家的义利之辨的影响，以为先言利就是不考虑义的，像小宰那样。因为小宰"致其贡之序，则非所豫也"，也就是不"以道揆事"了。有人以为王安石是主张利就是义的，但是我们看到王安石在此却恰恰表现了义利相悖的看法，而这正是儒家的传统观点。正所谓相反可以相成，从王安石小宰之职讲利就不是以道揆事的看法中，我们可以看出王安石深受传统儒家思想所谓"君子谕于义，小人谕于利"义利观的影响下，对讲利有着深刻的忌讳。从这里，我们可以看出王安石思想的复杂性。

看了王安石的观点，一般人都会不禁问道："难道只有大宰才能以道揆事吗?"按照儒家的思想，万事均应该以道揆事，法也应该以道揆事，否则，就是法家的严刑峻法。其实这里所谓的道也不是纯粹抽象物，而是具体的具有道德内涵的礼俗规则，如果违反了这些规则，就是违背了道；相反，就是遵循了道。有些事情不与道相关联，因此，说它"不豫道揆"也不是不可以；但是按照儒家的思想，大道精神无处不在，万事万物都或直接或间接地与之联系在一起，所以对万事万物都必须做到"以道揆事"。上述两种看法各自反映了一定的道理。从王安石"以道揆事"是先道义而后利来看，王安石强调了小宰依法办事的职责，可见，王安石是从强调各自的职责重点来谈论"以道揆事"的，与王安石在其他地方和一般儒家纯粹以道来观照万事万物还是有区别的。这充分体现了王安石的为学风格，为了强调一个问题，常常变通儒家的传统观点，以便突出政策的可操作性和现实性；也体现了作为一个政治家的王安石的思想特性，即既考虑了儒家的传统观点，又要处处贴近现实。在前所引文中，王安石明确提到法也是不"以道揆事"的，因为法是首先要按照法律的条文来行事，所以不是最先考虑道义的，因此不是以道揆事。这个思想与王安石所主张的"道之全"的思想表面上有出入，但是道全之道是既有道德之意，又有规律之意，也

---

① 程元敏辑：《三经新义辑考汇评（三）——周礼》，（台北）"编译馆" 1987 年版，第 405 页。

有体用之全的意思，包含着多方面的含义；而"以道揆事"中的道只是道德之意。所以，如果要做这样的解释，王安石的"不豫道揆"也并非说不过去，但是作为一个论断提出来，总觉得还是有些不恰当。

王安石法"不豫道揆"的思想虽然是从强调各负其责的角度来说的，但是，却像上文所分析的那样，受到了儒家知识分子的质疑和批判。如魏了翁说："荆公常以道揆自居，而不晓道与法不可离。如舜为法于天下，可传于后世，以其有道也；法不本于道，何足以为法？道而不施于法，亦不见其为道。荆公以法不豫道揆，故其新法皆商鞅之法，而非帝王之道。所见一偏，为害不小。因说永嘉二陈做唐制度纪纲论云：'得古人为天下法，不若得之于其法之外。'彼谓仁义道德为法之外事，皆因荆公叛道、法为二，后学从而为此说。曾于南省试院为诸公发明之，众莫不伏。如周礼一部三百六十官，甸稍县都乡遂沟洫比闾族党，教忠教孝，道正寓于法中。后世以刑法为法，故流为申商。"①

魏了翁的批判当然不无道理，但也不是无懈可击，其中多有学派斗争的因素在内。如他说"不晓道与法不可离"，但从道是道德精神的含义而言，道与法既相联，又相异。说相异，是因为道是道德原则，法是具体的法律条文；说相联，是因为法律有时要考虑到道德方面的因素，以道德精神作为指导。但不是所有的法律条文都与道德因素有关，如偷盗杀人是一定要判刑的，这是由法律条文决定的，而不是由道义来决定其量刑的。所以一般的情况，法官只要依法办事就行了，而不会首先考虑道德方面的因素，如此人年迈体弱就要施予同情等。所以道与法还是有明显的区分。魏了翁说"法不本于道，何足以为法"，从法来自大宰等所制而言，王安石以为大宰要"以道揆事"，所以王安石恰恰是主张法本于道的。王安石说："先王本道以达为艺，缘道而制为仪"，"道与之才，先王达之以为艺；道之与貌，先王制之以为仪。"② 由此可见，王安石是以道来指导艺和仪的。艺，要有道作为指导，才与之相配合，才能成就为艺；仪，首先要符合道的精神，但是外部的貌也是必要的条件，才能称之为仪。艺与仪是这样，法也是如此，是本于道的。但是官吏在执法的时候却是依法办事，因此这时是以法律条文为主和优先考虑对象的，而不是道义，像大宰所考虑的那样。

三、王安石"不豫道揆"思想的缺陷

正像上文魏了翁所批判的那样，王安石明确地提出"不豫道揆"的思想当

---

① 魏了翁：《鹤山大全集》卷一〇四，四部丛刊本。
② 程元敏辑：《三经新义辑考汇评（三）——周礼》，（台北）"编译馆"1987年版，第202页。

然有违儒家的精神，尽管他是站在道与法等相异的角度来立论从而强调了其各自的职分有其存在的道理，但是这个提法明显与道与法有相关联的一面相背，因而必然引起论者抨击。但是王安石却将这个思想贯彻进整个《周礼》的训释之中，在对内史的训释中，王安石说："大宰言诏王驭群臣，则疾徐进止制于上，而大宰有同于君道故也。内史言诏王治，而不言群臣，则以内史者，有司之事，而治则在王；于驭群臣，非所宜矣。"① 王安石在此，明确地对大宰与内史从"道揆"的角度做了区分，因为大宰诏王驭群臣，所以要守法又要道揆；而内史以诏王治者，谨守法，所以道揆有不与；谨守法度其实与道揆没有什么矛盾。王安石这样说无非是要强调各自的侧重点不同罢了，但是很显然强调过甚，是很容易造成误解的。以为谨守法度可以将道义置之度外，这样的确容易引起严刑峻法，难怪魏了翁要批评王安石新法以此为指导就是申商之法了。

紧接着，王安石对这种区分大宰和内史各负其责的划分做了更进一步的申论。王安石说："大宰八柄之序，先庆赏而后刑威。于庆赏，则先重而后轻；于刑威，则先轻而后重；劝赏畏刑之意。至于内史，则庆赏刑威杂而不豫其孰先，主于守法，而不豫其道揆之意也。"② 可见，王氏对这种豫不豫道揆还是有分别的。就是先庆赏而后刑威，这种做法就像先礼后兵一样，这是大宰之职；但是内史是面对一个个具体的案例，因而出现了与对大宰和内史的职责要求的不同，这与前面大宰与小宰的划分法如出一辙，此其一。其二，王安石对内史职责的规定也暴露了他重视法律条文的作用而忽视了人的主观因素，这是王安石一味依赖国家机器推行新法而忽视了团结广大的士大夫阶层，从而引起新法失败的根本原因。另外，王安石所主张的"以道揆事"的道也是他所主张的道。很显然，王安石没有很好地注意到这几个方面的问题，从而失去了士大夫之拥护和支持，他主持的熙宁变法的失败就是情理之中的事情。

四、余论

王安石小宰之职"不豫道揆"的思想无非是要为新法坚定不移地推行做出理论上的证明，也就是说只要立法过程中考虑到了道义，那么这部法律就可以在现实生活中理直气壮地得以坚定不移地推行，而不管它遇到任何的阻碍与道

---

① 程元敏辑：《三经新义辑考汇评（三）——周礼》，（台北）"编译馆"1987 年版，第 381—382 页。
② 程元敏辑：《三经新义辑考汇评（三）——周礼》，（台北）"编译馆"1987 年版，第 382 页。

义上的问题。即使产生了一些问题，也是为了实现更大的道义所付出的必要代价。王安石的这个思想以为只要理论正确就可以在现实生活中得以畅通无阻地实行，而不管其现实条件和人们的接受程度，很显然有教条主义之嫌。王安石所主持的新法的失败与他的这个错误思想有很大的关系。也就是说，王安石失败的主要思想根源就是理论与现实脱节，理论不适用于现实，而没有适时地修正理论和政策措施，因而失败在所难免。

王安石在其哲学思想中提出了"道之全"的思想，但这里又主张"不豫道揆"，这也与他一向以"道揆"自居很不一致。从这种不一致中，我们看到了王安石这种"不豫道揆"的思想充满了政治方面的色彩，很显然是为了新法的推行做张本和宣传的。

第二节　论王安石在《尚书新义》中重视刑法的思想

王安石在《三不欺》中重点论述了德、刑与察之间的关系，他说："昔论者曰：君任德，则下不忍欺，君任察，则下不能欺，君任刑，则下不敢欺，而遂以德察刑为次。盖未之尽也。此三者之为政，皆足以取于圣人矣，然未闻圣人为政之道也。……然圣人之道有出此三者乎？亦兼用之而已。……或曰：刑亦足任以治乎？曰：所任者，盖亦非专用之而足以治也。豹治十二渠以利民，至乎汉，吏不能废，民以为西门君所为，不从吏以废也，则豹之德亦足以感于民心矣。然则尚刑，故曰任刑焉耳。使无以怀之而惟刑之见，则民岂得或不能欺之哉？"[1] 在这篇写于治平年间居于金陵的文章中，王安石阐述了德刑察兼而用之的思想，明确地传达了一个不羞于谈论刑罚的信号。

王安石的这个思想观点终其身也没有改变。在《尚书新义》的训释中，王安石仍以同样的见解训释其中有关刑罚的思想资料。正是由于这个原因，王安石对《尚书》中有关刑罚不是讳言和逃避而是借此发挥了刑法管理国家和社会的重要作用的思想，这与一般封建士大夫如司马光视谈刑罚为禁区的做法大相径庭。王安石这种冲破世俗偏见的观念当然遭到了一般士大夫的大肆攻击。但是，从根本上来讲，王安石在经典中诠释他的刑法思想和提倡学习法律的做法既没有违反儒家德主刑辅的施政原则，在诠释经典的过程中也没有提倡用申韩等法家人物刑罚立国的思想。因此，笔者认为，王安石在诠释《尚书》的过程

---

① 王安石：《王文公文集》（上），唐武标校，上海人民出版社1974年版，第305—306页。

中所遭受的攻击不仅是不应该的，而且王安石在经典中倡导的重视刑法的思想和在改革中适当地加入了刑法考试科目的做法使得王安石在中国法制史占据了一席之地。

一、王安石的刑法思想也是对儒家德主刑辅思想的继承和发展

王安石继承了传统的德主刑辅的思想，这是对儒家思想特别是董仲舒以神学观确立德主刑辅思想以来治国理念的继承和发展。① 王安石并没有因为重视对刑罚的阐述而改变这个儒家所奉行的基本原则，在《尚书新义》中，王安石大量阐述了德主刑辅的治国思想，兹列举一二。

对"休兹，知恤鲜哉！……兹式有慎，以列用中罚"这段经文，王安石说："立政之意，始于'知恤'，而终于'用中罚'者，盖知人而官，使之上下小大各任其职；不迪者，纠之以法。政之所以立也。"②

"始于'知恤'，而终于'用中罚'者"，"知恤"，就是要以德治为主；用中刑也是按照法律的一般情况办事，而不是用重刑，算不上严刑峻法。"不迪者，纠之以法"，对于犯法者，当然要用法律来制裁，其行为已经超出了德教的范畴，须用法律加以惩处，所以刑罚是不可缺少的，虽然它只是一种辅助的形式。

在另一处解释中，王安石说道："言夏、殷所受天命，历年长短，我皆不敢知也。我所敢知者，唯不敬厥德，乃早坠厥命也。"③

对"桀德……其在受德暋，惟羞刑暴德之人同于厥邦"，王安石说道："羞，进也；有'崇德'之意。桀、纣所用非人，皆本于身有恶德，故曰'桀德''受德'者，推本言之也。"④

这一条，王安石尤其强调了君主的德行修养，因为封建时代君主的德行关系到一个国家的兴衰存亡。

---

① 董仲舒说："王道之三纲，可求于天。天出阳，为暖以生之；地出阴，为清以成之。不暖不生，不清不成。然而计其多少之分，则暖暑居百而清寒居一。德教之与刑罚犹此也。故圣人多其爱而少其严，厚其德而简其刑，以此配天。"（董仲舒：《春秋繁露·基义篇》，山东友谊出版社 2001 年版，第 481 页）
② 程元敏辑：《三经新义辑考汇评（一）——尚书》，（台北）"编译馆" 1986 年版，第 204 页。
③ 程元敏辑：《三经新义辑考汇评（一）——尚书》，（台北）"编译馆" 1986 年版，第 176 页。
④ 程元敏辑：《三经新义辑考汇评（一）——尚书》，（台北）"编译馆" 1986 年版，第 200 页。

释"士制百姓于刑之中，以教祗德"，王安石说道："刑非教也，而言'以教祗德'，盖圣人莫非教也。刑之所加，非苟害之，亦曰斁而纳之于善而已。故周官十有二教，亦曰刑教中则民虣（同暴）。"①

释"勿用不行"，王安石说道："责人以恕，所不可行者，勿用也。庄子曰'重其任而罚不胜，远其途而诛不至'，此皆不可行，而先王之所不用也。"②

所以，对"惟敬五刑，以成三德"，王氏说："当轻则轻，所以成柔德；当重则重，所以成刚德；处轻、重之中，所以成正直之德。"③

从这些解释中，我们可以清楚地看到王安石对德教的重视。刑罚只是辅助的形式，其目的也是为了促进德教。因为刑罚使用不当，则可能适得其反，引起人们的反抗；即"刑教中则民虣"，"先王之所不用也"，所以须"当明政刑以节之"。④

总之，王安石在他的训释中表达了以德教为主、刑罚为辅的治国思想。但是，国家的教化策略只有内化为个人的行为以后，才能真正起到教育人民的作用。所以，国家的教化策略从个人的角度而言就是自我的道德修养。国家的教化政策不是空洞的，而是国家对人民的感化和个人在这种感化的社会环境之下自觉地进行道德修养的结合。因此，王安石一面主张国家的政策要爱民如子，实行德化教育；一面倡导个人积极进行自我道德修养。

二、王安石在《尚书新义》中是从法律的角度来议论刑法

德主刑辅并不是不要刑罚，后世儒家给人的印象好像有淡化讨论刑法的感觉。所以，当王安石在经典阐释中直言不讳地谈到刑法的时候，一般的儒家知识分子就感觉很不自在，因而给王安石扣上了法家刑名法术的帽子。汪应辰对王安石的《尚书新义》总的评价就是："臣窃以王安石训释经义，穿凿附会，专以济其刑名法术之说。"⑤ 这种批判是对王安石的误解和责难。对于使用刑罚，

---

① 程元敏辑：《三经新义辑考汇评（一）——尚书》，（台北）"编译馆" 1986 年版，第224 页。
② 程元敏辑：《三经新义辑考汇评（一）——尚书》，（台北）"编译馆" 1986 年版，第227 页。
③ 程元敏辑：《三经新义辑考汇评（一）——尚书》，（台北）"编译馆" 1986 年版，第226 页。
④ 程元敏辑：《三经新义辑考汇评（一）——尚书》，（台北）"编译馆" 1986 年版，第175 页。
⑤ 转引自程元敏辑：《三经新义辑考汇评（一）——尚书》，（台北）"编译馆" 1986 年版，第231 页。

王安石的态度是实事求是根据现实需要而加以阐述的，并不是现实社会需要刑罚，而又在口头和文字上讳言刑罚。出于这种需要，王安石正是要借经典阐述自己的刑法思想，以便更好地利用刑法治理国家。所以，林之奇所说的"王氏此言，盖为新法地尔"虽不无正确，只是王安石以此为正确的做法，而林之奇以为是凿说而已。刑名法术这一套儒、法家都可以使用，主要的区分是以何者为主的问题。法家以此为唯一的治国策略，而儒家只是以此为辅助的治国策略罢了。

在《尚书新义》中，王安石大量阐释了刑法的思想，这些思想主要是通过讨论刑法的运用来展开的。可以说王安石在这部经典的诠释中，讨论刑法占了很大的比重。对于一个政治家而言，刑法知识是治理国家必不可少的，这在古代中国行政长官又兼任法官的时代更是如此。因此对于作为一个国家行政人员的王安石来说阐明刑法的思想更是无可厚非。从刑法思想的阐述有利于国家法律的建设而言，王安石有依法治国的思想意识。但是王安石这样做，却遭到了大部分儒家学者的批判。这主要是儒家思想淡化刑法而重德行修养的原因所致，也与中国古代社会长期不重视刑法的学习的社会习俗息息相关。① 王安石在这方面能够打破俗见，倡导学习法律和确立以刑律取士和选官的考试制度是王安石思想不同凡俗和进步性的表现。

《尚书》中有许多篇章本来就是法律文献，王安石因为改革和现实社会的需要当然会从这些儒家经典中吸取营养，以资作为改革的依据和支撑。《尚书》中的《召诰》《洛诰》《康诰》就是法典。王安石正是从这个角度来对《尚书》中的法律进行诠释，从以法论法的角度而言，这未尝不可。

王安石说："近中国之夷狄承德，则国家闲暇，可以修政刑之时。"②

可见，王安石是非常重视对刑法的修订的。王安石在其所主持和参与的熙宁变法中，允许考不取进士的人转考"新科明法"，主要考律令、刑统的"大义"，并要考"断案"，以后又规定所有的候选官都要考刑法，进士的考试内容也包括刑法。王安石说："今以少壮时，正当讲求天下正理，乃闭门学作诗赋，及其入官，世事皆所不习，此科法败坏人材，致不如古。"③ 可见他想通过这次改革，要天下的读书人学以致用，一旦考出做官就可以"上岗"治民。

① 曹魏时，卫觊上书，说："刑法者，国家之所贵重，而私议之所轻贱。"转引自郭建：《五行六典——刑罚与法制》，长春出版社 2008 年版，第18页。

② 程元敏辑：《三经新义辑考汇评（一）——尚书》，（台北）"编译馆" 1986 年版，第204页。

③ 脱脱等：《宋史》卷一百五十五，中华书局 1985 年版，第3617—3618页。

　　王安石这一改革措施遭到了以司马光为首的守旧官员的强烈反对，司马光说："但王安石不当以一家私学，令天下学官讲解。至于律令，皆当官所须，使为士者果能知道义，自与法律冥合；何必置明法一科，习为刻薄，非所以长育人材、敦厚风俗也。"①

　　用刑罚对罪犯进行惩处，是任何一个阶级社会形态里都无法回避的社会现象。如果以为学习和讨论刑法就有碍道德情操的培养与锻炼，就会沾染上刻薄的习性，刑法学习只是有司的事情，与其他人没有多大关系，那么，王安石在经典诠释中谈论刑法的思想当然就是有害无益的了。但是事实上，刑法却是与每一个人息息相关，所以那种认为只有有司才可以学习刑法的看法显然是错误的。王安石主张在科举中应当有刑法的适当位置是为国家培养人才的一种打算，是非常必要的。王安石的新科举是要使学究变成有用之才。王安石的看法应当说是切合实际的，是一个关心现实实际的政治家非常正确的考量。司马光不主张考刑律是大多数士大夫之中有代表性的一个，是怕养成刻薄习性，所以在著书立说和解释经典的时候也就反对讨论刑法。难怪他们看到王安石在《尚书新义》中大量议论刑罚的例子就斥之为济刑名之实，也就是十分可以理解的事情。

　　与司马光持相同看法的苏轼也对王安石在经典中阐释和发挥刑法的思想提出激烈的批判，专门作了《苏氏书说》，以痛诋王安石《尚书新义》为主要目的。以为其书厚污圣人，不得不辨也。苏轼也对王安石在全体士子中提倡学习法律的做法不以为然。苏轼说："春秋传曰：郑子产铸刑书，晋叔向讥之曰：'昔先王议事以制，不为刑辟。'其言盖取此也。先王人、法并任，而任人为多，故律设大法而已，其轻重之详，则付之人；临事而议，以制其出入，故刑简而正清。自唐以前，治罪科条，止于今律而已。人之所犯，日变无穷，而律令有限；以有限治无穷，不闻其有所阙，岂非人、法兼行，吏犹得临事而议乎？今律令之外，科条数万，而不足于用，有司请立新法者，日益而不已。呜呼！任法治弊，一至于此哉！"② 很显然，苏轼重人而不重法的思想显露无遗，他说："临事而议，以制其出入，故刑简而正清。"苏轼又说："修其敬畏至于口无择言，此圣德之士也。何以贵之于典狱？曰：狱，贱事也，而圣人尽心焉。其德入人之深，动天地，感鬼神，无大于狱者，故盛德之士皆屑为之。"③ 苏轼这种

---

① 脱脱等：《宋史》卷一百五十五，中华书局1985年版，第3620页。
② 程元敏辑：《三经新义辑考汇评（一）——尚书》，（台北）"编译馆"1986年版，第208页。
③ 程元敏辑：《三经新义辑考汇评（一）——尚书》，（台北）"编译馆"1986年版，第225页。

思想很显然不符合社会发展的需要和历史的潮流，批判王安石重法不重人的思想也不符合事实。因为王安石在主张立法的同时，也注重培养有实际才干的人才，并认为国家的当务之急是培养人才。

王安石注重发挥刑法的思想，并在变法中改革科举以刑法取士，开设了"新科明法科"，但这并不等于王安石实行严刑峻法。从王安石执政的事实来看，王安石并没有滥杀无辜，而是按照法律办事，并没有在社会上制造大量冤假错案。一个执政者是否滥杀无辜取决于他的思想境界和对法律的严格遵守，王安石一心要为国做出自己的贡献，个人私生活也不存在任何问题，从不心存用手中的职权谋取个人私利的肮脏目的，也就不会为达到个人目的而滥施刑罚。《宋史·苏轼传》载有苏轼在王安石变法罢相退居金陵之时，在由黄州去常州的途中特地与王安石会晤时的一段谈话。"安石又曰：'人须是知行一不义、杀一不辜、得天下而弗为，乃可。'轼戏曰：'今之君子，争减半年磨勘，虽杀人亦为之。'安石笑而不答。"①

下面，我们从王安石对几个案例的具体裁决，既可以看出王安石重视对刑法的具体运用，也可以看出王安石严格地依据法律条文来公正判案，并不是随意地处理案件，对待死刑的判决更是慎之又慎。可以看出，王安石在现实判案中并不是像他的反对者所指责的那样是严刑峻法，滥施刑罚。

首先值得一提的是登州阿云案。据《宋史》记载："熙宁元年七月，诏：'谋杀已伤，按问欲举，自首，从谋杀减二等论。'初，登州奏有妇阿云，母服中聘于韦，恶韦丑陋，谋杀不死。按问欲举，自首。审刑院、大理寺论死，用违律为婚奏裁，敕贷其死。知登州许遵奏，引律'因杀伤而自首，得免所因之罪，仍从故杀伤法'，以谋为所因，当用按问欲举条减二等。刑部定如审刑、大理。时遵方召判大理，御史台劾遵，诏遵不伏，请下两制议。乃令翰林学士司马光、王安石同议，二人议不同，遂各为奏。光议是刑部，安石议是遵，召从王安石所议。而御史中丞滕甫犹请再选官定议，御史钱顗请罢遵大理，诏送翰林学士吕公著韩维、知制诰钱公辅重定。公著等议如安石，制曰'可'。于是法官齐恢、王师元、蔡冠卿皆论奏公著等所议不当。又诏安石与法官集议，反复论难。"②

王安石的判决依据来自熙宁元年七月神宗签发的一道诏令："谋杀已伤，按问欲举，自首，从谋杀减二等论。"许遵的判决也依据此条。司马光要判处阿云

---

① 脱脱等：《宋史·苏轼传》卷三百三十六，中华书局 1985 年版，第10810 页。

② 脱脱等：《宋史》卷二〇一，中华书局 1985 年版，第5006—5007 页。

绞刑的依据也来自《宋刑统》，杀人时，"于人有损伤，不在自首之例"，所以阿云不能算作自首。

但是，在《宋刑统》中还有一条解释："因犯杀伤而自首者，得免所因之罪。"根据这一条，阿云仍然可以免于一死。结果，"帝从安石说，且著为令"。①

王安石参与议论的另一个案件是发生在宋仁宗嘉祐八年十月，王安石纠察在京刑狱，《宋史》这样记载："有少年得斗鹑，其侪求之不与，恃与之昵辄持去，少年追杀之。开封当此人死。安石驳之曰：'按律，公取、窃取皆为盗，此不与而彼携以去，是盗也；追而殴之，是捕盗也。虽死当勿论。'遂劾府司失入。府官不伏，事下审刑、大理，皆以府断为是。诏放安石罪，当诣阁门谢。安石言：'我无罪。'不肯谢。御史举奏之，置不问。"②

这个案件的判决，至少可以看出王安石注重用诏令的精神对案例进行分析，慎用死刑判决。因此，从这两个案件中，不仅看不出王安石是一个主张实施严酷刑罚的人，相反倒给人一种宽大处理罪犯的印象。与司马光、苏轼等人一味利用封建礼教重判出轨者道貌岸然的形象形成了鲜明的对照。与司马、苏二人相比，就这两宗案件的判决而言，我们也可以看出王安石是一个思想开明的思想家、政治家，是一个不拘泥于礼教束缚的人。

重视对刑法的建设和使用重典并不意味着这样做就是严刑峻法，只要其政策和措施是有利于社会现实中问题的解决和有利于大多数人的长远利益和共同利益，则这种做法不仅无可厚非，也非常必要。虽然王安石在解释经典中毫不讳言自己的刑法思想和倡导学习刑法的做法遭到了大部分士大夫的无理攻击和谩骂，但是真金不怕火炼，王安石对中国法制史的贡献还是得到了后世儒家人物的肯定和高度评价。

南宋著名思想家陈亮对中国古代的法律史，曾做了如下著名的论断："汉，任人者也；唐，人、法并行也；本朝，任法者也。"陈亮以为只是到了本朝才实行了法治，而对于宋的法治，陈亮更具体地指出："神宗皇帝思立法度以宰天下"，也就是说宋朝的法治时期，实际上起于宋神宗时，而这正是由王安石此次科举改革肇始的。尽管封建法治仍存在许多弊端，但正如陈亮所说："人道立而天下不可以无法矣。人心之多私，而以法为公，此天下之大势所以日趋于法而

① 脱脱等：《宋史》卷三百二十七，中华书局 1985 年版，第10544 页。
② 脱脱等：《宋史》卷三百二十七，中华书局 1985 年版，第10542 页。

不可御也。……故三代未尝不立法，而无任法之弊……"① 说明即使弊端百出的法治，也是取决于长官意志的人治所不能企及的。中国封建社会由人治走上法治阶段，是社会历史进步的体现。南宋中叶，与陈亮大体同时的著名藏书家晁公武说："皇朝王安石执政以后，士大夫颇垂意律令。"② 说明在宋代认为王安石对法制史做出了贡献已经成为部分人的共识。

三、对王安石所说的"当杀"等语句的原因探析

王安石的《三经新义》都是对经典所做的诠释，而诠释学告诉我们诠释也未必就是诠释者本人的意思。马士远在《周秦尚书学研究》中说道："在周秦《尚书》诠释现象中，已经包含有顺向与逆向、求真与求用等不同诠释路径。刘笑敢先生主张根据诠释者对经典本身文义的'顺向'或'逆向'这两种内在方向来思考诠释学问题，他认为我国古代经典诠释学存在着'立足文本，回归历史'的'顺向'诠释和'立足现实，自我表达'的'逆向'诠释，按此理论来观照，周秦《尚书》诠释现象中，既有'顺向'诠释的文本留存下来，亦有大量的'逆向'诠释文本传诸于世。"③ 对于王安石的经典诠释，我们也应当作如是观。

王安石在解释"起信险肤"时说："不夷谓之险，不衷谓之肤。造险肤者，所不待教而诛。"④

王安石做出这样的解释遭到了许多士大夫的抨击，其中之一的林之奇说："王氏曰：'不夷谓之险，不衷谓之肤。'此论甚善！而继之曰：'造险肤者，所不待教而诛。'此言大害义理！夫盘庚敉于民，由乃在位，则是为险肤之言者，皆教之尔不忍诛也。今曰'造险肤者，所不待教而诛'，则是盘庚之时必诛其造险肤者。此盖王氏借此言簧鼓以惑天下，欲快意于一时。老成之人言新法之不便者，皆欲指为造险肤之人而悉诛也。不仁之祸，至六经而止。王氏乃借六经

---

① 陈亮：《人法》，见《全宋文》第279册，上海辞书出版社/安徽教育出版社2006年版，第355页。

② 晁公武：《郡斋读书志·后志》，见《四库全书》第674册，上海古籍出版社2003年版，第385页。

③ 吕锡琛：《经典诠释的向度与中国哲学的理论重建》，载《哲学动态》，2006年第5期，第69页。

④ 程元敏辑：《三经新义辑考汇评（一）——尚书》，（台北）"编译馆"1986年版，第89页。

之言欲以肆其不仁之祸，是可叹也！"①

他在另一处解释中又说："人有小罪，非过眚也；惟终成其恶，非诖误也。乃惟自作不善，原其情乃惟不以尔为典式，是人当杀之无赦。"②

在《康诰》中，"人有小罪非眚，乃惟终，自作不典，式尔；有厥罪小，乃不可不杀"。王安石解释道："典、式皆训法，人若有小罪而非过误，乃终如此，而自作不合典法之事尔，是故为也。故为者，虽小罪亦当杀之。"③

这类解释遭到了苏轼的痛诋，他说："信如此言，周公虐，刑杀非死罪，且教康叔以人之向背以为喜怒，而出入其生死也。法当死，原情以生之可也；法不当死，而原情以杀之可乎？情之轻重，寄于有司之手，则人人可杀矣。虽大无道、嗜杀人之君，不立此法，而谓周公为之欤！……末世法坏，违经背礼，然终无许有司论杀小罪之法，况使诸侯自以向背为喜怒，而专杀非死罪者欤！……予恐世好杀者以周公为口实，故具论之。"④

但是从前文有关诠释学的理论来看，我们以为王安石所做的这类解释，应该主要理解为对经典所做的"顺向"解释。因为王安石在这里是原封不动地对经典做了解释，并没有自己的发挥。从诠释史的历史来看，王安石这个解释其实是对前人的袭用，因为孔颖达正是这样解释的。他说："人有小罪，非过误为之，乃惟终身自为不常之行，用犯汝。如此者，有其罪小，乃不可不杀，以故犯而不可赦。"⑤ 王安石的解释可以说与这个解释如出一辙，都是对经典所做的"顺向"解释。因此，抨击王安石这类解释有失公允。

退一步讲，即便将这种解释当作王安石本人的意思，字面上的意思也未必是其内心真实的流露，这我们可以从苏轼的话语中略窥其意图之一二。苏轼说："予其杀者，未必杀也，犹今法曰'当斩'者，皆具狱以待命，不必死也。然必立死法者，欲人畏而不敢犯也。"⑥ 这里苏轼是针对《酒诰》而言的，但是这个意思可以同样用于王安石有关刑杀的解释。也就是说，王安石有时候所做的解

---

① 林之奇：《尚书全解》，见《四库全书》第 55 册，上海古籍出版社 2003 年版，第 340 页。
② 程元敏辑：《三经新义辑考汇评（一）——尚书》，（台北）"编译馆" 1986 年版，第 155 页。
③ 程元敏辑：《三经新义辑考汇评（一）——尚书》，（台北）"编译馆" 1986 年版，第 154 页。
④ 程元敏辑：《三经新义辑考汇评（一）——尚书》，（台北）"编译馆" 1986 年版，第 155 页。
⑤ 孔安国传、孔颖达正义：《尚书正义》，上海古籍出版社 2007 年版，第537 页。
⑥ 苏轼：《东坡书传》卷十二，见《丛书集成初编》，中华书局 1991 年版，第413 页。

释有些过头，主要是为了对犯罪行为起到一定的震慑作用；但是具体实施怎样，又必须待到具体情况而决定了。这样看来，即使王安石所做的解释包含着自己的意思，也并不是这样说了当真会这样做。也可以这样说，为了新法的顺利展开，王安石解释的口吻含有威胁、警告的成分在内。

总之，对王安石谈到的"当杀"的原因，可以从多方面进行探析。从刑罚的判决来看，也是就事论事，即该判处死刑的仍然要判处死刑，否则，就无法震慑社会上的邪恶分子；王安石在诠释经典的时候，有时也只是诠释了经典的含义，并不一定代表在现实生活中也会这样做。在诠释经典中，有时王安石还刻意区分出故意与无意两种犯罪情形，对于故意犯罪且屡教不改者，王安石主张采用重刑；对于无意中铸成的大错，则要从轻发落。王安石之所以做出这样的区分，是因为这两种不同性质的犯罪对社会的危害和影响不一样，前者危害更大，所以要严惩。王安石这种刑法思想与现代的法律判决精神是相一致的。

另外，根据社会现实的需要而采取重典，在特定的时候也是维护社会稳定的一种方式，这种方式也为不少古代贤明的政治家所采用。诸葛亮在这方面就具有一定的代表性。

据史料记载：诸葛亮入蜀之初，刑法峻急。法正谏其"用轻典"，但诸葛亮答道："蜀土人士，专权自恣，君臣之道，渐以陵替；宠之以位，位极则贱；顺之以恩，恩竭则慢。所以致弊，实由于此。吾今威之以法，法行则知恩；限之以爵，爵加则知荣；荣恩并济，上下有节。为治之要，于斯而著。"① 根据社会现实情况的需要而采取不同的刑罚惩治力度，即有重典、轻典、中刑之别，也是非常必要的。

诸葛亮在历史上无论怎样也算不上一个实行暴政的政治家，却也非常重视刑罚的灵活运用，并不一味迷信德教和轻典的作用，而是在具体的社会现实情况之下有着自己的独立判断和见解，从而能制定正确的政策。可见，刑罚和重典在维持一个社会稳定秩序方面有其必要性和重要性。

从以上的分析，我们可以看出，王安石在《尚书新义》中，谈论到的一些"当杀"的语句表面看来有些过头，但是从不同角度分析起来却也不是不可以理解的。盖一方面王安石是阐述了经典的本意，另一方面，王安石之所以接过经典的话头这样阐释也是当时的现实政治的需要。但是王安石无论怎样说了一些过头的话语，却始终没有实行过严刑峻法，也不曾故意去冤枉一个好人。在没

---

① 陈寿：《三国志·诸葛亮传》，裴松之注，见《二十五史》，上海古籍出版社/上海书店1986年版，"蜀记"，第1177页。

有法律独立地位的古代中国社会里，这只能归因于王安石个人在道德品质上的修养和高度的自律精神。

一言以蔽之，从王安石在《尚书新义》中注重阐释刑法的思想可以看出王安石不仅是一个关心社会现实、思想贴近社会现实的政治家，也是一个十分重视刑法建设和灵活运用法律以确保社会稳定的人。因而其在经典中阐释法律思想和重视刑罚维持社会稳定的做法也是非常必要的。他所倡导的学习刑律和以刑律取士、选官的政策措施也是符合社会发展的潮流的，是一项为后世所继承和发扬的创举。王安石对中国法制史的贡献还是得到了后世儒家人物的肯定和高度评价。

王安石重视刑法的思想我们也可以从他的哲学思想中找到根据，即王安石对刑法的重视也体现了他的哲学思想。在前面论述的王安石的道本体论中，王安石提出了"道之全"的思想，主张对佛道诸子百家的思想进行大胆吸收利用。王安石的"道之全"思想很显然不同于同时代二程的以五常为道之体的思想，因而与二程讳言佛道诸子百家的思想不同，王安石公开主张对佛道诸子百家的思想进行吸收利用。二程由于从维护封建的伦理纲常出发，排斥其他诸派的思想。在本节论述中，王安石对刑法的阐述与重视与法家重视以法治国的精神有相似之处，因而对法家的重法的思想多有吸取之处。但是，王安石对法家思想的吸收利用也是有底线的，即"止于礼义"，是从符合礼义的角度对法家思想进行吸收利用。这个吸收其他诸派思想的标准与王安石判定道的标准相一致，王安石从符合"惟理之求"和"合吾心者"的角度判定是否为道，也是从这个标准来判定是否吸取异派的思想。

第三节 求变意识是《尚书新义》诠释的思想根源

王安石对经典诠释表现为一种求新求变的特色，这种特色大致出于以下几种原因：一是在疑经惑古的时代风潮的影响下，对经典诠释做出了突破前人的解释，而这种解释又得到了大多数学者的肯定，这类诠释多是以考据学为根据所做出的解释。第二，王安石的经典诠释所做出的解释有些是根据他自己的思想所做出的解释，这类弃旧务新的解释由于有的不合传统儒家思想，因而遭到了正统儒家的反对。第三，《字说》的思维方式和解经方式相结合，这种求新方式在解经中的应用很大程度上影响了王安石解经的学术水平。王安石前期受疑经惑古的时代风潮的影响写下的一些著作，例如《易解》都是在合乎义理的基本前提下有感而发的作品，这些作品由于都是根据己意有感而发，并非无病呻吟的空洞之作，因而无论在训释还是在杂著方面都取得了非常好的成绩，因此，表现了创新的特色。而《三经新义》中受《字说》思维方式影响所做的训释，虽然新是新了，但是在总体上却表现为穿凿附会的特点。

一、时代风潮影响下所取得的考据学方面的成就

王安石凭借其渊博的知识，在考据学的基础之上对《尚书》文本的部分解释发前人之所未发，因而取得了较大的成绩。这些解释是基于对文本正确的理解做出的，并不是随意的附会，因而有根有据，很有说服力，得到了大多数学者的好评。王安石这类解释至少可以说明王安石的"尚书学"的确是有造诣的。有些学者因为反对王安石参与的熙宁变法，因而也认为王安石的《三经新义》全部是新法的工具，在学术上一无可取。但是从王安石对《尚书》所做的训诂方面的成就来看，这显然不是正确的评判。

对于《尚书·大诰》中"天降割于我家，不少延。……用宁王遗我大宝龟，绍天明"，王安石断句道："自'延'字绝句。"①

王安石说："以'用'字属下句之首。"

宋林之奇曰："先儒以'不少'为绝句，以'延'字属于下句，其曰：'不少者，谓三监及淮夷并作难也。'据此篇之意，先言周家新造，而武王遽丧，成王以幼冲之资继承先业……而三叔、武庚乃为此举，以觊所非望，故自'越兹蠢'而下，然后言三监及淮夷之作难。所谓'不少延'者，但言武王之即世也。王氏、苏氏皆以'延'字上句读，盖得之矣。"②

对于王安石的绝句，《朱子语类》记载道："人说荆公穿凿，只是好处亦用还他。……道夫曰：'更如先儒点"天降割于我家，不少延""用宁王遣我大宝龟"，皆非注家所及。'（朱子）曰：'然。'"③

王安石这种解说之所以得到了学者的肯定，是因为王安石的解说从学理上看更加符合经文的原意。而且，王安石的解释是在对前人解释取舍的基础上做出的，孔安国传曰："不少，马读'弗少延'为句。"④ 但是孔安国依然以"不

---

① 程元敏辑：《三经新义辑考汇评（一）——尚书》，（台北）"编译馆" 1986 年版，第 146 页。
② 林之奇：《尚书全解》，见《四库全书》第 55 册，上海古籍出版社 2003 年版，第 520 页。
③ 朱熹：《朱子语类》卷七九，黎靖德编，中华书局 1986 年版，第 2057 页。
④ 孔安国传、孔颖达正义：《尚书正义》，上海古籍出版社 2007 年版，第 506 页。

少"绝句。

释《尚书·禹贡》"岷夷既略"，王安石说："（……）为之封畛也。"①

宋林之奇曰："曾氏推广王氏之意，以谓'岷夷既略'者，言地接于夷，不为之封畛，则有猾夏之变。以'既略'为'封域'，其说比先儒为优。……禹贡之九州，如冀、扬之岛夷，此州之岷夷、莱夷，梁州之和夷，徐州至淮夷，皆是此数州之境界；于要荒之地，固有蛮獠之民杂处于其地，如后世蛮洞羁縻州郡是也。"②

清胡谓说："九州唯此书'略'，必有精义。……左传曰：'天子经略，诸侯正封，古之制也。封略之内，何非君王？'又曰：'封畛土略。'又曰：'侵败王略。'略，皆训界；经略，犹言经界也。王说本此。"③

可见，王安石的解说是在博览群书的基础上根据前人的注解而做出的解释，其解释是慎重而非随意的，因此也是有价值的。

对于《尚书·酒诰》中"矧惟若畴，圻父薄违，农夫若保，宏父定辟"，王安石断句道："从'违''保''辟'绝句。"④

朱熹评论道："人说荆公穿凿，只是好处亦用还他。且如'矧惟若畴，圻父薄违，农夫若保，宏父定辟'，古注从'父'字绝句，荆公则就'违''保''辟'绝句，复出诸如之表。"⑤

明马明衡曰："王荆公始读'违''保''辟'为句。……大抵古书字义多不可通，今以'迫违'为'迫逐违命'，亦只是以意臆度，若以为'不违农时'，夫岂不可？即如古注释谓：'矧汝所咨问之圻父，不可有违之农夫，汝所保安之宏父，皆所赖以定其君者，可不谨于酒乎？'"⑥

王安石在此处的断句⑦得到了众多学者的肯定，从一个侧面也表明王安石

---

① 程元敏辑：《三经新义辑考汇评（一）——尚书》，（台北）"编译馆"1986年版，第50页。

② 程元敏辑：《三经新义辑考汇评（一）——尚书》，（台北）"编译馆"1986年版，第50页。

③ 程元敏辑：《三经新义辑考汇评（一）——尚书》，（台北）"编译馆"1986年版，第51页。

④ 程元敏辑：《三经新义辑考汇评（一）——尚书》，（台北）"编译馆"1986年版，第164页。

⑤ 朱熹：《朱子语类》卷七九，黎靖德编，中华书局1986年版，第2057页。

⑥ 明马明衡：《尚书疑义》，见《四库全书》第64册，上海古籍出版社2003年版，第189—190页。

⑦ 孔安国、孔颖达在此处的断句是："矧惟若畴圻父，薄违农父？若保宏父定辟……"（孔安国传、孔颖达正义：《尚书正义》，上海古籍出版社2007年版，第559页）

在《尚书》学方面是很有造诣的。

另外，王安石对经典诠释的阙疑精神也得到了学者们的赞扬，这体现了王安石严谨的解经风格，恪守了孔夫子所说的"知之为知之，不知为不知，是知也"的诚实精神。朱熹也对王安石这种做法给予了充分的肯定，他说："荆公不解《洛诰》，但云：'其间煞有不可强通处，今故择其可晓者释之。'今人多说荆公穿凿，他却有如此处。若后来人解《书》，又却须要解尽。"①

如果说王安石在疑经惑古的时代风潮下所取得的一些考据学方面的成就也体现了王安石的务新弃旧的色彩，那么这种积极方面的务新可以说是一种创新了。

二、王安石以独特思想所做的解释

王安石的独特思想主要表现了与传统思想相冲突的特性，这一点，体现了王安石思想的叛逆性；对于这种表现为叛逆性思想的经典诠释，士大夫大多数是持批判态度的。当然，作为一个封建士大夫的王安石的经典诠释也表现为对传统思想的强化与宣扬，这方面的诠释当然迎得了士大夫的肯定与赞许。

《尚书·洛诰》中有这样一句话："周公拜手稽首曰：'朕复子明辟。'"王安石解释道："复，如'复逆'之复，成王命周公往营成周，周公得卜，复命于成王。谓成王为'子'者，亲之也。谓成王为'明辟'者，尊之也。"

王安石又说："先儒谓：成王幼，周公代王为辟，至是乃反政于成王，故曰'复子明辟'。荀子卿曰：'以枝代王，而非越也；君臣易位，而非不顺也。'以书考之，周公位冢宰、正百工而已，未尝代王为辟，则何君臣易位、复辟之有哉？如礼明堂位曰：'昔者周公朝诸侯于明堂之位，天子负斧扆，南向而立。'又曰：'武王朝，成王幼弱，周公践天子之位以治天下。'则是周公正天子之位以临万国。"② 王安石这种解释也无法找到一个客观的标准来衡量其正确性，但是为何得到了许多士大夫的赞同呢？主要归因于王安石的这种解释是维护了名教的礼数，因为名教对君臣之间的区分是十分严格的。君臣之间有着不可逾越的鸿沟，王安石的解释正是切合于这种泾渭分明的界限，因此，理所当然得到了许多士大夫的赞同。王安石这种思想没有与传统思想发生冲突，相反是对传统思想的肯定和维护，因此，得到士大夫的承认就是情理之中的事情。

---

① 朱熹：《朱子语类》卷七八，黎靖德编，中华书局1986年版，第1987页。
② 程元敏辑：《三经新义辑考汇评（一）——尚书》，（台北）"编译馆"1986年版，第179页。

宋林之奇说："王氏之所谓'代王为辟'者，指此也。则王氏之破先儒之说，可谓明于君臣大分，而有功于名教也。"①

宋史浩也说："汉儒不达'复'字之义，乃以为'还位'，后世纷纷，遂有'复辟'之论，以事理考之，当以王说为然也。"②

对周公复命的解释，我们可以看出，王安石的解释能破先儒之成说，本身是非常有新意的。但仍然是站在维护统治阶级利益的立场上来立论，因此得到了众多儒家的赞同。由此也可以看出，王安石思想中变革的一面从总体上来说仍然没有脱离出维护整个统治阶级利益的框架，王安石也正是以维护此不变的名教底线为依托推销他的变法思想与变法政治。

王安石《尚书新义》从求变思想动机的角度所做的解释主要特色还是表现出与传统思想有出入的一面，这种思想倾向当然与一般士大夫顽固坚守传统思想，不知改变的僵化思想不同，因而其所做的这类解释以遭到士大夫的攻击为最多。

在《尚书·洪范》中有这样一段话："曰休徵：曰肃，时雨若；曰乂，时旸若；……"王氏解释道："若，似也。"③ 孔安国注道："君行敬，则时雨顺之。"④ 孔颖达疏道："此休、咎皆言'若'者，其所致者皆顺其所行，故言'若'也。"⑤ 王安石将天变和人君的举动看作比喻的关系，而非像解释成'顺'一样前者是由后者引起的。这种解释当然首先是由对天变与人事之间的关系而引起的，绝非只是表面上对字的解释不同而已，而其思想根源很显然是王安石"天变不足畏"的思想观点。

王安石进一步说道："降而万物悦者，肃也，故若时雨然；升而万物理者，乂也，故若时旸然；哲者，阳也，故若时燠然；谋者，阴也，故若时寒然；睿其思心，无所不通，以济四者之善者，圣也，故若时风然。狂则荡，故常雨若；僭则亢，故常旸若；豫则解缓，故常燠若；急则缩栗，故常寒若；冥其思心，无所不入，以济四者之恶者，蒙也，故常风若。……君子之于人也，固当思其贤，而以其不肖者为戒。况天者固人君之所当取象也，则质诸彼以验此，故其

① 林之奇：《尚书全解》，见《四库全书》第 55 册，上海古籍出版社 2003 年版，第520 页。
② 史浩：《尚书义讲》，见《四库全书》第 56 册，上海古籍出版社 2003 年版，第333 页。
③ 程元敏辑：《三经新义辑考汇评（一）——尚书》，（台北）"编译馆"1986 年版，第120 页。
④ 孔安国传、孔颖达正义：《尚书正义》，上海古籍出版社 2007 年版，第474 页。
⑤ 孔安国传、孔颖达正义：《尚书正义》，上海古籍出版社 2007 年版，第475 页。

宜也。"①

王安石虽然强调了天变和人事之间没有必然的联系，但是天是人君所取象之来源。所以当发生天变时也应当时时反省自己，严格地修身自律，思其贤，戒不肖，这才是对天变合适的回应和态度。由此也可以看出，王安石不是对天置之不理，不屑一顾，而是强调了以修人事为主，天虽然与人事有联系，但不是必然的联系。

宋林之奇说："此其论五事之与五气各其类，则诚有此理，但以'若'训'似'，而谓'君子之于人也，固当思其贤，而以其不肖者为戒，况天者固人君之所当取象也，则质诸彼以验此，故其宜也'。此则殊失庶征本畴之义。夫谓之'庶征'者，谓人君以一己之得失验之于天，苟以'若'为'似'，谓雨旸燠寒风皆人君所取象以正五事，则是箕子设此一畴，但为'五事'笺注耳，其何以为'庶征'乎？"②

林之奇持天人感应论的思想，因而做出这种批评就是合情合理的事情。但是王安石将这里的天理解成道德之天的意思（这与王安石的哲学思想是一致的），因而反对天人感应论，做出的解释自然就不一样。

王安石的求变思想也是有所本的，同时也受到了时代学风转变的影响，反过来，王安石又在这个转变过程之中起了推波助澜和确定性的作用。《尚书·汤誓》中说："伊尹相汤罚桀，升自陑，遂与桀战于鸣条之野。作汤誓。"王安石对其中的"升陑"解释道："升陑，非地利也，亦人和而已。"③

晁公武对王安石的这个解释评论道："元祐史官谓庆历前学者尚文辞，多守章句注疏之学，至（刘）敞始异诸儒之说。后王安石修经义，盖本于敞。公武观原甫说'伊尹相汤罚桀升自陑'之类，'经义'多勤取之，史官之言，良不诬也。"④

可见，王安石的经义是本于敞的，是宋朝摆脱汉唐章句注疏之学而转向义理之学的一个表现。王应麟说："自汉儒至于庆历间，谈经者守训故而不凿，

① 程元敏辑：《三经新义辑考汇评（一）——尚书》，（台北）"编译馆"1986年版，第121页。

② 林之奇：《尚书全解》，见《四库全书》第55册，上海古籍出版社2003年版，第488页。

③ 程元敏辑：《三经新义辑考汇评（一）——尚书》，（台北）"编译馆"1986年版，第73页。

④ 程元敏辑：《三经新义辑考汇评（一）——尚书》，（台北）"编译馆"1986年版，第73页。

《七经小传》出而稍尚新奇矣，至《三经义》行，视汉儒之学若土埂。"① 王应麟以为《七经小传》和《三经新义》之所以改变了一代学风，原因在于这两部著作"尚新奇"，成为新一代学术的引领者。其中《七经小传》"尚新奇"的程度，是"稍"，而《三经新义》是"视汉儒之学若土埂"，表明了王安石的"尚新奇"的程度，已经是具有普遍化的倾向了，扭转了一代学术之风，同时其穿凿附会的弊端也暴露出来了。

应该说，王安石对传统诠释中无论在训诂和思想观点方面存在的一些问题都提出自己的看法，阐发经典之微言大义，这种努力对经典的诠释是有贡献的。但是王安石片面发展了对经典的求变诠释，使得诠释中出现了大量的穿凿和形式主义的错误，就是其诠释的不当之处了。

三、一味求变导致了穿凿和形式主义的弊病

前文所述，无论是王安石对经典所做的考据学式的诠释，抑或是用其突破传统思想藩篱的思想对经典所做出的解释都表现为一种对经典诠释的求新特色。这种思维习惯的发展，再加上变法环境的外缘，王安石遂形成了一种对经典诠释的求变意识。在这种求变意识的主导下，王安石的经典诠释就表现出很强烈的甚至是畸形的求变特色。这种解释，王安石并不是在文意和考据学基础之上对字和文意做出有别于传统的解释，而是将《字说》的解字方式应用到对经典的诠释之中，因而对经典做出了不甚恰当的解释。这种解释因为没有做到对文本的正确理解，因而不可谓创新，只能算是一种消极的弃旧务新。

对于《尚书·益稷》中"予承四载，随山刊本"，王氏说道："鲧治水九载，兖州'作十有三载乃同'，禹之代鲧，盖四载而成也。"②

苏轼批判王安石这种看法道："世或喜其说，然详味本文，'予承四载，随山刊本'，则是驾此四物以行于山林川泽之间，非以'四'因'九'通为十三载之辞也。按书之文，鲧'九载，绩用弗成'在尧未得舜之前，而殛鲧在舜登庸历试之后，鲧殛而后禹兴，则禹治水之年，不得与鲧之九载相接，兖州之功，安得通'四'与'九'为十三乎？禹之言曰：'娶于涂山，辛壬癸甲。'是娶在治水之中；又曰：'启呱呱而泣，予弗子，惟荒度土功。'是启生在水患未平之

---

① 王应麟：《困学纪闻》，见《四库全书》第 854 册，上海古籍出版社 2003 年版，第 323 页。

② 程元敏辑：《三经新义辑考汇评（一）——尚书》，（台北）"编译馆"1986 年版，第 39 页。

前也。禹服鲧三年之丧，自免丧而至于娶，而至于子，自有子至于禹而泣，亦久矣，安得在四载之中乎？反复考之，皆与书文乖异，书所云'作十有三载乃同'者，指兖州之事，非谓天下共作十三载也。近世学者喜异而巧于凿，故详辨之以解世之惑！"①

皮锡瑞在《今文尚书疏证》中写道："锡瑞谨案：'史记河渠书引夏书曰："禹抑洪水十三年，过家不入门。"郑说与《史记》合。马注曰：'禹治水三年，八州平，故尧以为功而禅舜。是十二年而八州平，十三年而兖州平。'十三年，并鲧之九年数之，与《史记》说不同，盖古文异说。三国志高唐隆传曰：'昔在伊堂，世值阳九厄运之会，洪水滔天，使鲧治之，绩用不成，乃举文命，随山刊木，前后历年二十二载。'亦与禹之十三年与鲧九年计之，同《史记》说。"②

王安石的意思是说，禹只用了四年就成就了水功，这与《史记》所载禹抑水十三载不合。王安石认为十三年实际上是指鲧禹抑水共为十三年。

以王安石之博学，怎会不知道《史记》所载之禹治水有十三年呢？为何要将其认定为四年。其依据又仅仅是因为"予承四载"，而此"四载"是指四种交通方式。苏轼将其归咎为王安石"喜异而巧于凿"的毛病。那么王安石为了求变置基本的事实也视而不见了，这是一味求变所导致的形式主义和穿凿的典型错误。

在王安石的《尚书新义》中，王安石一味求变的诠释方式经常通过《字说》的思维方式显示出来。

解释《尚书·益稷》中一段话："夔曰戛击鸣球，搏拊琴瑟以咏。祖考来格。虞宾在位，群后德让。下管鼗鼓，合止柷敔，笙镛以间。鸟兽跄跄。箫韶九成，凤凰来仪。"王安石说道："堂上乐以象宗庙朝廷之治，故堂上之乐作而能致和于宗庙朝廷。堂下乐以象鸟兽物之治，故堂下之乐作而能致和于鸟兽万物也。"③

宋夏僎批评道："堂上、堂下，其器虽不同，要之作乐之际，实相合以成乐也。……堂上、堂下必翕然并作，其格祖考，感鸟兽，当如大司乐几变而格祖考，几变而感鸟兽。……非谓堂上乐可以格祖考，而不可以感鸟兽；堂下乐可

---

① 苏轼：《东坡书传》，《丛书集成初编》，中华书局1991年版，第91—92页。
② 皮锡瑞：《经学通论》，中华书局1954年版，第142页。
③ 程元敏辑：《三经新义辑考汇评（一）——尚书》，（台北）"编译馆"1986年版，第45页。

以感鸟兽，而不可以格祖考。……其实是上、下之乐并作，乐声既和，上则祖考群后咸和，下则鸟兽万物咸若。"①

对《尚书·甘誓》"左不攻于左，汝不恭命；右不攻于右，汝不恭命；御非其马之正，汝不恭命"，王安石说道："左不攻于左，右不攻于右，誓徒也。御非其马之正，誓车也。"②

宋林之奇曰："然三代以来，皆用战车，春秋所载列国战争皆用车，而每车必有左右与御。此所誓者，曰'攻于左，攻于右，御非其马之正'，与左氏所载相合，不必分'土'与'车'也。夫古者车战，每车甲士三人，步卒七十二人。所谓步卒者，坐作进退皆听命于车而已，又何必于誓车之外，又誓其徒邪？"③

对《尚书·胤征》中"明征定保"，王氏说道："其言可以明证，其事可以定保。"

林之奇批评道："据经言，初无'言'与'事'之别，王氏分为二说，迂矣。"④

以上三例很显然都是强生分别解释的例证，苏轼对这种强行分撤、字字必较的解释非常痛心。邵博在《邵氏闻见后录》中记载道："东坡倅钱塘日，答刘道原书云：'……近见京师经义题："……"又："有其道，丧厥善。'其''厥'不同，何也？'"……似此类甚众，大可痛骇！时熙宁初王氏之学，务为穿穴至此！"⑤

王安石喜好从字的各个部分分析出字的含义，专用会意解字；当王安石用《字说》的思维方式来解释经典之时，就必然表现为从经典的字词句各个独立的部分中分析出经典的含义。但是经文的意思不可能在任何时候都是各部分的综合，有时它们是合为一体才能表达一个意思。由于王安石特殊的政治地位，这种诠释经典的方式大为盛行。宋史批评当时的风气是："选举志二：有司出题，

---

① 程元敏辑：《三经新义辑考汇评（一）——尚书》，（台北）"编译馆"1986年版，第45页。

② 程元敏辑：《三经新义辑考汇评（一）——尚书》，（台北）"编译馆"1986年版，第68页。

③ 林之奇：《尚书全解》，见《四库全书》第55册，上海古籍出版社2003年版，第226—227页。

④ 林之奇：《尚书全解》，见《四库全书》第55册，上海古籍出版社2003年版，第244页。

⑤ 宋邵博：《邵氏闻见后录》，中华书局1983年版，第160页。

强裂句读，专务断章，离绝旨意，破碎经文。"① 很显然，这正是针对王安石新学学派所影响的学风而言的。

在《尚书新义》中，王安石在求变意识和《字说》的思维方式的驱动之下，诠释经典的确达到了求变目的。但是，这样的解释不仅没有将经典解释得更加明白，反而造成了大量的穿凿。为了达到求变目的付出了这样的代价，可谓有些得不偿失。

四、结语

在对经典解释求变习气的影响下，我们看到了王安石解经在训诂和摆脱一些儒教的思想藩篱而能独出己见方面的确取得了一定的成就，其解释确有令人耳目一新的地方。但是这种求变意识在形成一定的程式以后，就走向了呆板和形式主义，就是说王安石在经典诠释中有一味求变、以变为目的和务为新奇的倾向。

王安石在诠释经典中，因为其训诂功底和博学使得其在学术上确实取得了不小的成就，其经典诠释有其存在的学术价值；由变革传统思想中的弊端而形成的求变意识也为经典的诠释做出了贡献。但是王安石在一味求变的心态下所做的一些解释，则必然导致穿凿和形式主义的错误。在变法大潮掀起的时刻，这部经典诠释著作的问世，其中穿凿的部分不言而喻地遭到了变法反对派的攻击。从王安石一味求变的心态来看，也确实有在思想领域制造移风易俗的企图，经典诠释就难免有为新法之地（林之奇语）的嫌疑；但毫无疑问，反对者也利用经典来反对新法。苏轼曰："矇诵、工谏、士传言、庶人谤于市，此先王之旧服正法也。今民敢相聚怨诽，疑当立新法行权政，以一切之威治之。盘庚，仁人也。其下教于民者，乃以常旧事而已，言不造新令也；以正法度而已，言不立权政也。盘庚迁而殷复兴，用此道欤！"②

苏轼反对新法，主张行旧事，不造新令。苏轼认为盘庚是行旧事，所以行新法的王安石与盘庚根本不同。从利用经典诠释来做文章看，王安石与苏轼都是以经典为道具，来传达自己的思想与政见，同时他们也无法找到一个客观标准来确证自己的观点，因此也说不上谁是谁非。所以，我们不能武断地用一刀切的办法说王安石用学术干预政治的做法本身就是错误的，然后又用经典证明他的错误之所在。既然王安石这种做法是错误的，反对者又用他的做法证明其

---

① 脱脱等：《宋史》卷一百五十六，中华书局 1985 年版，"选举二"，第3636 页。

② 苏轼：《东坡书传》卷八，见《丛书集成初编》，中华书局 1991 年版，第236 页。

错误，则这种反驳也存在立论的缺陷。

王安石的错误不在于用经典表达政治，而在于不能将经典诠释中有利于表达政治的思维方式无限延伸和覆盖。具体地说，就是不能将求变意识无限延伸，因为变法是一种政治经济的变革，所以就欲借经典诠释在思想领域来一场完全的改变。过犹不及，无论什么事情，只要超出了它的事实本身的界限就变成了错误。但是王安石依然这样做，当然有他在熙宁变法正在如火如荼展开时的政治目的，就是要在社会上掀起一股思想和意识形态的改变之风，以便营造一种社会气氛，达到移风易俗和改变人们僵化的思想意识形态的目的，从而更有利于他推行变革。

第五章

结　论

一

本书主要是对王安石的哲学思想和《三经新义》展开研究，同时在这个基础之上探讨它们之间的关系。

王安石的哲学思想已是学人做过不少研究的课题，例如马振铎先生的《政治改革家王安石的哲学思想》、李之鉴先生的《王安石哲学思想初探》①等，这些研究虽然都取得了一些成就，但是它们要么受到了当时学术风气和政治环境的影响，要么对王安石的哲学思想尤其是其中的道德性命之学的研究兴趣不大，而只是将王安石之学术与理学等派别的思想进行比较。因此，对王安石的哲学思想进行全面细致的研究犹嫌不足。对学界目前王安石哲学思想研究的现状，学者熊凯总结道："学界对专门探讨荆公新学形而上构建方面如道德性命思想的兴趣不是很大，多偏重于新学与儒道或者与其他学派思想的比较。"② 杨柱才先生以为，道德性命在王安石看来是一整体观念。王安石由此出发，对性情关系、性命关系做了探讨，并且强调人由后天的"习"可以实现正性和正命。由此可见，王安石的哲学思想是主张积极向上把握自我命运的。王安石的道德性命之说对于宋前期的儒学复兴运动及走向无疑有积极意义和深刻影响。③ 但是杨柱

---

① 李之鉴：《王安石哲学思想初探》，中国文联出版社1999年版。
② 熊凯：《近十年来的荆公新学研究》，载《东华理工学院学报》（社会科学版），2006年3月，第25卷第1期，第25页。
③ 杨柱才：《王安石的性命学说》，载《抚州师专学报》，2001年第2期，第42—47页。

才先生在这篇短文中只是对王安石的性命思想进行了研究，不可能对王安石的哲学思想进行系统研究。

李俊祥认为王安石有一个古代圣王伏羲、尧、舜、禹、汤、文武、周公一以贯之之道，道在经书中。王安石将自己看作是继孔孟之后古代圣王之道的继承者，《三经新义》的新经学显示其在使古代圣王之政重现于当时的北宋王朝、实现道统传承的努力。[①] 因此，王安石所要实现的政治就是古代圣王之道在现实中的实现。可见，王安石的哲学思想与其政治实践是一致的。王安石支持道统说，认为道的精神实质自古至今都没有改变，而其表现形式却是千变万化、日新月异。如要把握先王之道的精神实质，就要去研读古圣先贤保留在经书之中的道。所以大道之把握与领会全靠我们自己去努力。所以王安石提出了衡量道的标准，即"惟理之求"和"合吾心者"。根据这个标准，王安石提出了孔孟之言语不合理则亦不敢从的思想，因为大道的表现形式是不断发展变化的，虽然其精神实质（"法其意"之"意"）没有发生变化。王安石的这个观点对儒家之道做了修正。笔者以为，王安石的哲学思想不仅包括了本体之道，而且还有其他许多范畴。当然道本体是王安石哲学思想中的最高范畴，但是其他的哲学范畴，例如元气、心性命等等都不可忽略。所以，对王安石的哲学思想做整体的研究，就必须恰当地梳理这些范畴的相互关系。

笔者主张对王安石的哲学思想做整体的全面的研究，并发现其道德性命之学之内各种概念相互之间的关系。学界对王安石的道德性命之学的兴趣并不大，而本文正是要以研究王安石的道德性命之学为重点，并且将王安石的哲学思想与他的《三经新义》的研究结合起来，看看二者之间的关系是否如某些人所说的：王安石的《三经新义》与其前期的学术思想差别很大，《三经新义》只是政治变法的工具，没有什么思想学术价值。

这些思想中就包括柯昌颐所认为的王安石前期思想是儒家的，后期思想是法家的，王安石前期思想和中后期的思想是脱节的、是前后不一致的看法。他说："安石改革政治以'大明法度，众建贤才'为前提，且有'每事专信法制固有所不及'之语，在中国政治学派上，可确定其为儒家，已详前章。然观其施于政事者，虽未必如司马光所谓'尽弃其所学'，朱子所谓'略无毫发肖'，诚亦有所转移，试先下一概括语：'迷信周礼，推尊先王，而为环境所驱迫，因习惯之转移，致倾向于法家之唯法主义。其理财政策，则因社会之需要，亦同

---

① 李俊祥：《王安石的儒学人物评价及其道德观》，载《江西社会科学》，2002 年第 7 期，第12—15 页。

化于法家.'"① 柯昌颐这种评价具有某种程度上的代表性。但是，柯昌颐在阐述王安石在变法期间表现为法家的做法而与前期的儒家判若两人的同时，也认为王安石在变法期间的思想也在儒家思想影响的范围之内，从而对王安石变法期间的思想在评判上表现出矛盾的心态。柯昌颐说："故其《陈时政疏》内有云：'夫天下至大之器也，非大明法度不足以维持。'然又作一转语曰：'非众建贤才，不足以保守。尚无至诚恻怛忧天下之心，则不能询考贤才，讲求法度。'故安石之政治思想，虽稍具唯法主义倾向，而终为儒家人治主义所囿焉。"②

但在笔者看来，王安石主要在前期形成的哲学思想有意无意中被王安石植入了对《三经新义》的研究之中，王安石的经典训释主要体现了他的哲学思想。所以，王安石变法的指导思想主要是儒家的，而不是法家的；王安石前后期的思想具有很大程度上的延续性和一致性，当然我们也不排除他在变法期间所训释的《三经新义》有为新法辩护的地方，其《字说》思维方式的运用所造成的穿凿弊病有与他的哲学思想不相协调的地方。但是这些为新法直接辩护的思想有些与王安石的哲学思想是相一致的，而那些与王安石的哲学思想形成冲突的训释在王安石的《三经新义》中也只占有不大的比重。所以，这些都没有改变王安石对经典的训释主要是用其哲学思想作为指导来完成的这个基本特点。

二

笔者对王安石哲学思想的研究重在道德心性的研究。王安石的最高哲学范畴是本体之道。这个本体之道是"无"，很显然，王安石对本体之道的思想受到了王弼哲学中本体道"无"的影响。王弼的"无"实际上是"自然"的意思，因此王弼强调了"道法自然"的观点。王安石的道也有"道法自然"的含义，但是这个"道法自然"之"道"，就是"天理""天道"。正是因为天理是自然的，所以人心要体悟并按照这个无声无臭的大道来行事，而不是任意妄为。王安石认为道不仅有本体，还有本体之作用，这也是道。从本体之道和作用之道都是道的思想，王安石提出了"道之全"的思想。王安石还提出了符合道的标准，这就是"惟理之求"与"合乎吾心"，因而王安石认为是否为道要靠内心去体认道的精神实质。道存在于圣人流传下的经典著作中，但是要发现它却是

---

① 柯昌颐：《王安石评传》，商务印书馆 1948 年版，第 49 页。
② 柯昌颐：《王安石评传》，商务印书馆 1948 年版，第 50—51 页。

人心的事情。王安石将客观之道又转化为主观之道。从王安石"法其意"的思想来看，应当是法其先王之精神，而非是步先王之遗迹。所以，王安石的道就有重视领会大道精神的思想，而不是对先王之迹机械的模仿，东施效颦反而离道会更远。道从精神实质上来说没有改变，但是从形式上来说是不断变化发展的。

道从其本体来说就是天道，王安石经常用天这个范畴与道相提并论，以表明道最高本体的地位。道本体从其属性来说是道德本体之天，所以王安石从天与道相同、道是道德本体之道的角度来反对天人感应论。

有本体之道，有作用之道。道本体发而为作用，从宇宙生存论上来说，道首先就表现为元气。王安石在道与元气的关系上，认为道是本体，元气是道本体之作用。因而，这个具有物质特性的元气并非是王安石哲学思想中的本体。而在元气与冲气的关系论上，王安石认为元气是本体，冲气是作用，这只不过是王安石对体用范畴的借用，因为，元气比起冲气来是源头是根本，所以也称之为本体。但这个本体之气亦是来之于道本体，所以比起元气来道本体更根本一些，是真正的本体，而元气不过是道本体的作用而已。

道本体之精神与原理无处不在，道在人身上就表现为人性。这样，王安石的哲学思想就从道本体论过渡到了人性论。王安石的人性论思想看似有些前后不一致、自相矛盾之处。但是，如果我们将王安石人性论思想进行全面综合的考察，并且与稍后的张载、二程等的人性论思想进行比较，我们就会发现王安石人性论思想实际上就是一个综合的全面的有机体系，表面上的矛盾从内容的融通上看并非如此。如果我们以稍后的张载、二程人性论为参照，则会发现王安石的人性论思想实际上是对此前人性论思想的一个总结，只是没有将这个总结上升到理论的高度。张载、二程的人性论正是在王安石人性论思想的基础之上做了理论的总结和概括，因而对人性之善恶问题做出了合乎情理的解释。首先，王安石认为人性是纯善无恶的，这就类似于张载、二程所讲的天地之性或者义理之性；其次，王安石以为人性有善有恶，这就类似于张载他们所讲的气质之性。再次，王安石以为性是无善无恶的，这是他自己所谓的佛教的性空思想。王安石感觉到佛道的无善无恶之性对在寂然不动中体认性有所助益，因而，王安石也认为性是无善无恶的。王安石这种对性的看法主要表现在熙宁变法以后退居金陵的时期，因为对佛道的痴迷，所以对性有如此看法。

王安石对性的多种看法如果借用这些理学家所确定的概念去进行分殊，则其对性的看法就会显得有条不紊，杂而不乱。事实上，王安石也是从这些角度去讨论人性的。惜乎王安石的人性论还只是宋学繁荣阶段的开始，他本人又没有将对人性论内部诸关系的思考上升到理论的高度，所以给后人留下了杂乱无章、自相矛盾的印象。王安石与张载、二程等理学家在人性论上的差别只是人性的具体内涵在部分地方有出入。然而正是这个出入，导致了王安石与理学家哲学的差异，由此而决定了王安石哲学思想鲜明的个性色彩。

王安石的命运观主要表现为对儒家传统命运观的继承，但还有他自己独特的地方，即王安石对自己的当下的生存现状表现为某种程度上心甘情愿的接受，但是这种接受的实质不是听任命运的摆布，从此一蹶不振，而只是一种心理安慰和疏导的方法。因而，王安石的命运观的实质和结穴表现为在良好的精神状态下以自我的聪明才智积极应对各种复杂的局面，从而最终达到控制和支配命运的目的。在性与命的关系上，王安石认为性也是命，而性是由自我主宰的，因而王安石的命运观的主要特色就显现为积极乐观地掌握自己命运的精神。

王安石的心学思想表现为在由人心做主的前提下确立道义的标准，与一般儒者恪守封建伦理纲常而画地为牢的思想观念有着本质的不同，王安石这种叛逆思想因而遭到了他们的激烈批判和反对。王安石思想的出发点和落脚点在心上与二程的出发点和落脚点在不变的三纲五常上的不同，体现了王安石的思想在横向比较上与其他诸儒的差别。王安石与二程对心的认识上应当说没有什么差别，都以为心具有宰制和认识作用。他们的差别之处在于他们各自所认为的心遵循的内容不同，而这个不同就在于他们所认为的道不同。二程所论之人心遵循外在的道，即三纲五常等，而王安石所论之人心遵循由自我之心所决定的道（因为这样更符合道的精神实质），所以，王安石所论之人心依据的标准是由自我决定的，决定权还是在自我之心上。因此，王安石对心所遵循的标准的不同实质体现了他与二程对道的认识的不同，而这正体现了王安石哲学思想的特色。王安石的心学思想在纵向联系上表现为不仅奠定了王安石是少数几个宋学性理之学的开创者之一，而且开陆王心学的先河。王安石的心学思想在王安石的哲学体系中关联着王安石一系列的哲学范畴，是王安石的哲学思想中占据中心地位的概念之一。

王安石人性之中"德性"与"智性"的内涵，分别为道德修养和功利事功找到了形而上的根源，因此，从根本上来讲，王安石的思想是一个内圣外王兼重、外王以内圣为基础的哲学思想体系。这个内圣外王兼重的哲学思想体系与王安石要以自我之努力掌握和支配命运的乐观主义精神是相一致的。而符合道的标准就是"惟理之求"，怎样知道这是理，就要靠我们自己去研读经典和用心去体会。王安石说："窃以经术造士，实始圣王之时，伪说诬民，是为衰世之俗。盖上无躬教立道明辟，则下有私学乱治之奸氓。然孔氏以羁臣而与未衰之文，孟子以游士而承既没之圣，异端并作，精义尚存。"① 道之精义是由孔孟传承下来的，并且保留在经典之中，所以我们必须认真地研读经典，以体认大道的精神实质。王安石提出"道之全"的思想，以为吸取佛道之中有用的思想也是符合儒家道的精神，对道家思想中修身养性的重视使得王安石非常重视个体的价值，承认个体对功利的追求和物质欲望的满足。所以，从道家思想的吸取也使得王安石不讳言功利主义，重视功利主义。这就与王安石的人性论中的以智性为内在依据重视功利主义一致起来，从而形成了一个内圣外王兼重的完整的哲学体系。

三

王安石对《三经新义》的训释主要是以他的哲学思想作为指导的，当然这并不意味着王安石在训释工作中没有受到其他因素的影响。

王安石在对《诗经》的训释中，适应儒学建立内圣之学的需要，不仅表现为对经典的训释以形而上学的内圣学作为基础，因而深信《诗序》所宣扬的道德教化的思想，而且这种训释也是与其哲学思想相一致的。因为，王安石的哲学思想正是适应儒学发展急需建立内圣之学的需要而建立起来的体系。并且王安石在为三部经典做训释工作之前，其哲学思想已经形成。因此，我们说王安石的经典诠释体现了王安石的哲学思想。

在王安石的人性论中性的内涵包含着德性，所以对道德性完美的追求是人性内在需要的一个表现。而且道德性是外在事功的基础，因为王安石所论之性从根本上讲是纯善无恶的，这种人性本善的特性使得我们的行为总是趋向于善。因此我们的外王事业也要受到道德性的制约，也就是说，外王事业必须以道德性作为基础。所以，王安石处处都彰显了这种道德教化的思想，盖没有这种道德作为基石，我们的行为的合理和成功就得不到保障。从王安石这些物物都被赋予道德意义的解释，我们可以看到王安石的哲学思想是怎样深刻地影响了他对经典的解释。

王安石的"惟己论"是与他坚持义理的精神联系在一起的，正是因为认为自己的行为是符合义理的，所以才惟己。而"惟理之求"和"合吾心者"又是道的衡量标准，所以合义理的行为和思想必然就是符合道的行为和思想。这样

---

① 王安石：《王文公文集》（上），唐武标校，上海人民出版社1974年版，第207页。

看来，王安石坚持"惟己论"就是坚持道的原则和立场，并且按照这个原则和立场来指导自己的一言一行。所以，王安石的"惟己论"与王安石的哲学思想中的道本体论思想是直接关联在一起的，或者说"惟己论"是王安石的哲学思想在他的哲学实践中的自然的应有的表现。

王安石的道论认为，道的特性是"惟理之求"和"合吾心者"，而且道是最高的本体。因此，一切的依据都应该以此"合吾心者"决定其是否为道，而非外在的标准。道从精神实质上讲，从古至今都是不变的，而外在的形式却千变万化，怎样体认这个不变的大道的精神实质则要靠我们的心去体认，去领会。从道是最高本体而言，王安石认为君臣在道义面前应是平等的，王安石在此基础上甚至提出君臣可以迭为宾主的看法。这个思想就已经走出了传统思想的藩篱而与之有了本质的区分，因而遭到了士大夫的猛烈抨击。但这个思想是王安石的哲学思想自然而然的结果，并且王安石早年在《易解》中详细讨论过这种思想。足见在《三经新义》的训释中王安石始终没有偏离他一以贯之的思想指导。

王安石的礼学思想继承前人又体现了那个时代的时代主题。王安石对礼的论述更加自觉地围绕着性命之理和制度形式来展开，充分彰显了有宋一代勃兴的性命之理的主题，这是王安石与其他的以理学家为主体的宋儒有意识地开创建设儒家内圣之学的主要内容。遵守礼就可以做到养生，进而做到尽性，就可以保持精神活动的纯洁与高尚，就可以在内圣之学上达到一定的思想境界，这是礼对自我精神世界调控的向内功能；礼表现在外，还有调节人际关系和稳定社会秩序的功能。礼的这种表现在外的功能的存在形式就是礼义规范、道德规范和典章制度等。从王安石对礼的对内和对外两个功能的论述，我们清楚地看到王安石在这里表达了内圣和外王统一于礼的思想。这是王安石内圣与外王并重，内圣才能外王，内圣外王为一体思想的最好注脚。

作为一个对现实生活具有强烈干预精神的封建士大夫，王安石的礼学思想基本上是站在儒家的立场上。但是，在对礼之基础的等级制度，王安石又在个别地方表达了要超越贵贱等级的思想，从而达到一个真正的礼的至道的境界。这是王安石受道家思想影响的一个表现，也表现了他对纯粹精神世界的追求。由此，我们也可以看出作为一个学问广博者的王安石的思想的复杂性。但是从其主流来看，王安石仍不失为一个正统的儒家思想家。恰恰是王安石这些思想的矛盾性和复杂性反映了王安石思想的特性，他既有受道家思想的影响而在社会关系上有要求自由的一面，又有从现实出发对儒家思想的尊崇。从这里可见，王安石的思想是现实主义和理想主义相结合的产物。

王安石在《周礼新义》中通过祭祀之礼的不同侧面阐明了他的内圣之学的思想，这与他早年对内圣学思想的探索是一致的，也就是要以内圣学作为基础方能开出正确的外王事业来。所以，王安石对《三经新义》的诠释和对外王事业的追求始终没有离开过其赖以作为基础和支撑的内圣之道的思想根基。

综上所述，王安石的内圣而外王、外王以内圣为哲学基础的思想深深植入了对王安石经典的训释之中，这种哲学指导思想已经化作一种有机的成分与经典文本水乳交融般结合在一起。

王安石的哲学思想也有与其经典训释中所表现出来的思想不相一致的地方。王安石在其哲学思想中提出了"道之全"的思想，但在《三经新义》又主张"不豫道揆"的思想，这也与一向以"道揆"自居的王安石很不一致。从这种不一致中，我们看到了王安石这种"不豫道揆"的思想充满了政治方面的色彩，很显然是为了新法的推行做张本与宣传。

从王安石在《尚书新义》中注重阐释刑法的思想可以看出王安石不仅是一个关心社会现实、思想贴近社会现实的政治家，也是一个十分重视刑法建设和灵活运用法律来确保社会稳定的人。因而其在经典中阐释法律思想和重视刑罚维持社会稳定的做法也是非常必要的。他所倡导的学习刑律和以刑律取士、选官的政策措施也是符合社会发展的潮流，是一项为后世所继承和发扬的创举。王安石对中国法制史的贡献得到了后世儒家人物的肯定和高度评价。但王安石在经典训释中谈到的刑法思想很显然是意欲为变法活动的顺利推行提供强大的法律保障和后盾。

我们说到王安石的《三经新义》主要是以其哲学思想为指导所做的训释，之所以说是主要而不是完全以其哲学思想作为指导做这项经典的训释工作，是因为王安石的经典解释还受到了其他诸多因素的影响。这其中有两个因素影响比较显著，一是王安石受到了变法环境和政治因素的影响所做的解释，一是王安石用《字说》的思维方式所做出的解释。受这两个因素所做出的解释反映了王安石在变法期间在学术上的新动向、新特点。

在对经典解释求变学风的影响下，我们看到了王安石解经在训诂和摆脱一些儒教的思想藩篱而能独出己见方面的确取得了一定的成就，其解释确有令人耳目一新的地方。但是这种求变意识受到了《字说》的思维方式影响之后，遂形成一定的程式，使得求变解释走向了呆板和形式主义。就是说王安石在经典诠释中有一味求变、以变为目的和务为新奇的倾向。我们觉得王安石这样做有着深刻的思想动机：就是要在思想领域求变，使得人们懂得变是一件很自然的事情，也是很合理的事情。因此，目的是要在思想领域掀起一股求变之风。王安石这样做，由于其特殊的政治地位，的确成了引领一代学术变化的风向标，在思想领域和社会上形成了很大的影响，但是却也影响了王安石学术的健康发展。

四

现代学者对王安石学术思想的分期使人仿佛感觉到王安石的思想在不同阶段有着截然不同的特点，容易给我们这样一个误解，即王安石的思想在前后发生了很大的变化。

古代思想家对王安石前期的学术思想的评价和对《三经新义》的严厉批评也同样给我们一个王安石的思想前后判若两人的印象。对王安石前期学术持肯定的评价应该以程颐的观点为代表，他的门弟子记载道："王介甫为舍人时，有《杂说》行于世，其粹处有曰：'莫大之恶，成于斯须不忍。'又曰：'道义重，不轻王公；志意足，不骄富贵。'有何不可？伊川尝曰：'若使介甫只做到给事中，谁看得破？'"① 在另一处记载中，程颐也表达了同样的看法，《河南程氏遗书》卷十九中写道："又问：'如荆公穷物，一部《字解》，多是推五行生成。如今穷理，亦只如此著功夫，如何？'曰：'荆公旧年说话煞得，后来却自以为不是，晚年尽支离了。'"② 对王安石的前期的学术给予了相当程度的肯定，而对变法期间及以后的学术持否定的态度为主。一般儒家学者对王安石的《三经新义》也多持严厉批判的态度。

程颐对王安石前期学术是持肯定的态度，而对之后的学术多持评判的态度，因而《三经新义》也成了程颐评判甚至否定的对象。古代其他的思想家对王安石的《三经新义》也是以批判的为多。在这里举出几个有代表性评价，可见出他们基本的态度以批判和否定为主。宋吕本中说："荥阳公（吕希哲）说，王介甫解经，皆随文生义，更无含蓄。学者读之，更无可以消详处，更无可以致思量处。"③

宋杨时元祐年曰："某尝谓，王金陵力学而不知道，妄以私智曲说眩瞀学者

---

① 程颢、程颐：《二程集》，见《河南程氏外书》卷十二，中华书局 1981 年版，第434 页。
② 程颢、程颐：《二程集》，见《河南程氏遗书》卷十九，中华书局 1981 年版，第247 页。
③ 吕本中：《吕氏童蒙训》（故宫珍本丛刊第 344 册），海南出版社 2001 年版，第16 页。

耳目，天下共守之非一日也。"①

宋朱熹："若王氏之学，都不成物事，人却偏要去学。"②

宋晁说之说："……是何前人惟故之尚如此，而今人乃新之急邪？若乃其新则有，盖赘之以释老，而凿之以申韩，涂人之耳目，而变易其心思为己名誉之术，以发身富贵，则新之善矣。呜呼！先儒之学，止于皇极大中之道，非释老申韩之清虚刻核、高绝而辨析，则何以为新，而饵彼薄劣之欲邪？是特有害于其言而已乎？著于政事，吾民将不胜其弊，可不慎哉！或曰陆贾新语、贾谊新书、刘向新序、桓谭新论如之何？曰语之、书之、序之、论之可新也，义则未尝新。"③

宋朱弁说："……予以韩秉则正言论此，秉则曰：'道理之妙，当求于圣人之言。圣人之言具在，六经不可掩也……不知介甫所谓道理果安在？抑六经之外别有道理乎？东坡祭元父文云："大言滔天，诡论灭世。"盖指介甫也。介甫当时在流辈中，以经术自尊大，唯原父敢抑其锋，故东坡特于祭文中表之，以示后人。……'时坐客颇众，莫不以秉则之言为然。"④

宋林之奇说："王氏三经义，虽其言以孔孟为宗，然寻其文索其旨，大抵新法之地者十六七；此王氏之私书也，讵可以垂世立教乎？……三经义在孔孟书中，正所谓邪说诐行淫辞之不可以训者，仁人君子辞而辟之，若救头然，尚且惧其有以惑世乱俗，矧又从而倡率之乎？"⑤

宋黄震说："《进字说劄子》《改三经误字劄子》，皆无义理。公自沉溺，罔觉耳。"⑥

对于以上一些对王安石《三经新义》提出严厉至于苛刻的评价，我们认为其批评受到了学派斗争的影响。批评王安石"不见道"则意味着王安石在训释的指导思想上出了问题，而这个批评的根源就是因为彼此之间对道的认识上出现了差异。因此这种评论带有门户之见的色彩。所以，对《三经新义》的批评乃是表面的现象，批评的真正对象应是王安石的哲学思想。因此对王安石《三经新义》的批判乃是对王安石的哲学思想批判的自然延续。从这个角度而言，

① 杨时：《龟山集》，见《四库全书》第 1125 册，上海古籍出版社 2003 年版，第 271—272 页。
② 朱熹：《朱子语类》卷一三〇，黎靖德编，中华书局 1986 年版，第 3101—3102 页。
③ 晁说之：《嵩山文集》卷十四，四部丛刊本。
④ 朱弁：《曲洧旧闻》，见《四库全书》第 863 册，上海古籍出版社 2003 年版，第313 页。
⑤ 林之奇：《拙斋文集》，见《四库全书》第 1140 册，上海古籍出版社 2003 年版，第 410 页。
⑥ 黄震：《黄氏日抄》，见《四库全书》第 708 册，上海古籍出版社 2003 年版，第573 页。

批判王安石《三经新义》"不见道"乃是从反面证明了《三经新义》哲学思想研究的紧密相关。

另外，论者多以为王安石的训释多是为新法做论证的，是为新法服务。对这个问题要做必要的分殊，即如果是合理的训释也未尝不可以为新法做论证；但是如果是牵强附会的解释，则是纯粹地为新法做不合义理的辩护，则这种训释就与王安石的哲学思想不相一致了。但是这种训释所占的比例在《三经新义》的训释中是不大的，不至于达到了林之奇所夸张的"新法之地者十六七"的程度。所以，我们说王安石的《三经新义》主要体现了他的哲学思想，是他的哲学思想在经学训释领域的自然的表现。将王安石的《三经新义》归结为主要是为新法服务的训释是不合事实的。王安石的解释在学术上也取得了很大的成绩，不像有的批评者所说的那样在学术上一无可取。从批判王安石"不见道"，进而就得出了王安石的训释皆无义理，因此就说王安石的训释没有什么学术成就，这样也就否定了《三经新义》的学术成就。所以批判王安石不见道、王安石解经大半是为新法服务的都可以得出王安石的解经在学术上没有取得什么学术成就的结论。

但是由于变法的需要及《字说》思维方式的运用，王安石在这几部经典训释中也表现出了新的学术特点。而这个特点主要的表现形式就是为变法寻找经典根据和对新政策的辩护，还有就是《字说》思维方式的运用形成的一味求变的特色所造成的穿凿和形式主义的弊病。对受《字说》思维方式影响所做的训释，虽然王安石也并没有脱离他的哲学思想的指导，但是这样做所形成的穿凿和形式主义的弊病却使得王安石所做的训释错误百出，因而与王安石判定合乎道的标准"惟理之求"南辕北辙，背道而驰。因此这种作为一种训释方式所造成的穿凿与他的哲学思想中道的精神实质形成了事实上的冲突。这就与王安石的哲学思想不相一致了。清全祖望对于王安石学术的得与失做出了恰如其分的评价，他说："荆公解经，最有孔、郑诸公家法，言简意赅，惟其牵缠于字说者，不无穿凿；是固荆公一生学术之秘，不自知其为累也。"①

我们认为王安石的《三经新义》主要体现了他的哲学思想，而王安石的哲学思想见不见道也不是由批评者说了算，盖这是由于王安石学派与其他学派在对道的看法上的差异而引起的批评，但是并不能以此就说王安石"不见道"。所以，在王安石的哲学思想指导下所做的训释也并非无义理可言。王安石的训释从总体上讲还是取得了很大的成绩。朱熹就说："王氏《新经》尽有好处，盖其

① 全祖望：《鲒埼亭集外编》卷二三，四部丛刊本，"荆公周礼新义题词"。

极平生心力，岂无见得著处？""皆如此读得好。此等文字，某尝欲看一过，与撼撮其好者而未暇。"①

宋吕陶元祐元年十月也说："经义之说，盖无古今新旧，惟贵其当。先儒之传注，既未全是，王氏之解，亦未必尽非，善学者审择而已，何必是古非今，贱彼贵我，务求合于世哉！"② 这些评价是较为公允的。

综括全书，虽然王安石的学术思想可以分为二期或者三期，王安石的哲学思想与其对经典的训释从形式上看无论有怎样的不同，也不论正统儒家学者对王安石的《三经新义》做出了怎样苛刻的评价，但是从总体上来看，《三经新义》的训释主要是以王安石的哲学思想作为指导思想来训释的。当然我们也不否认部分为新法做论证和辩护的训释及用《字说》的解字方式所做的训释有与王安石哲学思想有不相协调的地方。

---

① 朱熹：《朱子语类》卷一三〇，黎靖德编，中华书局1986年版，第3099页。
② 吕陶：《净德集》，见《四库全书》第1098册，上海古籍出版社2003年版，第32页。

附录一

王安石学术思想研究综述

近现代以来对王安石学术思想研究的作品可谓汗牛充栋，这些研究从指向的内容来看，大体可以区分为对王安石的政治思想的研究、学术思想的研究、教育思想的研究、经济思想的研究等。王安石的研究还受到了政治环境的影响，有些作品基本上脱离了王安石本人的思想实际而成了作者表达自己意见的传声筒。可以说对王安石的研究可谓纷纷扰扰，莫衷一是。

一、对王安石政治思想的研究

近代以来，对王安石研究的兴起首先得益于 1908 年梁启超写出的《王荆公》，梁任公此书一出，即掀起了研究王安石的热潮。梁启超是以戊戌变法参与者的身份来研究王安石的，因而带有明显的政治倾向性。梁启超的《王荆公》与过去时代评论家对王安石的否定看法相比较而言，是一篇带有翻案性质的文章，梁启超对王安石的评价基本上是持肯定的态度。梁启超看到了王安石的学术思想为其政治服务的性质，他说；"荆公之学术，内之在知命厉节，外之在经世致用，凡其所以立身行己与夫施与有政者，皆其学也。"① 另外，梁启超喜欢将王安石的变法思想同西方的政治经济制度、思想进行比较。他曾将王安石的新法与西方资本主义进行比附。

1933 年，柯昌颐出版了《王安石评传》一书，其中一个主要的观点就是认为王安石前期的思想与其主持的变法实践是前后脱节的，不具有一致性。前期的思想是儒家的思想，而其变法实践又是以法家的思想为指导。柯昌颐对王安石变法持否定态度的同时，又认为王安石的《上皇帝万言书》等表现了儒家重视培养人道德品质等教化的思想。柯昌颐的这一看法主要是受到了王安石变法失败的影响而导致的。他没有看到王安石变法还是受到其儒家思想影响的结果，

---

① 梁启超：《饮冰室合集》第七册，中华书局 1989 年版，"王荆公"，第 186 页。

不能因为变法失败和又要肯定其儒家思想这两方面有冲突因此就否认其变法实践与他的儒家思想有内在的关联性。

在柯昌颐之后，熊公哲也于 1937 年出版了《王安石政略》，这本书以王安石的政治改革实践为探讨对象，较为详细地论述了王安石的政治改革实践中新法的内容。熊公哲是国民党河南政府的官员，支持蒋介石以政府的行政权干预经济的政策，主张发展垄断资本主义的经济政策。因而对梁启超高度评价的具有商业银行性质的青苗法持批评的态度，而赞同具有垄断性质的市易法。

这方面的作品在民国期间还有吕振羽的《中国政治思想史》和谭丕模的《李王的政治哲学》。他们都是用马克思主义的观点来研究王安石的政治思想，认为王安石是代表中小地主及中间诸阶层的利益，这种用阶级分析的方法对王安石的阶级定位一直延续到文革期间。吕振羽在《中国政治思想史》中将李觏看作王安石的前驱，谭丕模写的《李王的政治哲学》，也直接把李觏和王安石的政治思想联系起来考察。胡适写有《记李觏的学说——一个不曾得君行道的王安石》一文，认为王安石的学术思想尤其是政治思想来源于李觏，李觏是"王安石的先导"。[①]

邓广铭先生在新中国成立后不久的 1953 年出版了《王安石》一书，他认为王安石的政治思想是改良主义。邓先生认为王安石思想的核心是"三不畏"思想。邓广铭先生直到去世前一年仍然撰写《政治改革家王安石》。漆侠先生于 1959 年出版的《王安石变法》一书，专门探讨了王安石的变法。对王安石变法漆侠先生所做出的结论是："所以在根本上，这次改革是地主阶级的自救运动，用来对抗农民的阶级斗争的。这就是王安石变法的阶级性质，改良运动的实质。"[②]

改革开放以来，学者们从王安石的思想实际出发，写出了一些贴近历史真实和思想真实的文章。邓广铭先生写有《王安石统一中国的战略设想及其个人行藏》一文，漆侠先生写有《关于王安石变法研究的几个问题》，近年来还写了《宋学的发展与演变》。

二、对王安石新法的研究

对于王安石经济变法思想的研究成果是非常突出的，"仅以 20 世纪为例，据不完全统计，研究、评议王安石及其变法的传记、变法史实的专著 90 余种，

---

① 胡适：《记李觏的学说》，见《胡适文存》二集卷一，黄山书社 1996 年版，第21 页。
② 漆侠：《王安石变法》，上海人民出版社 1959 年版，第227 页。

发表论文约千余篇。"① 唐庆增《王安石之经济思想》② 分析了青苗法的利与弊,漆侠先生的《宋代经济史》从经济史的角度对王安石的经济思想和政策进行了研究,邓广铭主编的《中国大百科全书·中国历史·辽西夏金史》③ 则对青苗法给予了充分的肯定。葛金芳等在《近二十年来王安石变法研究评述》④ 中,对改革开放以来王安石变法的研究成果做了评述,朱瑞熙在《安徽师范大学学报》(人文社会科学版),2003 年 3 月第三十卷第 2 期上发表了《20 世纪中国王安石及其变法的研究》,李华瑞的《王安石变法研究史》,从学术史角度梳理和总结不同时期对王安石变法评议、研究的方法和观点,对王安石变法研究进行了全面的总结。李晓在《论均输法》⑤ 一文中,认为均输法的核心内容是扩大籴粜,改革汴京的物质供应体制。程念祺的《王安石变法的几个经济问题》⑥ 对青苗法进行了研究。

有关对王安石的经济政治思想的研究的单篇论文还有:马元材《关于财政方面之王安石诸新法》(《河南政治月刊》第 5 卷第 11 期,1935 年 11 月)对王安石的青苗法做了肯定的评价。王曾瑜《王安石变法简论》(《中国社会科学》1980 年第 3 期)、颜中其《王安石变法通北宋封建社会各阶层的利害关系》(《吉林师范大学学报》,1979 年第 1 期)、季平《论司马光反对青苗法》(《西南师范学院学报》,1985 年第 4 期)、马玉臣、郭九灵《论王安石对长平仓的改革及影响》(《烟台大学学报》(哲社版),2002 年第 1 期)、方文东《宋朝青苗法与唐宋常平仓制度比较研究》(《中国社会经济史研究》2006 年第 3 期)与方志远《关于青苗法的推行及其社会效果》(《南开学报》,1988 年第 6 期)等文章都对王安石的经济变法的政策及其效果进行了评价。这些研究注意史料的运用,在此基础上做出适当的推论。这些注重历史史料的研究在深入认识王安石的经济政策和效果方面取得了非常好的成绩。

对王安石经济政策的认识,学界一般认为王安石的立法的初衷是好的,是应当给予肯定的,但对王安石的政策引起的实际效果所持的肯定或否定的态度却划分为泾渭分明的两大阵营。肯定者以为王安石变法所起的效果是利大于弊,

---

① 李华瑞:《王安石变法研究史》,人民出版社 2004 年版,第1 页。
② 唐庆增:《王安石之经济思想》,载《光华大学半月刊》,1933 年第 4 期。
③ 邓广铭主编:《中国大百科全书·中国历史·辽西夏金史》,中国大百科全书出版社1988 年版。
④ 载《中国史研究评述》,2000 年第 10 期。
⑤ 李晓:《论均输法》,载《山东大学学报》(哲社版),2001 年第 1 期。
⑥ 程念祺:《王安石变法的几个经济问题》,载《上海师范大学学报》,1986 年第 3 期。

这派以邓广铭和漆侠为代表；否定者以为王安石的变法是一场失败的地主阶级的改良运动，改革开放以来，最先提出这个观点的人是王曾瑜。李金水《王安石经济变法研究》对王安石的变法措施大部分是持否定的态度，他说："从最后的结果来看，王安石经济变法除了均输法、农田水利法的推行取得了良好的成果，算是成功的变法外，其他四项变法均未取得较好的成果，甚至是事与愿违，应该视为不成功的变法。"①

以上所列举的一些学者的研究，集中在对王安石的新法的具体措施及其效果的研究上，而对王安石的学术思想较少涉及。这也是研究王安石的一个非常重要的组成部分，这方面的研究也是大陆以外学者们研究的一个重点。早在19世纪的日本学学者就对王安石的变法进行了研究，认为王安石具有平等思想，其新法措施具有社会主义的性质。在我国台湾地区，帅鸿勋先生的《王安石新法的研究》一书，对王安石的新法持赞同态度。

三、对王安石哲学思想的研究

由于王安石主要是作为一个政治家和文学家出现在历史舞台上，因此对王安石的研究主要集中在政治及其新法和文学的研究上。虽然如此，但是对王安石哲学思想研究的深度也丝毫不逊色于对王安石其他方面的研究。

贺麟先生著有《王安石的哲学思想》和《陆象山与王安石》②两篇论及王安石哲学思想的文章，对王安石心性论等哲学思想进行了研究。贺先生对王安石哲学思想的研究主要从三个方面来展开，即王安石的心学思想、王安石与陆象山心学思想的相似性以及王安石的人性论。贺先生的《王安石的哲学思想》在20世纪40年代发表的时候实际上是分作《王安石的心学》和《王安石的性论》两篇文章出现的，其中《王安石的心学》主要阐述了王安石的心学思想，而《王安石的性论》主要论述了王安石的人性论的思想。在《王安石的心学》中，贺麟认为："我们可以称安石哲学思想的出发点为'建立自我'。"③ 在得出王安石哲学思想具有心学的特征以后，贺麟在《陆象山与王安石》中进一步认为，王安石哲学思想与陆九渊的心学具有一致性，都是强调主观创造力的心学。对于王安石与陆九渊在哲学上所具有的相似性，贺麟总结道："因为他的基本思

---

① 李金水：《王安石经济变法研究》，福建人民出版社2007年版，第504页。
② 这两篇文章可参阅贺麟：《王安石的哲学思想》，见《文化与人生》，商务印书馆1988年版。
③ 贺麟：《文化与人生》，商务印书馆1988年版，第288页。

想在哲学上和陆象山最接近，而且在中国所有哲学家中也只有陆象山对于王荆公的人品与思想，较有同情而持平的评价。所以我就把陆王二人，在思想史第一次加以相提并论。"贺麟由此认定"王安石开陆王先河的心学"。①

在《王安石的性论》中，贺麟认为"（王安石的人性论）已包含有程伊川分别义理之性与气质之性的说法了"。② 贺麟的这一看法非常精辟，王安石的确是从性的善恶几个方面来阐述其人性论思想的，只是没有给出这种划分的理论依据罢了。笔者以为王安石所论述性的正与不正的区分已经包含着义理之性与气质之性的思想，但是贺麟并没有坚持这一点，而以为王安石的人性论最终归结为性善论。贺麟说："我们发现他另有一篇《性论》，即便纯粹发挥孟子性善之说，也无丝毫违异。其醇正无疵，不亚于程朱。"③ 贺麟由此得出结论道："他继承孔孟，调解孟扬，反对荀子的性论。他以性情合一为出发点，以性善恶混之说为过渡思想，而归结到性善论。"④ 与贺麟的看法相反，笔者以为王安石的善恶混之说并非是其过渡思想，而是其对人性论的总体思想，其性善之说可以纳入到性有善有恶之中。王安石的性有善有恶说，就是后来程伊川张载他们所说的性有气质之性和义理之性（天地之性），只不过王安石没有予以明确的论证罢了。而贺麟以为性善是王安石人性善的落脚点，而将有善有恶之性看作其人性论的过渡阶段。

侯外庐主编的《中国思想通史》第四卷于 1959 年出版，这本书是以马克思主义的观点来研究王安石的哲学思想。在世界观上，《中国思想通史》指出，王安石将物质看作第一性的，认为天地万物都是由五行构成，而五行又是不断运行的五种物质，因此，从这个形成万物总根源的五行来看，世界是物质和发展变化的。《中国思想通史》的编者从马克思主义的原理出发对王安石这种认为世界是物质和发展变化的思想持肯定和赞赏的态度，也正是出于同样的原因。该书编者也对王安石所认为的世界是由静止不变的元气所构成的观点提出了批评，后来的研究者李之鉴也是基于同样的原因对王安石的元气说提出新见，认为王安石讲到的"道有体有用，体者，元气之不动"，这个不动并非指的是静止，而是指元气不变，元气不动就是讲宇宙的本体元气"它永恒存在，不生不灭"。⑤李先生的言外之意是王安石并没有明确讲到元气是静止的，而只是讲到元气是

---

① 贺麟：《文化与人生》，商务印书馆 1988 年版，第293 页。

② 贺麟：《文化与人生》，商务印书馆 1988 年版，第297 页。

③ 贺麟：《文化与人生》，商务印书馆 1988 年版，第297 页。

④ 贺麟：《文化与人生》，商务印书馆 1988 年版，第293 页。

⑤ 李之鉴：《王安石"道有体有用"思想评论》，载《平原大学学报》，1989 年第 3 期。

不变的，至于它是否运动王安石没有明说。

马振铎先生著有《政治改革家王安石的哲学思想》一书。在论述王安石的人性论时，马先生说："把人性看作是肉体这种具有特殊结构的物质属性，而不可能在肉体之外，去为人性寻找根据。"① 其实，我们说王安石的人性论是以人之形体与形气作为基础的，所以，王安石反对禁欲主义，关心个体的生命价值和人生欲求，但是这种人性并非是某种肉体特殊结构的物质属性，而是说人性必然要考虑到人的肉体的需求。理学家将形气与肉体看作是实现人性的障碍，因此，要存天理灭人欲，而王安石将人性的实现同时也看作是对自己的形气和肉体的合理要求满足的实现，因此，王安石认为合理的欲求与人性的实现是一致的。

近年来有关王安石学术思想研究的著作有刘成国的《荆公新学研究》、杨天保的《金陵王学研究——王安石早期学术思想的历史考察（1021—1067）》和方笑一的《北宋文学与新学——以王安石为中心》等。对于王安石的哲学体系，刘成国认为："虽然荆公新学以调和儒、释、老为治学标的，但是，王安石及其门人却并没有解决儒、释、老'同中之异'这一真正问题，未能如同同时代的理学家那样建立起一个崭新的儒学体系。"② 刘成国又说："这样，安石的宇宙论往往与本体论的问题混为一谈，如谓：'无者，形之上者也。自太初至于太始，自太始至于太极，太始生天地，此名天地之始，有形之下者也。有天地然后生万物，此名万物母，母者生之谓也。'他的这一思想，糅合了《老子》《淮南子》以及王弼注老的种种表述，表现出鲜明的折衷、调和的倾向。"③ 王安石的思想调和倾向的确是非常明显的，但是我们也要看到，王安石在调和论中注重吸收其他各家各派的思想的同时，也建立起了自己的哲学体系。批评王安石将宇宙论与本体论混同也是过于苛刻的结论，因为从哲学的研究上看，这两者就存在着相辅相成的关系。冯友兰在其所著的二卷本的《中国哲学史》中说："就以上三分中若复再分则宇宙论可有两部：一、研究'存在'之本体及'真实'之要素者，此是所谓'本体论'（Ontology）；一、研究世界之发生及其历史、其归宿者，此是所谓'宇宙论'（Cosmology）。"④ 冯友兰将本体论与宇宙论合称为宇宙论，可见出这二者存在内在紧密的关联。当王安石在阐述他的有

①　马振铎：《政治改革家王安石的哲学思想》，湖北人民出版社 1984 年版，第112 页。
②　刘成国：《荆公新学研究》，上海古籍出版社出版 2006 版，第132 页。
③　刘成国：《荆公新学研究》，上海古籍出版社出版 2006 版，第134—135 页。
④　冯友兰：《中国哲学史》（上），华东师范大学出版社 2000 年版，第4 页。

关本体论和宇宙论思想的时候，我们不能说他将本体论与宇宙论混同，因为这二者本身就是相即不离、互相关联的。

杨天保的《金陵王学研究——王安石早期学术思想的历史考察（1021—1067）》对王安石的仁智关系、知行关系做了阐述，认为王安石的为己之学是重仁轻智的，王安石之学重视追求价值内化。杨天保说："所以，识得仁义，内化于身，知先于行，既是王安石为己之学所要确立的第一要义，也有力批评了以智为仁、仁智不分的时代观念，为复兴传统儒学的仁义范畴，将整个学术精神关注的焦点由外在的贡献引入对内在规律性的追求，进而激励北宋整个学术的大转向，支持甚巨。"① 王安石为己之学的确是要确立起以仁义为核心的内圣之学，但是王安石的为己之学中也包含着对仁与智性双重因素的重视，正是凭借此，王安石的外王事功之学才能在为己之学中既能保证外王的王道性质，又能为外在的事功寻绎出在内圣领域的内在根据。很显然，认为王安石重仁轻智的思想是不符合王安石的思想实际的。

方笑一的《北宋新学与文学——以王安石为中心》通过对《三经新义》文本的分析探讨了王安石的学术思想以及文本与诠释之间错综复杂的关系。方笑一说："通过对《周礼义》的解读，也就容易弄清楚在《诗义》《书义》诠释中的一些方法问题。"② 可见，方笑一对《三经新义》的研究重在诠释的方法及其学术思想，但是对王安石的《三经新义》在王安石整个思想体系中的地位及其前后思想的发展演化的研究犹嫌不足。

从王安石佛道思想的研究出发，有人认为王安石是一个杂家，就是说对儒道佛都不加分辨的信奉，没有一个固定不变的立场。王安石对儒佛道思想到底持一个什么样的立场，王安石果真是杂家吗？对此，学者们也进行了热烈的讨论。张煜在《王安石与佛教》一文中将王安石与佛家的关系划分为两个时期。变法时期，从佛教中吸收精华以便充实自己的学术体系，强调了体用合一的义利观和有善有恶的人性论，这个时期佛教成为王安石经世致用的支撑。晚年退隐金陵时期，他以佛教作为自己心灵的抚慰，在诗歌创造上取得新的成就，这个时候佛教又成为王安石的精神支柱。

魏明福指出，王安石既继承了老子天道无为的思想，又对老子的思想进行

---

① 杨天保：《金陵王学研究——王安石早期学术思想的历史考察（1021—1067）》，上海人民出版社 2008 年版，第253 页。

② 方笑一：《北宋新学与文学——以王安石为中心·引言》，上海古籍出版书 2008 年版，第5 页。

了批判。王安石继承了老子天道运行不已的观点，并用耦、对范畴概括事物对立统一的关系。① 刘固盛认为，王安石学派对老庄思想都颇有研究，他们力图援老入儒，为现实政治服务，同时也反映了宋代儒道融合已经成为一种思想发展的必然趋势。② 尹志华指出，王安石的《老子注》理论色彩强烈。王安石将"穷理"附会道家的"为学"，将"尽性"附会"为道"，从而肇始了以性命之理解释道家思想的新潮流。③ 徐文明的《出入自在——王安石与佛禅》对王安石与佛教的关系进行了较为详细的梳理，指出王安石从小受到了佛教文化熏陶较大，因而终其一生王安石对佛教都有着非常紧密的联系，尤其在晚年对佛教更是坚信不疑。

中国台湾学者蒋义斌认为王安石儒释调和论与程朱学派的排佛论恰好形成对立的两派，因此王安石是融通儒释而程朱学派恰是排佛反王，蒋义斌这个中心意思恰也被用来当作他这本书的题目。④ 在王安石的学术思想调和儒释的特点的基础之上，蒋义斌将王安石的学派属性定性为广义的杂家。蒋义斌认为程朱学派正是在反王安石的旗帜之下团结起来，不断发展壮大最终形成一个有很大影响力的学派。

在方笑一《北宋新学与文学——以王安石为中心》中辟有专章对佛学思想和佛理诗歌的研究。方笑一认为王安石对佛教的通达态度及深刻认识使得他对佛经的解释取得了一定的成就，他的这种解释是通过对佛经中重点句子的阐释形成单篇文章的形式表现出来的。方笑一列举了王安石的一些释经义的重要篇什并且进行了分析，例如《答蒋颖叔书》《答蔡天启书》。方笑一认为这二封书信反映了王安石高深的佛学造诣。⑤

王安石的哲学思想与《三经新义》尽管都有人进行过研究，但是这二者之间的关系到底怎样，据笔者所掌握的资料，还没有人做过详细的研究。所以我就将我的博士学位论文的研究定在这两个方面之上，再在此基础之上进一步探讨他们之间的关系。因此，笔者认为要研究王安石哲学思想与《三经新义》的关系，首先就必须对王安石的哲学思想进行研究，真正把握好王安石的哲学思

① 魏明福：《王安石与老子哲学》，载《江苏社会科学》，2004 年第 3 期。
② 刘固盛：《王安石学派的老学思想》，载《海南师范学院学报》（人文社会科学版），2002 年第 1 期。
③ 尹志华：《王安石的〈老子注〉探微》，载《江西社会科学》，2002 年 11 期。
④ 蒋义斌：《宋代儒释调和论及排佛论之演进：王安石之融通儒释及其程朱学派的排佛反王》，（台北）商务印书馆 1988 年版。
⑤ 方笑一：《北宋新学与文学——以王安石为中心》，上海古籍出版书 2008 年版，第 158—177 页。

想。其次就必须将《三经新义》的思想研究清楚，这样才能谈得上这两者到底是一个怎样的关系。《三经新义》哲学思想研究的关系给我们一种印象就是：王安石用来指导变法的著作《三经新义》好像有些沦为变法的政治宣传资料之嫌，王安石前期与中后期思想表现出不一致的倾向。

但在笔者看来，王安石的哲学思想本身就是一个内圣外王并重的体系，即既将德行放在一个非常重要的地位，也注重对功利主义的追求，这是王安石的哲学体系的一个本质特点。王安石的哲学思想是以"道"为本体的思想体系，王安石提出了"道之全"的思想，这与理学家以五常为道本体的体系有很大不同。王安石以"道之全"的思想为指导主张公开吸收佛道诸子百家的思想，王安石从"惟理之求"和"合吾心者"的标准出发，挣脱了一些条条框框的束缚，因而王安石所确立起的道不仅仅包括了一些道德伦理的内容，而且还有功利主义的成分。王安石的道体作为最高的本体表现在万物之中的人身上，就是人性。与王安石的道体相对应，王安石的人性论的内涵中既有德性的一面，又有智性的一面。德性是道德心性修养的根据，智性是外在事功的依据。所以，王安石的哲学思想体系本质上是一个内圣外王兼重的思想体系，与理学家偏重内圣的思想体系有很大的不同。王安石哲学思想重视内在修养和功利主义的特性必然要在适当的时候以外王的形式将其体现出来，而王安石变法正是王安石哲学思想外王实践的形式，这个形式又是通过《三经新义》这个媒介将二者有机地联系在一起。所以，王安石哲学思想是"本"，这个"本"在注释《三经新义》的过程中将其思想贯彻和体现了出来。当然作为变法期间颁布的《三经新义》因政治环境的影响也出现了一些与王安石哲学思想不相协调的思想。

附录二

王安石人性论的发展阶段及其意义[1]

现代学者对王安石在宋代道德性命之学兴起上的首倡作用进行了有力的廓清，基本上还原了王学在宋学发展过程中所扮演角色的本来面目[2]，而这一面目由于理学家对新学的批判几千年以来一直是模糊不清甚至是被掩盖的。虽然对王安石在宋学的性理之学上的开创作用为众多学者所认识和接受，但是对安石人性论思想及其发展阶段的认识依然存在分歧，在有关人性论作品的年代归属问题上也很模糊混乱。本文试就王安石人性论思想的发展阶段、有关作品的归属及其人性论思想在宋学发展过程中的意义等问题做一探讨，以求正于方家。

笔者认为，王安石人性论发展应当划分为三个发展阶段。第一个阶段人性论表现为在《性论》中所阐发的性善论思想。第二个发展阶段即在《答龚深父〈论语〉〈孟子〉书》《性情》《性说》和《扬孟》等篇章中所表现的性有善有恶的思想。第三个阶段是在《原性》《答蒋颖叔书》中所表现的佛教性空及性之无善无恶思想。王安石第一、二阶段所表现的性论思想是前后相继的，而第三个阶段的思想发生了很大的变化。作为学界领袖的王安石提出的性有善有恶的思想在当时的学术界产生了广泛的影响，张载提出的具有重大意义的天地之性和气质之性的概念就是直接受益于王安石的这个思想。

一、王安石的性善论思想

王安石性善论在《性论》中做了详细的论述，他说：

> 古之善言性者，莫如仲尼，仲尼圣之粹者也。仲尼而下，莫如子思，

① 原载《孔子研究》，2012 年第 2 期。

② 参见侯外庐主编：《中国思想通史》第四卷上，人民出版社 1959 年版，第九章第一节；邓广铭：《邓广铭治史丛稿》，北京大学出版社 1997 年版，相关文章；陈植锷：《北宋文化史述论》，中国社会科学出版社 1992 年版，第二章第五节。

子思学仲尼者也。其次莫如孟轲，孟轲学子思者也。……噫，以一圣二贤之心而求之，则性归于善而已矣。①

对于王安石这篇作品的年代，大致有两种看法。第一种看法认为《性论》是其后期的作品。贺麟在《王安石的哲学思想》一文中认为王安石的人性论思想"最后不能不归到孟子的性善说"②。中国台湾地区学者夏长朴也持有相同的观点③。

第二种看法认为《性论》是王安石的早期作品，现代学者绝大多数赞同这种看法。他们从王安石的《淮南杂说》与《性论》的内容相似性来论证《性论》是王安石早年的作品④。

对于这篇作品的年代问题，以上是从王安石作品的自身联系来进行推断，我们还可以从这篇作品与同时代学者的相关作品的比较中来进行判断。王安石开启了宋学"非性命之说不谈"⑤ 之风，追随者必然会受到安石的性命之学的影响，而不是相反。王安石在《性论》中认为智愚属于才而不是性，最终达到论证性善的目的，他说：

> ……然而世之学者，见一圣二贤性善之说，终不能一而信之者何也？岂非惑于《语》所谓"上智下愚"之说欤？噫，以一圣二贤之心而求之，则性归于善而已矣。其所谓智愚不移者，才也，非性也。性者五常之谓也。才者愚智昏明之品也。欲明其才品，则孔子所谓"唯上智与下愚不移"之说是也。⑥

但王安石这种对才的看法与孟子中才的意义已经有了本质的区分，而在同时代学者中苏轼与程颐对性善的论证与之如出一辙。这种对"才"的概念意义

---

① 《宋文选》卷十，文渊阁四库全书本。
② 贺麟：《文化与人生》，商务印书馆1988年版，第297页。
③ 夏长朴的主要根据就是以为刘敞的《公是先生弟子记》中批判了王安石的《原性》与《性情》两篇文章。而刘敞卒于1068年，可知这两篇作品作于1068年之前，是王安石较早时期的作品（夏长朴：《李觏与王安石研究》，大安出版社1989年版）。但是，《公是先生弟子记》中批判了王氏新学又针砭了元祐诸贤，而王氏新学受到众人批判是因王安石变法引起的，在此之前它得到了许多学者的褒扬，元祐年间更是1068年之后很长的时间。由此可见，这部书即便是刘敞写作的，也加入了其弟子很多的成分。因此不足以成为证明《原性》篇是王安石较早时期作品的根据，更无法得出《性论》是王安石后期作品的结论。
④ 陈植锷：《北宋文化史述论》，中国社会科学出版社1992年版，第230—231页。
⑤ 《靖康要录》卷五，文渊阁四库全书本。
⑥ 《宋文选》卷十。

的改变只能是始于王安石，而不是苏轼和程颐，这是符合当时学术背景的推断。因为苏轼写作这篇包含辨明性与才之不同的《扬雄论》是在嘉祐六年（公元1061年）[1]；这时王安石（1021年出生）41岁，正是他在学界影响日隆的时期，而此时苏轼（1037年出生）只有25岁。由此可见，最有可能是王安石先于苏轼与程颐提出性与才的区分。这样，我们就可以得出王安石的《性论》就是《淮南杂说》中的一篇的结论[2]。王安石《淮南杂说》的问世带动了"天下之士始原道德之意，窥性命之端"[3]，进而形成了新的时代学术潮流。而《性论》就是《杂说》中这方面思想具有代表性的一篇，因而对宋学中性理之学的兴起起着非常重要的作用。

二、王安石性有善有恶的人性论思想

王安石在《再答龚深甫〈论语〉〈孟子〉书》《性情》《性说》和《扬孟》等作品中阐述了性有善有恶之思想。这几篇作品中，《再答龚深甫〈论语〉〈孟子〉书》可以确定其年代，而其他几篇作品的年代有不同的说法。我们根据《再答龚深甫〈论语〉〈孟子〉书》可以确定的年代，再根据这几篇作品内容的相似性，从而推测出另外几篇作品的写作年代也应作于相同时期。因为王安石的人性论发展明显分作几个思想有差异的阶段，而这几篇作品的内容大致相同，

---

① 孔凡礼：《苏轼年谱》（上册），中华书局1998年版，第93页。

② 苏轼在《扬雄论》中说："夫性与才相近而不同，其别不啻若白黑之异也。圣人之所与小人共之，而皆不能逃焉，是真所谓性也。而其才固将有所不同。……孔子所谓中人可以上下，而上智与下愚不移者，是论其才也。"（苏轼：《苏轼文集》，孔凡礼点校，中华书局1986年版，第110页）这种看法与王安石在《性论》中严格区分性与才的见解相同。程颐言性时也认为："性无不善，而有不善者才也。性即是理，理则自尧舜至于涂人，一也。才禀于气，气有清浊，禀其清者为贤，禀其浊者为愚。"（程颢、程颐：《二程集》，中华书局1981年版，第204页）如果我们认可以上王安石与苏轼在关于性与才的讨论中安石早于苏轼，那么就可以说安石的《性论》属于《淮南杂说》中的一篇，因为《淮南杂说》正好在"嘉祐年间大行于世"（陈植锷：《北宋文化史述论》，中国社会科学出版社1992年版，第231页）。在此前提下，我们就必然可以推论出程颐这则有关性与才的话也在王安石的这个论述之后，因为《淮南杂说》完成于庆历年间，而这时程颐还是一个少年。徐文明也认为"……程颐区分性与才，以上智下愚为才，这显然得自《性论》……"（徐文明：《出入自在——王安石与佛禅》，河南人民出版社2001年版，第59页）朱熹对程颐的解释评论道："程子此说才字，与孟子本文小异。盖孟子专指其发于性者言之，故以为才无不善；程子专指其禀于气者言之，则人之才固有昏明强弱之不同矣。二说虽殊，各有所当；然以事理考之，程子为密。"（戴震：《孟子字义疏证》，何文光整理，中华书局1961年版，第42页）这种评论实际上不应只是针对程颐而言，至少还要包括王安石，因为他才是这种看法的始作俑者。

③ 马端临：《文献通考》卷二百十四，文渊阁四库全书本。

则我们推测它们作于相同阶段应该是没有问题的。

对于《再答龚深甫〈论语〉〈孟子〉书》的年代，李德身说：

> 书有"久废笔墨之语"，当与上文同为居丧江宁时作。又《答王深甫书》其三有"承以《论语》义见教"，则当为彼此讨论《论语》义而发，时深甫犹在。书当作于《与龚深父书》之后，时犹在治平元年。①

王安石在嘉祐八年（1063 年）丁母忧②，而王深甫死于治平二年七月（1065 年）③，所以这封书信即使不在治平元年，也当在这前后④。

在确定了这封书信的年代以后，我们再来看看这封书信的内容。王安石在《再答龚深父〈论语〉〈孟子〉书》中说：

> 夫古之人以无君子道为无道，以无吉德为无德，则去善就恶谓之性亡，非不可也。⑤

道的本质是"君子道"，德的本质是"吉德"，则性的本质是"善"，"去善就恶"就是"性亡"。由此可见，王安石认为人性从本质上讲是善的。从王安石坚持了人本性是善来看，他这个时期的人性论思想是对前期《性论》中性善论的继承，但是安石在此基础之上又提出了性有善有恶的思想，因此对前期的性论又有了发展。所以，他又说：

> 道有君子有小人，德有吉有凶，则命有顺有逆，性有善有恶，固其理，又何足以疑？⑥

明确表达了性有善有恶之思想。

王安石在此篇书信中用孔子的"性相近也，习相远也"（《论语·阳货》）来论证性之善恶是"习以成性"之"习"所导致的结果。王安石说：

> 孔子曰："性相近也，习相远也。"言相近之性以习而相远，则习不可以不慎，非谓天下之性皆相近而已矣。⑦

---

① 李德身：《王安石诗文系年》，陕西人民教育出版社 1987 年版，第 163 页。
② 詹大和等撰：《王安石年谱三种》，裴汝诚点校，中华书局 1994 年版，第 6 页。
③ 王安石：《王文公文集》（上），唐武标校，上海人民出版社 1974 版，第 962 页。
④ 李之亮先生也认为该封书信写于治平初年，同时也认为《性情》是治平中作品，而认为《性说》《扬孟》是作于元丰年间退居金陵时（李之亮：《王荆公文集笺注》，巴蜀书社 2005 年版）
⑤ 李之亮：《王荆公文集笺注》，巴蜀书社 2005 年版，第 1217 页。
⑥ 李之亮：《王荆公文集笺注》，巴蜀书社 2005 年版，第 1217 页。
⑦ 李之亮：《王荆公文集笺注》，巴蜀书社 2005 年版，第 1217 页。

这与《性说》的论证如出一辙，在该篇的开头，王安石劈头就说：

> 孔子曰："性相近也，习相远也。"吾是以与孔子也。韩子之言性也，吾不以有取焉。①

因此，《性说》极有可能与《再答龚深甫〈论语〉〈孟子〉书》作于同一时期，即嘉祐、治平年间②。王安石在《性说》中阐述了"习以成性"的思想。对孔子的"唯上智与下愚"做出了创造性的解释，认为上智是习于善的结果，而下愚是习于恶的结果，上智和下愚不是天生如此③。在此文中，王安石仍然坚持从本质上讲人性是善的看法，他说："是果性善，而不善者，习也。"

王安石在《扬孟》中说：

> 有人于此，羞善行之不修，恶善名之不立，尽力乎善，以充其羞恶之性，则其为贤也孰御哉？此得乎性之正者，而孟子之所谓性也。有人于此，羞利之不厚，恶利之不多，尽力乎利，以充羞恶之性，则其为不肖也孰御哉？此得乎性之不正，而扬子之兼所谓性者也。④

其实质仍然表达了"习以成性"，性之善恶由后天的习染所形成的思想。在本篇文章中，王安石又说："夫人之生，莫不有羞恶之性，且以羞恶之一端以明之。"仍不忘交代人性本善的看法。

---

① 李之亮：《王荆公文集笺注》，巴蜀书社 2005 年版，第1091 页。

② 马振铎先生也认为："《性说》（是）中国北宋王安石关于人性问题的论文，收入《临川集》第 68 卷中。约为王安石执政前，即嘉祐、治平年间（1056—1067 年）的作品。"（http：//www. chinabaike. com/article/1/78/443/2007/20070524114540. html. ）

③ 王安石在《性说》中说："然则孔子所谓'中人以上可以语上，中人以下不可以语上''惟上智与下愚不移'，何说也？曰：习于善而已矣，所谓上智者；习于恶而已矣，所谓下愚者；一习于善，一习于恶，所谓中人者。上智者、下愚者、中人也，其卒也命之而已矣。有人于此，未始为不善也，谓之上智可也；其卒也去而为不善，然后谓之中人可也。有人于此，未始为善也，谓之下愚可也；其卒也去而为善，然后谓之中人可也。惟其不移，然后谓之下愚，皆与其卒也命之，夫非生而不可移也。"（李之亮：《王荆公文集笺注》，巴蜀书社 2005 年版，第 1091—1092 页）王安石用孔子的话表达了"习以成性"的思想，其上智是指善，下愚是指恶，善恶的不同是由于后天习染的原因而引起的。在《性论》中，王安石也引用了孔子的"唯上智与下愚不移"的话，但是认为上智下愚是由于才而引起的，人的才有分别，性本善却相同。例子虽然相同，但对上智下愚的理解发生了很大的变化，可见是属于不同时期的作品。

④ 李之亮：《王荆公文集笺注》，巴蜀书社 2005 年版，第979 页。

在《性情》篇中，王安石更是集中论述了有善有恶之性①。他说：

> 性情一也。世人论者曰"性善情恶"，是徒识性情之名而不知性情之实也。喜、怒、哀、乐、好、恶、欲未发于外而存于心，性也；喜、怒、哀、乐、好、恶、欲发于外而见于行，情也。性者情之本，情者性之用，故吾曰性情一也。②

从体用的角度论证了性情是一致的，没有表现出来就是性，表现出来的就是情。

> 盖君子养性之善，故情亦善；小人养性之恶，故情亦恶。故君子之所以为君子，莫非情也；小人之所以为小人，莫非情也。彼论之失者，以其求性于君子，求情于小人耳。③

情有善恶，则性有善恶，反之亦然。而之所以有善恶，全在于"养"，即"习以成性"。又说："若夫善恶，则犹中与不中也。"根据《中庸》的看法，"中也者，天下之大本也"，所以安石说人性善是"中"就等于认为性本质上是善的。

从对以上四篇作品的分析可以看出，王安石都表达了习以成性、性有善有恶的思想，且都认为人性从本质上讲是善的。王安石这种人性论思想是学术思想发展到成熟阶段的表现，是对前期性善论的继承与发展。这四篇作品不仅内容上具有相同性，而且有些论据、论证方法和遣词造句都相似，因此是同一时期人性论思想的表现。从《再答龚深父〈论语〉〈孟子〉书》写于治平初和王安石的治学情况来看，其余三篇作品也大致作于嘉祐、治平年间。

三、王安石性无善无恶的思想

由于政治失意和丧子之痛的双重打击，王安石晚年退隐金陵以后思想和心态发生了很大的变化，由一个积极参与政治变革的急先锋蜕变为一个思想上皈依佛门的隐士。在这种现实背景下，王安石人性论相应发生了很大的变化。这一点，我们可以从他写于退隐金陵之后的《答蒋颖叔书》书信中看得非常清楚。

---

① 《性情》中的"彼曰性善，无它，是尝读孟子之书，而未尝求孟子之意耳"的语句与《扬孟》中的"此学乎孟子之言性，而不知孟子之指也"这句话，是用同样的事例论证性有善有恶的观点，而且用词都相近。也可以看出是王安石同一时期人性论思想在不同篇章中的表现。

② 李之亮：《王荆公文集笺注》，巴蜀书社 2005 年版，第1062 页。

③ 李之亮：《王荆公文集笺注》，巴蜀书社 2005 年版，第1063 页。

这封书信昭示了王安石这个阶段人性论思想的变化状况。李之亮以为该封书信于元丰四五年间退居金陵时作，当时蒋颖叔任淮南转运使或江淮发运使一职①。从二人的交往情况来看是很有道理的。元丰六年蒋颖叔谒见王安石，王安石作有《戏示蒋颖叔》一诗②。表明王安石在此时与蒋颖叔有过交往，书信往来便是情理之中的事情了。这封书信是从佛教的角度阐释人性的，与王安石当时的心理状态相符合。他说：

> 曰一性所谓无性，则其实非有非无，此可以意通，难以言了也。惟无性，故能变；若有性，则火不可以为水……③

显然，王安石在此处是以佛教的中道观来诠释性空思想，这与《原性》中阐释的性无善无恶的思想很相似。因为既然性空，性当然就无所谓善恶。因此，从内容上看，王安石的《原性》也应作于其晚年失意时期，与《答蒋颖叔书》属于同一时期的作品④。在此阶段，王安石以空来言性，与变法之前对性的认识有了很大的差别。

王安石在《原性》中说："吾所安者，孔子之言而已。"⑤ 在此文中，王安石除服膺孔子的性说以外，对其他诸贤一律加以诘难。不仅反对荀子和韩愈，而且也反对在变法之前他在作品中倍加维护的孟子和扬子。王安石反对诸贤论性的片面性和以情言性，而"性情一也"和以习言性又是他在《性情》等篇中津津乐道的观点，这本身说明了《原性》与主张有善有恶之性的几篇作品的写作年代不同。王安石反对扬子道："扬子之言为似矣，犹未出乎以习而言性也。"另外，他在这里仍然引用了孔子的"性相近也，习相远也"的说法，却表达了"有情然后善恶形焉，而性不可以善恶言也"的主旨。而他在此之前的《性情》中却是用同样的例子论证情有善恶可见出性有善恶、"性情一也"的思想。在《原性》中，王安石也用了"上智与下愚不移"这个例子，上智下愚不移指的是才能而不是性，但是在《性说》中却是指性的善恶。论据相同，而名词所指和结论又大相径庭，迥然相别。这只能表明《原性》与《性情》《性说》是属

---

①　李之亮：《王荆公文集笺注》，巴蜀书社 2005 年版，第1419 页。

②　李德身：《王安石诗文系年》，陕西人民教育出版社 1987 年版，第 280—281 页。

③　李之亮：《王荆公文集笺注》，巴蜀书社 2005 年版，第1418 页。

④　李之亮认为王安石的《原性》属于元丰年间王安石退居金陵时作。（李之亮：《王荆公文集笺注》，巴蜀书社 2005 年版，第1090 页）

⑤　王安石：《王文公文集》（上），唐武标校，上海人民出版社 1974 年版，第316 页。

于不同时期的作品，它与《答蒋颖叔书》同样属于王安石后期的作品①。

四、王安石人性论的意义

王安石人性论的意义在上文中已经做了一些交代，下面再重点讨论一下他的人性论思想在成熟阶段（即第二个阶段）时的意义。

王安石在性理之学上的首倡作用已为学者所阐发，在此不再赘述。在此，我所要表明的是王安石不仅以其性理之学开启了宋代新儒学"非性命之说不谈"的学术潮流，而且他的人性论对张载的天地之性和气质之性的提出具有直接的启发作用，因而对整个理学的发展都产生了重大的影响②。

在孟子提出性善论以后，学者们为了弥补其学说的不足提出了"性善情恶"的思想，在王安石提出自己的人性论之前大致以这种人性论思想为主。虽然扬雄提出过"性善恶混"论，王充也提出过"性有善有恶"论③，但是那只是对性善论的一种简单的否定，而王安石的人性论既体现了对孟子性善论的继承与发展，又包含了对"性善情恶"论的吸收和借鉴，即综合了先圣前贤的思想而又超出了他们。这就是王安石人性本善和后天之性有善有恶的人性论思想，它后来直接被张载所提炼和理论化。

我们之所以说王安石的人性论思想对张载有影响，而不是相反。一是因为王安石在嘉祐、治平年间问世的有关人性论的篇章要早于张载；另外就是从二者人性论思想内容来看大体相近。作为当时学界领袖④，王安石提出的人性论思想必然在学界产生广泛的影响。况且，在张载创作包含人性论思想的《正蒙》之前，二人有过交往。据《宋史》记载：

熙宁初……召见，问治道。对曰："为政不法三代者，终苟道也。"帝悦，

---

① 但是许多学者将《原性》同其他有关性论的作品相提并论，当作一个整体来阐述王安石的人性论思想，很显然是没有考虑到王安石人性论思想发展的阶段差异，这种对材料不加区分的阐述得出的人性论思想当然就不符合王安石人性论思想的发展实际和本来面目。例如，侯外庐主编：《中国思想通史》第四卷上，人民出版社 1959 年版，第446 页；高克勤：《王安石著述考》，载《复旦学报》（社会科学版），1988 年第 1 期；陈植锷：《北宋文化史述论》，中国社会科学出版社 1992 年版，中国社会科学出版社1992 年版，第 231 页；肖永明：《荆公新学的两个发展阶段及其理论特点》，载《湖南大学学报》（社会科学版），2000 年第 1 期。

② 陈俊民认为关学即理学。（陈俊民：《张载哲学思想及关学学派》，人民出版社 1986 年版，第 3 页）

③ 陈植锷：《北宋文化史述论》，中国社会科学出版社 1992 年版，第237 页。

④ 陈植锷认为："……仁神之交，即欧阳修与王安石主盟文坛和学坛的替换时期。"陈植锷：《北宋文化史述论》，中国社会科学出版社 1992 年版，第219 页。

以为崇文院校书。他日，见王安石，王安石问以新政。载曰："公与人为善，则人以善归公；如教玉人琢玉，则宜有不受命者矣。"①

通过交往，张载完全有可能阅读到当时学界名流王安石的著作，而那些成为引领学术潮流的性理之学的著作，一定会得到张载的格外关注。据张载亲炙弟子吕大临《横渠先生行状》和苏昞、范育《正蒙序》记载，张载自神宗三年（1070 年）"谒告西归"之后，即构思创作《正蒙》②。张载有关人性论思想的写作正是在与王安石在京城有过交往之后，而在此之前王安石人性论思想已经发展成熟并形诸篇章，所以王安石人性论著作在时间上要早于张载。

从内容上看，王安石在嘉祐、治平年间所写的一系列杂文和书信都阐述了人性本善，但后天之性有善有恶的思想，是其学术成熟时期的人性论。这在王安石人性论发展的第二个阶段已经有了详细的阐述，而张载将人性划分为天地之性与气质之性在实质上与王安石人性论思想具有相似性③。只不过张载将这种思想用名词术语进行了提炼和概括，因而使其理论化形态进一步完备，但是内容上与王安石的大体相同。二者都认为人性本善，王安石认为后天之性是"习以成性"，因而性的善恶根源在于习染的结果，而张载认为后天之性是"气质之性"，性的善恶根源在于变化气质的结果。

总之，王安石的人性论不可做一概而论的认识，其人性论发展明显分为三个不同的阶段，其中第一、二个阶段有着紧密的联系和承接关系，而第三个阶段由于现实生活境况的改变，其人性论也相应发生了很大的变化。王安石的人性论尤其是在第二个阶段即成熟阶段的人性论思想有着非常重要的意义，直接启迪了张载人性论思想的形成，因而对之后占据统治地位的理学思想产生了不容忽视的影响。

---

① 脱脱等：《宋史》卷四百二十七，文渊阁四库全书本。
② 张载：《张载集》，章锡琛点校，中华书局 1978 年版，第 22—23 页。
③ 张载：《张载集》，章锡琛点校，中华书局 1978 年版，第 22—23 页。

王安石的孟学思想①

王安石（1021—1086 年）前大半生主要生活在宋仁宗（1023—1063 年在位）时期，当时的社会经济文化都有很大的发展，但同时因循守旧的社会风气也很盛行，各种社会积弊层出不穷，这种社会环境激发着有志之士去奋力改变。宋代又是一个士大夫政治地位高涨的朝代，从而给了像王安石这样的有志之士施展才能的广阔空间；而孟子以道自任睥睨权贵的伟岸人格、非我其谁的自信和担当精神、光耀千古的思想以及雄辩无碍的口才深深吸引了抱负不凡的年轻才俊王安石。他要以孟子为楷模，做新时代的孟子，来建设出他理想中的社会与国家。因此，王安石在年轻时就非常崇拜孟子，最早使他闻名遐迩的著作《淮南杂说》就是拟孟之作，见者比作《孟子》②。王安石在后来的成长过程中，也一直以孟子为楷模来建构他的思想体系，他的心性论就是对孟子性善论的继承与发展的成果。其政治思想更是沾溉于孟子甚多，在当政期间，时常从《孟子》中随手引用以论证其思想的合理性。从总体上看，王安石首先是从精神人格上学习孟子，其次，才是在《孟子》文本上汲取学术和政治上的资源。

一、以道自任，作新时代的孟子

王安石对孟子非常推崇，将孟子的地位提高到与孔子并尊的高度，而在此之前通常是将周孔或孔颜并列的③。他说："孔孟如日月，委蛇在苍冥；光明所照耀，万物成冬春。"④ 在失意落寞时，王安石以孟子的人生遭际来抚慰自己，也更加坚定了对自己所追求的事业的信心和信念。他在《孟子》一诗中写道：

---

① 原载《延边大学学校》，2012 年第 5 期。
② 马永卿说："《淮南杂说》行于时，天下推尊之以比《孟子》。"（马永卿：《元城语录解》，见《丛书集成初编本》卷上，商务印书馆 1937 年版）
③ 朱维铮：《中国经学史十讲》，复旦大学出版社 2002 年版，第17—24 页。
④ 王安石：《王文公文集》（上），唐武标校，上海人民出版社 1974 年版，第447 页。

"沉魄浮魂不可招，遗编一读想风标。何妨举世嫌迂阔，故有斯人慰寂寥。"①
在道德性命之学上、在政治思想上，他都视孟子为同调。因此，王安石向孟子学习是要做像孟子一样的人，是全盘仿效，而不只是简单地向他借鉴一些有价值的思想。他在和欧阳修的《奉酬永叔见赠》的诗中说："欲传道义心虽壮，学作文章力已穷。他日若能窥孟子，终身何敢望韩公。"② 王安石在诗中不满意欧阳修嘱其学习韩愈文章的期望，他以为文章之事比起传承道义来是微不足道的，显示了王安石以孟子为标杆传承大道的宏大志向。弟子陆佃评价乃师道："言为《诗》《书》，行则孔、孟。"③ 从立志要做新时代的孟子和在实际行动中的确也是这样做的，并且在社会思想领域和政治领域造成了深远的影响来看，王安石是自孟子之后第一个真正提升了他在儒家先师中地位的人。诚然，前代也有不少的思想家将孟子的地位放在极为重要的位置，但是在实际成就和影响上都不及王安石。

庆历二年闰九月，王安石在淮南任所撰写了著名的《送孙正之序》。在其中，他慷慨激昂地说道："时然而然，众人也；己然而然，君子也。己然而然，非私己也，圣人之道在焉尔。夫君子有穷苦颠跌，不肯一失诎己以从时者，不以时胜道也。故其得志于君，则变时而之道，若反手然，彼其术素修而志素定也。"④ 王安石这种不从流俗的独立品质来自孟子"众人固然不识也"⑤ 精神的激励。君子之所以不随波逐流，是因为他以道自任，要改变积弊丛生的时局。王安石以舍我其谁的气魄开一代新风气的理想，不愿做众人的英雄主义的气概正是孟子精神的复活。不愿做众人是孟子精神的灵魂，而这一点恰为王安石所接续，其所体现的勇往直前的精神几乎贯彻在他整个人生的行为之中，直到改革失败他才偃旗息鼓，一腔沸腾的热血才平静下来。

自韩愈提出了道统说，儒家知识分子都以接续儒家的大道自任。在王安石看来，他是直接接续了孟子的道统，是真理在握，这就为其所从事的事业提供了可靠的保障。既以道自任，则自有一种自信与担当的精神。据《二程外书》记载："王介甫为舍人时，有《杂说》行于时，其粹处……又曰：'道义重，不轻王公；志意足，不骄富贵。'有何不可？""道义重，不轻王公；志意足，不骄

① 王安石：《王文公文集》（上），唐武标校，上海人民出版社 1974 年版，第775 页。
② 王安石：《王文公文集》（上），唐武标校，上海人民出版社 1974 年版，第620 页。
③ 陆佃：《陶山集》，四库全书本卷十三。
④ 王安石：《王文公文集》（上），唐武标校，上海人民出版社 1974 年版，第433 页。
⑤ 杨伯峻：《孟子译注》，中华书局 1960 年版，第284 页。

富贵"就是孟子"道尊于势和富贵不能淫的翻版"①。在《命解》中，他也说道："……孟子不以弱而失礼，故立乎千世之上而为学者师。"② 在与权贵的结交中，应表现出道尊于势的气概，以维护道的至上性。

道是学者们最所珍视的，它是正义和合理的化身，因而以道自任者就能不为权贵所屈服，不因贫贱而降志。这是儒家知识分子独立和自由精神的体现，是有远大志向和抱负的体现，是他们最核心的价值观，成为他们批判和改造不合理社会的精神支柱和力量源泉。因此，王安石以道自任说到底就是要践行儒家的大道和实现自己的人生价值。

二、出处行藏，在政治思想上对孟子的继承

王安石自视甚高，要做新时代的孟子，这种精神在行止和政治上的突出表现就是以君子自励，而决不苟且求进，有亏于道；同时以孟子的政治思想作为自己发表政见和政策措施的指导。王安石的出处行藏以孟子为楷模，如果可用则用之，不用则以侍天命。他说："万物之废兴，皆命也。孟子曰：'君子行法，以俟命而已矣。'"③ 行道的时机还没成熟就不能强而为之，否则就有可能降志辱身，作为君子这时只有静侍天命。在这里王安石强调了"处"与"藏"的必要性。王安石在现实出处的表现上的确是这样做的，如他早年一再推辞接受在朝的官职。

在"出"和"行"上，王安石更是渗透着孟子的遗风。一旦得君行道，他就会坚定不移地推行自己的政治主张，因此，就以孟子的"大有为之说"作为变法的精神支柱。南宋的倪思曾与人有过这样的对话："或问文节倪公思曰：'司马温公乃著《疑孟》，何也？'答曰：'盖有为也。当时王安石假孟子大有为之说，欲人主师尊之，变乱法度，是以温公致疑孟子，以为王安石之言，未可尽信也。'"④ 司马光从否定王安石立论的基础孟子思想入手，以便达到釜底抽薪的批判效果，因而，他的非孟矛头是直指王安石主持的熙宁变法。但即便如此，司马光等人的反对也不能挫伤王安石欲"大有为"的坚定意志。

---

① 陈植锷：《北宋文化史述论》，中国社会科学出版社 1992 年版，中国社会科学出版社 1992 年版，第227 页。这个意思在《孟子》中原文是："古之贤王好善而忘势，古之贤士何独不然？乐其道而忘人之势，故王公不致敬尽礼，则不得亟见之。见且由不得亟，而况得而臣乎？"（杨伯峻：《孟子译注》，中华书局 1960 年版，第303 页）
② 王安石：《王文公文集》（上），唐武标校，上海人民出版社 1974 年版，第319 页。
③ 李之亮：《王荆公文集笺注》，巴蜀书社 2005 年版，第1326 页。
④ 白珽：《湛渊静语》卷二，四库全书本卷二引。

在《拟上殿进劄子》中，王安石以为当今之世"患在无法度故也"。他说："今朝廷法严令具，无所不有，而臣以谓无法度者，方今之法度多不合于先王之法度故也。孟子曰：'有仁心仁闻而人不被其泽者，为政不法先王之道故也。'"① 在此，王安石用孟子"法先王之道"的思想论证了他的法"先王之法度"的正确性。

在《答曾公立书》中，他说道："治道之兴，邪人不利，一兴异论，群聋和之，意不在于法也。孟子所言利者，为利吾国（如曲防遏粜），利吾身尔。……政事所以理财，理财乃所谓义也。"② 王安石用孟子的话旨在证明青苗法的出发点在于"义"而不是利，这就为青苗法提供了权威的论证，因而其在实践过程中就一定能取得理想的效果。

在《段缝书》中，王安石说："孟子曰：'国人皆曰可杀，未可也，见可杀焉，然后杀之。'……孔孟所以为孔孟者，为其善自守，不惑于众人也。"③ 由孟子的"不惑于众人"，王安石进一步引申出"用人惟己"论。他说："用人惟己，己之可用而后用之。"④ "不惑于众人"与"惟己"就要有自己的主见和坚持己见而言，有其积极的一面，因此，王安石用它作为排除阻力推行政治措施的精神支柱和精神动力。

但是坚持己见和善于听取不同意见应当很好地结合起来，王安石也不是没有注意到这个问题。他在《论馆职劄子二》中用孟子的用人观阐述了要谨慎用人的观点，就是主张要听取各方的意见，不能刚愎自用。他说："孟子曰：'国人皆曰贤，然后察之，见贤焉用之。'今所除馆职，特一二大臣以为贤而已，非国人皆曰贤，国人皆曰贤，尚未可信用，必躬察见其可贤而后用，况于一二大臣以为贤而已。"⑤ 但是在现实政治斗争的漩涡中，王安石无法做得像他在政治思想中所设计的那样好。

王安石的出处行藏所遵循的道的准则都是其孟学思想的体现，他在政治活动中所体现出的"行"又经常引用《孟子》作为依据，以论证其政策措施的合法性。由此，我们也就不难理解为什么他要将《孟子》与《论语》并列作为"兼经"正式确定为科举考试的科目，以及为什么要利用其影响促成宋神宗对孟

---

① 王安石：《王文公文集》（上），唐武标校，上海人民出版社 1974 年版，第233 页。
② 李之亮：《王荆公文集笺注》，巴蜀书社 2005 年版，第1240 页。
③ 王安石：《王文公文集》（上），唐武标校，上海人民出版社 1974 年版，第101 页。
④ 程元敏辑：《三经新义辑考汇评（一）——尚书》，（台北）"编译馆" 1986 年版，第75 页。
⑤ 王安石：《临川文集》，四库全书本卷四十一。

子封爵和配享孔庙。因为只有孟子由贤人升格为圣人，《孟子》由子书升格为经书，其思想的权威才能得到充分的保证。

王安石在行藏和政治上的实际表现，表明他在诗歌和文章中以孟子说明自己的心迹不仅是这样说的，在实际行为上也是这样做的。

三、君臣关系，专制集权形式的变动轨迹

君臣关系论不仅对出处行藏有着非常大的影响，而且王安石的君臣观是其孟学思想一个很重要的方面，因此，有必要做一些探讨。

王安石在君臣关系问题上的看法，受到了孟子的影响，同时也表明他的君臣观实际上是与他对现实政治的认识密切相关的。宋代与孟子所处的战国时代有了很大的变化，君主的地位已经变得非常的稳固。已不同于战国时代周天子作为君主的地位名存实亡的情形，封建主义中央集权制度已经发展得很完备。但是王安石却反其道而行之，发表了一些与君尊臣卑似乎背道而驰的看法。同时代的一些学者即从尊君出发，对王安石的君臣观进行攻讦。

孟子曾直言不讳地告诫齐宣王道："君之视臣如手足，则臣视君如心腹；君之视臣如犬马，则臣视君如国人；君之视臣如土芥，则臣视君如寇仇。"① 又说："君有大过则谏；反复之而不听，则易位。"② 王安石以此为基础，进一步明确提出臣子可以用"非常义"取代君主。

对《周易》乾卦九三的爻辞，王安石解释道：" '忠信'，行也； '修辞'，言也。知九五之位可至而至之，舜禹汤武是也，非常义也，故曰'可与几也'。知此位可终则终之，伊周文王是也，可与存君臣之大义也。"③ 他的意思是在历史上的特殊时期，德才兼备的臣子可以用非常规的办法例如"革命"而取代君主。王安石正是用此德与才的标准来解释改朝换代的问题。

对有功德之臣子可以革暴君之命的问题，王安石的赞同态度非常鲜明。而在通常的情况下，君主对他们又应该表现出怎样的礼遇呢？王安石在这个问题上的思想更是不同凡响。

王安石说；"若夫道隆而德骏者，又不只此，虽天子，北面而问焉，而与之迭为宾主。"④ 君主与臣子可以交替为宾主，这在君尊臣卑的封建时代真是空谷

---

① 杨伯峻：《孟子译注》，中华书局 1960 年版，第186 页。
② 杨伯峻：《孟子译注》，中华书局 1960 年版，第251 页。
③ 李衡：《周易义海撮要》，见《四库全书》第 13 册，上海古籍出版社 2003 年版，第283 页。
④ 王安石：《王文公文集》（上），唐武标校，上海人民出版社 1974 年版，第402 页。

绝音，其看法可谓惊世骇俗。

　　保存在御史中丞杨绘《论王安石之文有异志》中的一条佚文是这样的："'周公用礼乐可乎?'曰:'周公之功，人臣所不能为;天子礼乐，人臣所不得用。有人臣所不能为之功，而报之以人臣所不得用之礼乐，此之谓称。'"① 周公用天子之礼乐，这是违背君臣之礼的，但是在《礼记》中又有明确的记载。王安石用非常之功报以非常之礼进行解释，更有将这种非常之礼普遍化的倾向。因此，遭到儒家学者的反对。

　　虽然王安石的君臣观看似离经背道，但是其思想仍然没有超出君主权力至高无上的权力框架。他以为君臣可以迭相为宾主，也是从道尊于势的角度而言的。也就是说，从势的角度而言，君主是君主，臣子是臣子，其地位不可动摇与互换;但是从道的角度而言，道如果在臣子一边，则臣子是君主，君主就是臣子了。这个时候作为世俗的君主就必须听从臣子，所以有师臣之称。如果君主昏庸无能，则臣子可取而代之。王安石这样说，在君臣关系相对稳定的宋代就具有警戒君主的意味，而绝非出于鼓励臣子取代君主的考虑。

　　在封建专制集权的背景下，王安石从士大夫与君主共治天下的理念出发为士大夫争取到了更多的实权，国家治理形式从君主一人专制转变为君臣共治，中央集权从表面上看有所分散，但最终决策权依然牢牢掌控在皇帝手中，君主至高无上的权威仍不容挑战。因此，其君臣观的实质是一方面要提高士大夫的政治地位和为推行新法争取更多的相权，另一方面也希望和警醒君主要积极有为和具有忧患意识，否则就有君位不保之虞，这一点说到底还是为君主的长治久安而计议的。

　　王安石士大夫共治天下的理想不可能改变封建专制的本质，他本人也无此意识，他只是要君主信任士大夫并与他们分享一部分治理国家的权力。因此，士大夫共治天下的本质是要将君主专制变成少数人的共治。王安石变法作为其理想的体现，当其与专制统治联系在一起的时候，就变成一种国家意志。如果这种措施是有利于现实的发展需要，则会促进社会的发展与进步;但是相反，如果这种政策措施不利于社会的发展，则也可能带来巨大的破坏作用。这就是中国古代民本思想的局限性，全体百姓的福祉全部取决于统治阶级的统治是否清明和得当，因而，他们只能将希望寄托在"明君"和"清官"身上，而完全不能支配自己的命运。李明辉指出:"民本思想尚非现代意义的民主思想，因为前者仅包含'民有'(of the people)与'民享'(for the people)而未及于'民

---

　　① 赵禹愚编:《宋名臣奏议》，见《四库全书本》卷八十三。

治'（by the people）。"① 王安石士大夫共治天下从而强国富民的理想也是以民为本的看法，同样在实质上无法摆脱君主专制下的意识窠臼。

王安石的君臣观是其政治思想的一个非常重要的组成部分，也深受孟子的影响。在孟子的时代，君主的地位已经一落千丈，周王甚至不如有些势力强大的诸侯影响大。因此，在这种背景下，孟子提出君臣平等是有历史原因的。但是王安石从道尊于势的观点出发，认为道是衡量君臣对错的唯一标准，而势是其次。这种思想当然不会为君主和封建卫道士所接受。因此，王安石的君臣观受到了广泛的批评。但是，王安石作为一介臣子能发出如此强烈的呼声，为道尊于势做了广泛的宣传，不能说对人心没有一点启迪作用。至少他这种传道的大无畏精神是值得我们学习的。

四、习以成性，对孟子性善论的弘扬

王安石在政治思想上全面继承和发扬了孟子的精神，而在学术思想上尤其是在人性论思想上，也深深打上了孟子思想的烙印。

王安石早期的人性论直接继承了孟子的性善论，他年轻时所作的《性论》一文中所表达的人性论思想与孟子性善论如出一辙。他说："……孟轲学子思者也。……噫，以一圣二贤之心而求之，则性归于善而已矣。"② 有学者认为这是王安石早期的拟圣之作，此时还没有发展出自己独立的思想。之后，王安石的思想有了很大的发展，其人性论也不是亦步亦趋地模仿古圣先贤，而是在性善论的基础之上有了自己独到的看法。

嘉祐、治平年间，王安石的思想进一部分发展成熟，其人性论思想也有了很大的发展，写出了一系列重要的有关人性论的专论。例如《扬孟》《性情》《再答龚深甫〈论语〉〈孟子〉书》及《性说》等，这些作品阐述了性有善有恶的思想，同时又认为性从本源上讲又是善的。虽然这几篇作品除《再答龚深甫〈论语〉〈孟子〉书》的写作年代可以确定以外，其余几篇作品的年代很难确定。这些不能确定写作年代的作品，学者们对它们的写作年代的认识存在差异。有的学者认为是在他晚年写作的，从而认为王安石晚年的人性论思想是有善有恶的。而这种看法又是错误的。因此，对其作品写作年代的确定是阐述王安石人性论思想的前提。我们认为王安石在其中阐述了相同思想的作品应当作于同

---

① 黄俊杰：《传统中华文化与现代价值的激荡》，社会科学文献出版社 2002 年版，第228 页。
② 《宋文选》，见《四库全书本》卷十。

一个时期。基于这样的标准，《扬孟》《性情》《再答龚深甫〈论语〉〈孟子〉书》及《性说》应作于同一个时期，因为它们都阐述了在性本善的前提下，后天的性可善可恶的思想。

根据现代学者的考证，《再答龚深甫〈论语〉〈孟子〉书》作于治平元年①。那么其余几篇作品也当作于这个前后，即嘉祐、治平年间。从而确定了这些作品不是作于王安石的晚年时期，而是作于中年时期。由此可以确定王安石的思想发展到中年成熟时期，其人性论思想是认为性本善的同时，后天之性有善有恶。而这也是王安石较为成熟的人性论思想，晚年的人性论受到佛教的思想和自己处境的影响较大，不能被认为是他成熟的人性论思想。他在该篇书信中写道："夫古之人以无君子道为无道，以无吉德为无德，则去善就恶谓之性亡，非不可也。"② 只有君子道才能称之为道，否则就是无道；吉德也才能称之为德。同理，善性才能称之为性。所以，从本质上讲，性是善的。这是王安石对孟子性善论继承的一面。但是王安石认为虽然性从本质上讲是善的，但是人在后天的成长中，受到环境等因素的影响，有的人善良，有的人却很邪恶。这样人后天之性就有善有恶，虽然性恶不能从性的本质上讲，也不能谓之性，但是我们习惯上仍称之为性。所以，他得出结论道："道有君子有小人，德有吉有凶，则命有顺有逆，性有善有恶……"③ 后天之性有善有恶的特点在他的论述中得到了非常明确的表达。

王安石以上所论述的人性论思想在《性说》《扬孟》等文章中也有论述。在《性说》中，王安石从"习以成性"的角度入手阐述了后天之性有善有恶，而从本源上说其性又是善的。他说："是果性善，而不善者，习也。"在《扬孟》中，王安石也写道："有人于此……尽力乎善，以充其羞恶之性，则其为贤也孰御哉？此得乎性之正者，而孟子之所谓性也。有人于此……尽力乎利，以充羞恶之性……此得乎性之不正，而扬子之兼所谓性者也。"④ 其实质是认为后天之习成就了个人后天之性。但是仍然将性善作为性的本源性特征，他说："夫人之生，莫不有羞恶之性……"

在《性情》一文中，王安石更是详细讨论了后天之性可善可恶的特性。他说："性情一也。……喜、怒、哀、乐、好、恶、欲未发于外而存于心，性也；

---

① 李德身：《王安石诗文系年》，陕西人民教育出版社 1987 年版，第163 页。
② 李之亮：《王荆公文集笺注》，巴蜀书社 2005 年版，第1217 页。
③ 李之亮：《王荆公文集笺注》，巴蜀书社 2005 年版，第1217 页。
④ 李之亮：《王荆公文集笺注》，巴蜀书社 2005 年版，第979 页。

喜、怒、哀、乐、好、恶、欲发于外而见于行，情也。性者情之本，情者性之用，故吾曰性情一也。"① 从体用一源的观点出发认为性情一致，情有善恶，则性也有善恶。又说："若夫善恶，则犹中与不中也。"中就是善，就是符合性的本来特征，不中就是恶，是由于没有符合性的本来特性所导致的。所以性从本性上讲是善的。

从以上对王安石的几篇有关人性论的专论来看，它们都论述了相同的思想，都表达了性本善和后天之性有善有恶的思想。这种人性论思想很显然是对孟子性善论的继承与弘扬，是在北宋新的学术环境下所产生的具有开启时代学术新思潮的思想。王安石虽然没有用天地之性表述性本善之性，也没有用气质之性表达有善有恶的后天之性，但是这种思想的实质内容已经提出来了。因而对张载的天地之性与气质之性的提出具有直接的启迪作用，进而对整个理学思想的发展都产生了不容忽略的影响。而这种思想又是继承孟子性善论的结果，因此，孟子对王安石以至整个北宋儒学发展的影响都是显而易见的。

孟子的性善论是其学术思想和政治思想的基础，盖学术思想以仁爱为中心，而人为什么有仁爱的精神品质，就是因为人性本善。其政治思想注重推行仁政，为什么可以实行仁政，就是因为人性善，所以大家都向往仁政，都会拥护仁政。所以，孟子的政治思想与学术思想是紧密关联在一起的，形成了一个有机的整体。而王安石在这两个方面都继承和弘扬了孟子的思想，因此，从来源上来看，王安石的政治思想与学术思想也是联系在一起的。但是我们也不用刻意在他的人性论与政治思想中寻求某种关联，盖学术的发展与政治的关系，愈到后来愈是互相独立。但是有一点是可以肯定的，王安石的人性论开启了新的时代学术潮流②；其积极于变法图强似乎也是看出了后天之性的塑造是与环境有很大的关系使然，因而就要极力改变那种因循守旧的局面，为人性走向豁然开朗的境地创造应有的条件，做出他应有的努力。

五、余论

北宋时代是一个政治文化上都发生了剧烈变动的时代，儒释道三家在融合的趋势之中互相争夺在思想领域的霸主地位，而儒家在此过程中表现出强有力的活力，在吸收佛道思想的过程中建立了属于自己的心性之学，因而逐渐取得了在思想领域争夺中的主导权。在政治上为了强国富民，统治者也需要有力的

---

① 李之亮：《王荆公文集笺注》，巴蜀书社 2005 年版，第1062 页。
② 参见胡金旺：《王安石人性论的发展阶段及其意义》，载《孔子研究》，2012 年第 2 期。

思想支援。而在这两方面孟子的思想都提供了可以充分挖掘的资源，王安石敏感地意识到了孟子的思想在当时代的价值，因而高举孟子的旗帜一跃成为时代的领跑者。王安石的孟学思想不仅开启了建设儒家心性之学的浪潮和在政治上为其变法做了思想宣传和论证，同时也极大地提高了孟子的地位，成为孟子升格运动中贡献最著的关键性人物。

　　总之，王安石从建立儒学的道德性命之学和强国富民的目的出发，在心性论与政治思想上充分认可了孟子的思想，这比起同时代学者们的孟子之学要更加激进，更加独树一帜。王安石在政治思想上和哲学上接受了孟子之道，而非孟学派的李觏等则认为孔子之道是"君君臣臣"，即"正名"之道，因此，完全否认了孟子的君臣观①，尊孟派的程颐也只是在哲学上接受了孟子之道，在君臣关系上其观点则"严格限制在君臣上下有分的框架之内"②。由此可见，宋代学者们即使在尊孟派内部对孟子之学的认可程度也是不同的，而王安石可谓是孟子之学最全面的继承者。

---

① 来源于：http：//www. docin. com/p - 65880997. html. 25。
② 刘成国：《荆公新学研究》，上海古籍出版社 2006 年版，第15 页。

论王安石与苏轼孟学思想之差异[①]

唐宋之际是一个思想文化转型的时期。面对佛学在内圣之学上对儒学的挑战和禅宗在"入世转向"上的启发[②]，韩愈提出了道统说[③]。他极大地提高了孟子在儒家先师中的地位，也开启了后世儒家学者从内圣和外王两个层面建构儒家学说体系的复兴儒学的新运动。其中对孟子地位的提高，被周予同先生概括为孟子升格运动[④]。至北宋时期，这个复兴儒学的运动仍然处于上升时期，其中王安石吸收孟子的思想资源所建构的道德性命之学及其在此基础之上建立的外王之学影响最大，他极大地促进了儒学的振兴和孟子升格运动的发展，而苏轼也借助孟子的性善论与政治思想对现实政治做出了回应，苏轼的孟学思想也是宋学的一个有机组成部分，共同促进了儒学的复兴，其中的辨孟部分从反面对孟子升格运动的发展做出了贡献。本文即是通过对王安石与苏轼孟学思想的比较以便更清楚地发现他们孟学思想的差异、实质及其影响。

一、对孟子态度的差异

王安石在个性上与孟子很相似，他视孟子为知己。他在诗中写道："沉魄浮魂不可招，遗编一读想风标。何妨举世嫌迂阔，故有斯人慰寂寥。"[⑤] 又说：

---

① 原载《华北电力大学学报》，2012 年第 3 期。

② 余英时：《唐宋转型中的思想突破》，来自中国选举与治理网 http：//www. chinaelections. org/newsinfo. asp? newsid = 178689。

③ 韩愈在《原道》中写道："曰：斯吾所谓道也，非向所谓老与佛之道也。尧以是传之舜，舜以是传之禹，禹以是传之汤，汤以是传之文武周公，文武周公传之孔子，孔子传之孟轲。轲之死，不得其传焉。"（韩愈：《韩昌黎文集校注》，马其昶校注，马茂元整理，上海古籍出版社 1986 年版，第 18 页）

④ 周予同：《群经概论》，中国书籍出版社 2006 年版，第 163—164 页。

⑤ 王安石：《王文公文集》（上），唐武标校，上海人民出版社 1974 年版，第 775 页。

"欲传道义心虽壮，学作文章力已穷。他日若能窥孟子，终身何敢望韩公。"①
因此，王安石向孟子学习是要以孟子自比，做新时代的孟子，是从思想和人格
上的全盘效仿，而不是单纯地向他汲取一些有价值的东西。

在王安石现存最早的文章《送孙正之序》中，他说："时乎杨、墨，己不然
者，孟轲氏而已，时乎释老，己不然者，韩愈氏而已。如孟韩者，可谓术素修
而志素定也，不以时胜道也……予官于杨，得友曰孙正之。正之行古道，又善
为古文，予知其能以孟、韩之心为心而不已者也。"② 这段话的精髓就是不以时
胜道，要坚守道的立场，不能随波逐流。这种以道自任的精神也得自孟子，孟
子说："天下有道，以道殉身；天下无道，以身殉道；未闻以道殉乎人者也。"③
二程由此称赞孟子道："若孟子之时，世既无人，安可不以道自任。"④ 王安石
正是继承了孟子以道自任的精神。

《河南程氏外书》也记载道："王介甫为舍人时，有《杂说》行于时，其粹
处有曰：'莫大之恶，成于斯须不忍。'又曰：'道义重，不轻王公；志意足，不
骄富贵。'有何不可？伊川尝曰：'若使介甫只做到给事中，谁看得破？'"⑤ 这
种思想完全是孟子威武不屈、富贵不淫的翻版。

可见王安石学孟子、做孟子的实质是要继承孟子的大道，他要用这种大道
重整人间秩序。他在早期是要以孟子、韩子之心为心，而在后来思想成熟期，
越过了韩愈而将"窥孟子"确定为自己的终身职志。王安石认为孟子是儒家道
统谱系上的一位重要传承人，而他要引领时代风气伟岸的精神人格又与孟子最
相切合，因此，孟子自然就成了他最好的学习楷模。基于对孟子这样的认识，
王安石对孟子的评价当然是很高的⑥。比起苏轼来，他实际上是站在孟子的立
场上来评价孟子。遍检王安石的著作，他只是在晚年由于各种变故，遂投向佛

---

① 王安石：《王文公文集》（上），唐武标校，上海人民出版社 1974 年版，第620页。
② 王安石：《王文公文集》（上），唐武标校，上海人民出版社 1974 年版，第433—434页。
③ 杨伯峻：《孟子译注》，中华书局 1960 年版，第321页。
④ 〔宋〕程颢、程颐：《二程集》，中华书局 1981 年版，第15页。
⑤ 〔宋〕程颢、程颐：《二程集》，中华书局 1981 年版，第434页。
⑥ 王安石对孟子的评价是百般呵护与迁就，但是对荀子却是直言不讳地批判，在《周公》
　 中，王安石以为荀子对周公的记载不实。如果周公是如此，则周公在政治上必然是愚蠢
　 的。〔王安石：《王文公文集》（上），唐武标校，上海人民出版社 1974 年版，第302
　 页〕

教信仰中寻求精神慰藉，才在《原性》中对孟子的性善论有所批评①。

苏轼也像王安石一样非常推崇孟子，学孟子的为人和为文，但是苏轼与王安石最大的不同，是不以孟子自比，而是对孟子的思想有取有舍。苏轼与孟子的八辨②，十分清楚地显露出他所不赞同的孟子思想，而这正是他与王安石孟学思想差异的地方。苏轼的辨孟思想，主要涉及两个方面的问题：一是反对孟子的性善论，一是对孟子的权变思想提出了质疑。本文即是从这两个方面来比较他们孟学思想之差异。通过这种比较分析，我们就能发现那个时代学者们的论争及其实质之所在，从而从一个侧面揭示宋代政治文化的发展状况。

二、对孟子性善论的分歧

儒学在经历几个世纪的漫长衰落之后，自唐中后期以来由于社会政治变动的影响以及儒家学者的积极努力，缓慢地复兴起来。尤其是到了北宋时期，学者们更是有意识地抛弃了烦琐腐朽的章句训诂之学，转而重视发挥微言大义的义理之学，而此后性理之学的勃兴更是成为宋学繁荣的标志。义理之学使儒生从故纸堆中解放出来，开始运用自己的理性与智慧对待佛道在思想领域的挑战，从而对儒学心性论做出了突破性的贡献，开启了宋代学术的核心课题——性理之学。而宋学的性理之学正是由王安石开启的③，这种开创精神又是与孟子息息相关的。孟子思想的号召力对于儒家知识分子来说，当然是苏轼融合儒佛道思想而形成的理论不可比拟的（详后）。因此，王安石借鉴孟子思想而构建的心性论更能振奋人心和更能产生巨大的凝聚力，在当时学界产生了广泛的影响。

王安石人性论主要是吸收了孟子的思想，是针对当时儒家性命之学的衰微现状所做出的努力。韩愈从禅宗的入世转向中受到启发，提出了道统论，是要为儒家更深层次的入世转向做形而上的论证。因此，从他开始，儒家人物就有意识地建立自己的道德性命之学，以与佛家的心性论相对抗，同时否定佛家之

---

① 王安石在《原性》中说："孟子言人之性善，荀子言人之性恶。夫太极生五行，然后利害生焉，而太极不可以利害言也。性生乎情，有情然后善恶形焉，而性不可以善恶言也。此吾所以异于二子。"［王安石：《王文公文集》（上），唐武标校，上海人民出版社1974年版，第316页］

② 苏轼说："吾为《论语说》，与孟子辩者八。吾非好辩也，以孟子为近于孔子也。世衰道微，老、庄、杨、墨之徒皆同出于孔子，而乖离之极，至于胡越。今与老、庄、杨、墨辩，虽胜之，其去孔子尚远也。故必与孟子辩，辩而胜，则达于孔子矣。"［余允文：《尊孟续辩》（卷下），四库全书本］

③ 陈植锷：《北宋文化史述论》，中国社会科学出版社1992年版，中国社会科学出版社1992年版，第226—233页。

道对现实世界的舍离姿态①。王安石沿着韩愈所开辟的道路继续前进，在心性论上取得了重大突破。这就是王安石的心性论不仅是对孟子性善论的继承，而且也指出在人性本善的同时，由于后天之"习"的作用，导致后天之性有善有恶。

王安石在《再答龚深甫〈论语〉〈孟子〉书》《性情》《性说》和《扬孟》等作品中阐述了性有善有恶之思想。他在《性说》中阐述了"习以成性"的思想。对孔子的"唯上智与下愚"做出了创造性的解释，认为上智是习于善的结果，而下愚是习于恶的结果，上智和下愚不是天生如此。在此文中，王安石仍然坚持从本质上讲人性是善的看法，他说："是果性善，而不善者，习也。"在《扬孟》篇中，王安石在阐述了人性有善有恶之后，仍不忘交代人性本善的看法，说："夫人之生，莫不有羞恶之性，且以羞恶之一端以明之。"在其他两文中也阐述了相同的思想，而这几篇作品都是完成于变法前夕的嘉祐、治平年间，表明是王安石思想成熟期的作品。因此，王安石的人性论不仅开启了当时学界"非性命之理不谈"的学术风气，而且直接启发了张载天地之性和气质之性的提出，从而对整个理学的发展都产生了重大的影响。总之，王安石始终坚持在性善论的前提下讨论人性论问题，是对孟子人性论的继承与发扬光大。

在王安石看来，性命道德之学是为己之学，只有先学好了它，才能够去为人。更重要的是，道德性命之学是现实行为的形而上的根源，因而只有将其建立好，才能够为我们的思想和行为打下一个扎实的根基。在王安石的思想中，道德性命之学的形上性质也是非常明显的。他说："孔子以为示之以好恶而民知禁，今曰'无有作好，无有作恶'，何也？好恶者，性也；天命之谓性。作者，人为也；人为则与性反矣。书曰：'天命有德，五服五章哉！天讨有罪，五刑五用哉！'命有德，讨有罪，皆天也；则好恶者，岂可以人为哉？所谓示之以好恶者，性而已矣。"② 要顺天知命，才能够率性而为。这就是王安石为何重视性命之学的根本原因。

与王安石对孟子人性论的继承与发展不同，苏轼针锋相对地提出了性善只是从"继之者善"的角度而言，就性本身而言，则无所谓善恶。他在《论语说》中说："成道者性，而善继之耳，非性也。……性其不可以善恶命之，故孔

----

① 余英时：　《唐宋转型中的思想突破》，来自中国选举与治理网 http：//www. chinaelections. org/newsinfo. asp？ newsid＝178689。
② 王安石：《王文公文集》（上），唐武标校，上海人民出版社1974年版，第288页。

子之言曰：'性相近也，习相远也。'"① 性虽然是无善无恶的，但却是难以认识和言说的。在《苏氏易传》中，他说："古之君子，患性之难见也，故以可见者言性。夫以可见者言性，皆性之似也。……命之与性，非有天人之辨也，至其一而无我，则谓之命耳。"②

综合以上二则引文来看，苏轼在后期的作品中偏重从本体之性来言性，因为性是难见的，并且这种性具有"无我"的特点。因此，苏轼后期的性受到了佛教性空思想的影响，与其前期的性具有不同的特点。前期的性偏重从自然之性的角度来论性。有关的论述集中于嘉祐六年应制科所上《中庸论》等二十五篇中，当时苏轼只有二十六岁。在《扬雄论》中，他说："人生而莫不有饥寒之患，牝牡之欲，今告乎人曰：饥而食，渴而饮，男女之欲，不出于人之性也，可乎？是天下知其不可也。圣人无是，无由以为圣；而小人无是，无由以为恶。圣人以其喜怒哀惧爱恶欲七者御之，而之乎善；小人以是七者御之，而之乎恶。由此观之，则夫善恶者，性之所能之，而非性之所能有也。"③

早期从养生的角度来论性，主要是受到了道家思想的影响，但是与后期一样依然认为性是无善无恶的。这一点没有任何改变。可见，苏轼人性论在前后期有所变化，只是都受到了儒家以外佛道思想的影响。在后期，苏轼更是明白地指出，所谓性善，是从继之者的角度来说的。这就是苏轼为什么反对孟子性善论的根源。

三、对孟子经权思想的分歧

与苏轼对孟子权变思想的质疑不同（详下），王安石继承和发扬了孟子的权变思想，并以此为思想武器实行变法④。儒家先师孔孟对权都是十分重视的⑤，权是相对通常准则所采取的灵活性，这种通常准则我们可以称为"常"或者"经"（"经"的提法是根据汉儒"反经合道"而来）。根据金生杨《王安石＜易解＞与＜孟子＞关系刍议》和杨倩描《王安石＜易＞学研究》的研究，我们知道王安石在《易解》一书中充分阐述了权变思想，但是我们何以知道王安石

---

① 曾枣庄、舒大刚：《三苏全书·论语说》（第3册），语文出版社2001年版，第255页。
② 曾枣庄、舒大刚：《三苏全书·苏氏易传》（第1册），语文出版社2001年版，第142—143页。
③ 苏轼：《苏轼文集》，孔凡礼点校，中华书局1986年版，第111页。
④ 杨倩描：《王安石〈易〉学研究》，河北大学出版社2006年版，第190—199页。
⑤ 孔子说："可与共学，未可与适道；可与适道，未可与立；可与立，未可与权。"（《论语·子罕》）孟子也说："男女授受不亲，礼也，嫂溺援之以手，权也。"（《孟子·离娄上》）

的权变思想是受孟子思想的影响呢？以上二位著者的研究在这个问题上似乎语焉未详。通过翻检王安石的著作，我们发现在王安石的一封书信中明确引用了孟子的话阐述权变思想，从而找到了王安石的权变思想受到了孟子影响的确切证据。

在《再答龚深父〈论语〉〈孟子〉书》中，王安石说："孟子曰：'男女授受不亲，礼也。嫂溺援之以手者，权也。'若有礼而无权，则何以为孔子？天下之理，固不可以一言尽。……孔子与蒲人盟而适卫者，将以行法也；……孔子适卫，非蒲之所能制，则孔子何为而不适卫？盖适卫然后足以明义，此孔子之所以适卫也。"① 此封书信作于治平初年（1064—1067），而《易解》作于嘉祐年间（1056—1063）②，可见王安石不仅在此封书信中引用孟子的原话表达了权变思想，而且表明对《易解》中的权变思想的解释也深受孟子的影响，因为它们作于相近的时期。

再从它们的内容来看，这两篇作品之间的联系也是一脉相承的。"天下之理，固不可以一言尽"，此言表明我们要根据实际情况做出相应的决定，如果只是死守教条（一言），就可能因不知变通、措施不当而导致行为失败。"孔子与蒲人盟而适卫者，将以行法也"。"行法"，即是行权法，而行权法的目的在于"明义""盖适卫足以明义"。在此封书信中，王安石不仅提到了孟子论述"礼"与"权"的例子，而且其阐述权变思想的依据与手法都与《易解》强调"辨义"和"行权"如出一辙。因此，在这两份写于相近时期的著作里的权变思想都受到了孟子思想的影响。由于学者们在研究王安石的权变思想时还没有提到这封书信，而此封书信对于王安石的权变思想与孟子的联系又是至关重要的，所以特拈出来以做补充。

王安石权变思想的成就在于将经权关系总结为"辨义行权"，一扫汉儒在"反经合道"上模糊不清的说法。汉儒没有辨明怎样才能"合道"与"行权"，而王安石明白指出行权的准则就是"辨义"，而"辨义"与"知几""趋时"紧密联系在一起。所以，王安石将"辨义行权"发展成一套比较完备的理论，对儒家的经权思想做出了创造性的发挥。

王安石对儒家传统权变思想的发挥是其锐意变革精神的体现。他要改变这种因循守旧的局面，就必须在儒家传统中挖掘思想资源，以便为其变法措施提供理论依据。他的这种思想开始得到儒家学者大多数人的响应，但是后来由于

---

① 李之亮：《王荆公文集笺注》，巴蜀书社 2005 年版，第1217 页。

② 高克勤：《王安石著述考》，载《复旦学报》（社会科学版），1988 年第 1 期。

变法措施不当，有些学者转而改变了对他的支持态度，对其前期作品中的一些思想也变为声讨与批驳。这种前后期儒家学者截然不同的态度表明他们对前期作品的追究主要是由于变法的影响而导致的结果。

苏轼的心性论是从性命之学的角度为其政治思想做论证的。正是因为性无善无恶，所以，具有无的特点，而我们要体认这个具有无的特点的性就必须使自我达到无的境界。在现实世界中，我们只有遵循了客观规律和由情本论所确立的社会规范才能做到，所以，从新儒家所重视的人文之道来看，道的境界与情本论所确立的社会规范是一致的，这样苏轼就为其情本论①做了哲学的论证，从而使其情本论具有了哲学根源的意义。从重视情本论出发，苏轼认为对与情本论相一致的社会规范的遵守应当不可移易。社会规范的主要表现在礼与法，苏轼认为礼法一旦确定，就不能擅自改变。从这个立场出发，苏轼对孟子的权变思想提出了质疑。

对孟子权变思想的质疑我们可以通过对苏轼在其经学著作《论语说》中的"与孟子辨者八"②的考察而得以概观。

辨者七是"较礼食之轻重"的问题。苏轼以为如果像孟子那样较礼食之轻重，就会出现对礼进行去取的情况，而这就可能导致"私意权之"的结果。苏轼说："或曰：'嫂叔不亲援，礼也。嫂溺而不援，曰礼不亲援，可乎？礼有时而去取也。'曰：'嫂叔不亲援，礼也。嫂溺援之以手，亦礼也，何去取之有？'"③ 苏轼以为嫂叔不亲援是礼，而嫂溺叔援之以手也是礼，而不是去礼之权，苏轼以此来反对"私意权之"。可见，他是将权当作礼的对立面来认识的。但他完全是从名义上否定权的合法性，而对其实质的认同与孟子并没有什么差异，这只能表明苏轼对权变思想怀着高度戒备心理。在辨者五中，苏轼所说到的"言必信，行必果"之说④也是这样。他说："今也以'不必信'为大，是开废言之渐，非孔子去兵去士之意。"孟子仍然是从权的角度来立论，而苏轼从杜绝废言的动机出发，对权表现出否定的态度。

在孟子八辨中，我们可以看到苏轼在其他几个争辩中，例如"久假不归，

---

①　有关情本论的论述请参看胡金旺：《苏轼与王安石在〈尚书〉诠释上的分歧》，载《兰州学刊》2012 年第 2 期。

②　有关苏轼的"与孟子辨者八"内容的详细阐述参见金生杨的《论苏轼的孟学思想》，来源于：http://www. hubei. gov. cn/zwgk/rdzt/szlqzt/es3mp/dbslvy/dbslywok/dbslygjlt/201011/t20101102_ 126777. shtml

③　曾枣庄、舒大刚：《三苏全书·论语说》（第 3 册），语文出版社 2001 年版，第223 页。

④　曾枣庄、舒大刚：《三苏全书·论语说》（第 3 册），语文出版社 2001 年版，第233 页。

恶之其非有""以生道杀民""食色，性也""大人者言不必信"和"今乐犹古乐"等问题都贯彻这种思想，不仅是对孟子思想的一种反对，更是针对现实政治而言的。他说："今立法不从天下之所同，而从其所未尝有，以开去取之门。使人以为礼有时而可去取也。则将各以其私意权之，其轻重岂复有定物。从孟子之说，则礼废无日矣。"① 为了防止对礼"开去取之门"，苏轼否定了权之存在的合理性，无疑是矫枉过正的一种做法，但其中也包含着他的良苦用心。对苏轼辨孟这种思想动机，余允文与王若虚似乎都没有指出。

基于同样的考虑，不只是苏轼对《周易》中的"巽以行权"的解释用一种付之阙如的方法来处理以表示一种无言的反对，在此之前的司马光和同时的程颐也用不同的方式表达了反对的态度②。更可以看出苏轼的"辨孟"思想及其他一些学者的疑孟言论，在当时的政治文化背景下不仅是对孟子更是对现实思潮与政治的一种回应，具有托古讽今的意味。

苏轼反对权变，主张维护封建社会的稳定为主。但是也并不意味着苏轼是反对变革的，相反，苏轼是主张变革的，只是主张渐变，而不是激变③。

概而言之，苏轼认为礼要随着时代和人情的变化而变化，这个人情又不是个人之情，而是公众之情，所以礼一经确认以后，个人就不能轻易改变它，只能由公众之情来改变。所以苏轼反对个人色彩较为浓厚之权变，而主张公众决定的都是礼，不是权，从而达到防止权变被滥用的目的。

四、余论

由以上的分析，我们可以总结出王安石与苏轼孟学思想的实质就是要用他们所构建的心性论思想体系为其政治思想做论证，从而表达了他们对社会变革的政治主张与理想。在当时北宋社会正在酝酿和实施的变革活动中，士大夫各自提出了自己对社会变革的设想和措施。而王安石的主张和措施又正是在当时得以实行，作为反对派的苏轼也提出了针锋相对的主张和设想。因此，王安石与苏轼的孟学思想都与这个政治文化的背景息息相关，是他们对现实社会问题深刻关注的结果。

王安石与苏轼孟学思想的影响由于各自思想的差异也是不同的。王安石开启了儒家学者谈论心性的风气，理学家实际上是接过王安石所开的新风继续前

① 余允文：《尊孟续辨》卷下，四库全书本。
② 李之亮：《王荆公文集笺注》，巴蜀书社 2005 年版，第198—199 页。
③ 曾枣庄：《三苏研究——曾枣庄文存之一》，巴蜀书社 1999 年版，第179 页。

进的，在政治思想上更是如此。余英时先生说过，王安石与程颐落在了同一个政治文化的框架之中①。朱维铮认为理学实际上成了变法失败的遗嘱执行人②。从这个角度讲，王安石的孟学思想对之后儒学的发展影响重大。

在执政期间，王安石更是凭借其得君行道的独特条件在政治上进一步提高了孟子的地位。他通过科举考试的方式将《孟子》提高到经典的地位，从而使得《孟子》与《论语》同升为儒家经典，也将周孔、孔颜并称变为孔孟并称。在祭祀中，孟子得以配享孔庙。所有这一切都极大地提高了孟子的声望和影响，因而使得王安石成为孟子升格运动中做出了重大贡献的儒家学者。

而苏轼的人性论是对儒佛道思想一视同仁地吸收借鉴，虽然其最终的落脚点是儒家，但是却带有更多的佛道色彩。因此，儒家学者认为苏轼的性命之论更接近佛道，王若虚说："孟子语人每言性善，此止谓人之资禀皆可使为君子，盖诱掖之教。而苏氏曰孟子有见于性而离于善，善非性也，使性而可以谓之善，则亦可以谓之恶。"因而其说"近于释氏之无善恶，辨则辨矣，而非孟子之意也"③。朱熹在《杂学辨》中辩难《苏氏易传》，也以为苏轼非性善之说坠入了佛老思想，而与儒家思想相乖违。

虽然苏轼只是利用了外道的形式，而在根本取向上仍然无疑是儒家。但我们要看到宋代儒家主要使命是振兴中衰的儒学，而建立儒家自己的心性之学以与佛道相对抗是一项中心使命。而苏轼的做法很显然不利于独立建立儒家自己的心性之学，对孟子性善论的反对显然对孟子升格运动也形成了一种冲击④。当然这种冲击也更能激起尊孟派的回击，从而在另一种意义上促进了孟子升格运动向纵深发展⑤。

综合以上的分析可见，王安石以孟子自比，要做新时代的孟子，因而对孟

① 余英时：《朱熹的历史世界——宋代士大夫政治文化研究》，生活·读书·新知三联书店 2004 年版，第 64 页。

② 朱维铮：《中国经学史十讲》，复旦大学出版社 2002 年版，第 24 页。

③ 王若虚：《滹南集》卷八，四库全书本。

④ 徐洪兴的文章认为苏轼不是典型的非孟派。他说："苏东坡并不极力'尊孟'，但也绝不极力'非孟'，这或许才是比较公允的说法。"（徐洪兴：《思想的转型——理学发生过程研究》，上海人民出版社 1996 年版，第 129 页）

⑤ 有的学者认为苏轼的辨孟与理学家的尊孟形成一对矛盾，共同促进了孟子升格运动的发展。并且认为尊孟派对孟子升格运动发展的作用是似升实降了。这种看法前半部分还有某种程度上的合理性，后半部分就值得商榷了。因为它与矛盾对立的双方肯定的一方对事物的发展起主要促进作用的哲学原理相违背，而且在孟子升格运动中贡献最著的王安石没有凸现出来，也是不符合实际的。（王水照、朱刚：《苏轼评传》，南京大学出版社 2004 年版，第 148—151 页）

子的思想采取了完全尊信的态度，而苏轼对孟子的思想却是有取有舍，反对孟子的性善论和权变思想，因而与王安石的孟学思想形成了强烈对比。他们的孟学思想在道德性命之学上和政治思想上对孟子的思想都做出了回应。他们都意识到性命道德之学是为其政治思想做论证和根据的，因此，他们的道德性命之学与政治思想有着非常密切的关系，是内圣外王模式在他们思想建构中的反映。他们的孟学思想从正反两个方面在心性论和政治思想上都促进了孟子升格运动的发展。

附录五

苏轼与王安石在《尚书》诠释上的分歧①
——以他们的哲学思想为视角

众所周知，苏轼的《东坡书传》主要是有感于王安石的《尚书新义》而发，到底是什么触动了东坡的神经使得他要以老迈之躯奋经年之力完成这本批驳王安石的著作呢？我们认为正是因为苏轼与王安石在哲学思想上的差异导致了苏轼对《尚书》的看法与王安石有了根本的分歧，才使得苏轼如鲠在喉，不得不吐为快。对于《尚书》的诠释，苏轼与王安石在哲学上的根本分歧主要表现在王安石重视智性的作用，而苏轼的哲学是以情本论为基础的。

一

苏轼的最高哲学范畴是道，他认为作为最高本体的道其实是难以认识和不可说的。他说："道之难见也甚于日，而人之未达也，无以异于眇。"② 又说："道之可名言者，皆非其至。"③ "圣人知道之难言也，故借阴阳以言之……"④ 虽然道不可说，但我们如能做到无心就能体认到它，他说："夫无心而一，一而信，则物莫不得尽其天理以生以死。"⑤ 又说："故《金刚经》曰：一切圣贤，

① 2010 年度四川省教育厅社会科学科研基地项目"苏轼与王安石哲学思想比较研究"（10ZX007）。原载《中州学刊》，2012 年第 3 期。
② 苏轼：《苏轼文集》，孔凡礼点校，中华书局 1986 年版，第 1981 页。
③ 曾枣庄、舒大刚：《三苏全书·苏氏易传》（第 1 册），语文出版社 2001 年版，第 243 页。
④ 曾枣庄、舒大刚：《三苏全书·苏氏易传》（第 1 册），语文出版社 2001 年版，第 351—352 页。
⑤ 曾枣庄、舒大刚：《三苏全书·苏氏易传》（第 1 册），语文出版社 2001 年版，第 346 页。

皆以无为法，而有差别。以是为技，则技疑神，以是为道，则道疑圣。"① 在苏轼看来，只有达到了无心的境界，才能体悟到道，道最大特点就是无。

苏轼的哲学建构主要体现在道与易的关系中，他说："相因而有谓之'生生'，夫苟不生，则无得无丧，无吉无凶，方是之时，易存乎其中而人莫见，故谓之道，而不谓之易。有生有物，物转相生，而吉凶得丧之变备矣。方是之时，道行乎其间而人不知，故谓之易，而不谓之道。"② 这表明，苏轼认为道与易是联系在一起的，道是世界的本体论根源，而易是世界生成的宇宙论根源。

道寓于易中，我们只有通过易应物达到了无心的境界才能体认到道。他说："夫男者岂乾以其刚强之德为之，女者岂坤以其柔顺之道造之哉？我有是道，物各得之，如是而已矣。"③ 在《东坡书传》中，他说："善者自遂，恶者自亡。汤岂有心哉？应物而已。"④ 苏轼还以为应物做到无心有一个探索的过程，只有做到了"莫知其所以然而然"的境界，才算是达到了无心的最高层次，也就是道的最高境界。他说："犹器之于手，不如手之自用，莫知其所以然而然也。性至于是，则谓之命。"⑤ 又说："及其相忘之至也，则形容心术，酬酢万物之变，忽然而不自知也。"⑥ 而怎样做到应物而不自知，一个标准就是要没有私念⑦，另一个标准就是情本论。无心也并不是什么也不做，什么也不遵循，只是不要用自己的私心来应物，则能应物而不累于物，这就是无心。在《东坡书传》中，苏轼说道："未尝作事也，事以义起；未尝有心也，心以礼作。"⑧ 将事情做得符合义与礼，则我们就能在道义上做到真正的心无挂碍，否则，所谓的无心也就是麻木不仁。可见，苏轼无心思想虽来自佛道思想的启迪，但是却融进了儒

---

① 苏轼：《苏轼文集》，孔凡礼点校，中华书局 1986 年版，第390 页。
② 曾枣庄、舒大刚：《三苏全书·苏氏易传》（第 1 册），语文出版社 2001 年版，第357 页。
③ 曾枣庄、舒大刚：《三苏全书·苏氏易传》（第 1 册），语文出版社 2001 年版，第345 页。
④ 曾枣庄、舒大刚：《三苏全书·东坡书传》（第 2 册），语文出版社 2001 年版，第15 页。
⑤ 曾枣庄、舒大刚：《三苏全书·苏氏易传》（第 1 册），语文出版社 2001 年版，第142 页。
⑥ 苏轼：《苏轼文集》，孔凡礼点校，中华书局 1986 年版，第390 页。
⑦ 在《思堂记》中，苏轼以为思不能是"世俗之营营于思虑者"，即思不能是个人私利之思虑。他说："是故临义而思利，则义必不果，临战而思生，则战必不力。……思虑之贼人也，微而无间。"（苏轼：《苏轼文集》，孔凡礼点校，中华书局 1986 年版，第 363 页）苏轼阐述了心存私念而不能做到无心给我们造成的危害，这是他从反面讲只有达到无心的境界才能悟道。
⑧ 曾枣庄、舒大刚：《三苏全书·东坡书传》（第 2 册），语文出版社 2001 年版，第15 页。

家积极有为的内容。他要求做事符合义与礼，而义与礼是以人情为基础的，所以苏轼的这个标准归根结底还是情本论的标准。苏轼说："夫圣人之道，自本而观之，则皆出于人情。……今夫五常之教，惟礼为若强人者。何则？人情莫不好逸豫而恶劳苦。"① 苏轼以为礼看起来有强迫人遵守的性质，因此，在五常之中给人的印象好像不是以人情为基础的。苏轼的言下之意是五常之中的仁义礼智信都是以人情为基础的，只是礼给人的印象有约束人言行的性质，但仍然是以人情为本的。苏轼将情本论提高到五常之本的高度，足见情本论在苏轼哲学中的重要地位。情本论是五常之本，也是做任何事的出发点和标准。

比起苏轼的哲学思想来，王安石的哲学自有其不同的特点。在人性论上，王安石不仅重视德性，而且也重视智性。由此，王安石进而认为一个完满的人不仅是一个道德完美主义者，而且还是一个能够利用自己的智力成就一番伟大事业的人。② 然而这样的人毕竟是少数，王安石由此就以为，凭借少数人的聪明才智就能担当起安邦富国的重任。这些人在实施自己宏图大计的时候，应不受广大民众意愿的影响，由此，他提出了"惟己"论。这就将智性思想发展成为夸大少数精英人物在创造历史过程中的作用，以至于可以对民意置之不理。因而容易忽视民众的意志和利益，并且将广大人民群众的困苦当作是为了达到更大的目标所付出的必要代价。这种鄙视民众意见的观点与苏轼的情本论发生了严重的冲突，因而表现在对《尚书》的诠释中，他们必然会产生严重的分歧。

二

王安石以为只要自己的政策措施从设计层面上做了切实可行的论证，也在小范围内取得了成功，那么这样的政策就一定要坚定不渝地推行下去。这个时候他就只看到了理论的可行性问题，而不会去顾及民众的接受能力和实际情况。在苏轼看来，王安石企图通过推行其"雷霆鬼神"之政来急速地扭转国家经济的不利局面而无法顾及老百姓的感受和实际处境，注定不会取得成功。而他的情本论从百姓的实际和愿望出发来办事，一定会给他们带来切切实实的利益，也一定会得到他们的拥护。总之，苏轼从情本论出发来解释《尚书》与王安石

---

① 苏轼：《苏轼文集》，孔凡礼点校，中华书局1986年版，第61页。
② 胡金旺：《王安石〈尚书新义〉的诠释特性》，载《南昌大学学报》（人文社会科学版），2011年第5期。

从强调精英分子智慧的作用的角度所做的解释存在根本性差异。

对《尚书·仲虺之诰》"惟王不迩声色……彰信兆民"的解释,王安石说道:"用人惟己,己知可用而后用之。"① 这种解释林之奇批评为"如此则是果于自任,而不从天下之所好恶也"②。王安石的这种"用人惟己"思想表现了对自己能力的自信和坚持己见的勇气,但是如果执政者将此种"惟己"论与倾听民众的呼声对立起来,则它就与刚愎自用、一意孤行没有什么差别了。事实上,王安石的惟己论与他在《尚书·大诰》中的另一处诠释联系起来看,就不免有如林之奇所批评的"不从天下之所好恶"之嫌。

王安石在解释《尚书·大诰》中的"爽邦由哲,亦惟十人,迪知上帝命"时说:"……欲大有为者,乃欲取同于污俗之众人乎?"③ 这种诠释抛开了原文的意思,真有些夫子自道的意味了。综合以上两则诠释来看,王安石虽然宣称其"惟己"论是在"为公"的前提下使用的④,但是如果在"惟己自用"的同时,将天下百姓称为"污俗之众人",则其惟己论就没有与民众的意志和愿望联系起来,作为要推行的与民众切身相关的政策的为公性就难以令人信服,则这样的惟己就等同于刚愎自用了⑤。

难怪苏轼要对此进行强烈地批驳,他说:"《盘庚》《大诰》皆违众自用者所以藉口也。使盘庚不迁都,周公不摄政,天下岂有异议乎?平居无事,变乱先王之政而民不悦,则以盘庚、周公自比,此王莽之所以作大诰也。"⑥ 苏轼批评了王安石鄙视民意,对他们的艰难处境无动于衷,反而以盘庚、周公自比的思想。但是盘庚、周公是顺应民意,为民众的利益着想的,因此,王安石根本无法与他们相提并论。苏轼在释《尚书·盘庚上》"王播告之修……民用丕变"

---

① 程元敏辑:《三经新义辑考汇评(一)——尚书》,(台北)"编译馆"1986年版,第75页。

② 程元敏辑:《三经新义辑考汇评(一)——尚书》,(台北)"编译馆"1986年版,第77页。

③ 程元敏辑:《三经新义辑考汇评(一)——尚书》,(台北)"编译馆"1986年版,第150—151页。

④ 王安石说:"用人惟己,则善者无不从;改过不吝,则不善无不改:此又所以合并为公,以成其大也。"〔程元敏辑:《三经新义辑考汇评(一)——尚书》,(台北)"编译馆"1986版,第75—76页〕

⑤ 与王安石同时代的程颐对他的违众自用也提出了强烈的批评,程颐说道:"介父当初,只是要行己志,恐天下有异同,故只去上心上把得定,他人不能摇,以是拒绝言路,进用柔佞之人,使之奉行新法。"(程颢、程颐:《二程集》,中华书局1981版,第45页)

⑥ 曾枣庄、舒大刚:《三苏全书·东坡书传》(第2册),语文出版社2001年版,第104—105页。

一节中指出不仁者不重视民意的做法无法与盘庚"敬民"的态度相比拟。他说："不仁者，鄙慢其民，曰：民可与乐成，难以虑始。故为一切之政，若雷霆鬼神。然使民不知其所从出，其肯敷心腹肾肠，以与民谋哉！今吾布告民，以所修之政，无所隐匿，是大敬民也。"① 对《尚书·大诰》"天棐忱辞，其考我民。予曷其不于前宁人，图功攸终"，苏轼解释道："天既助我，至诚之辞，其必考之于民，以验其实。我其不可与宁王之旧臣，图功之所终乎？"② 苏轼强调了周公东征是听从天的旨意和顺应民意的结果。可见，盘庚、周公不是私心自用，他们的决定是以民意为基础的。他们是从众而不是违众，这就与那些以同于"污俗之众人"为耻的违众自用者泾渭分明。

从情本论出发，苏轼主张要从众而不要违众自用，他的这种看法也多次出现在其他的议论之中。当王安石变法正如火如荼展开之际，苏轼在《上神宗皇帝书》中向神宗进谏道："是以君子未论行事之是非，先观众心之向背。自古及今，未有和易同众而不安，刚果自用而不危者也。"③ 罗大经在《鹤林玉露》中对苏轼的这个议论批评道："东坡嘉祐间作《思治论》曰：'所谓从众者，非从众多之口也，从其不言而同然者耳。'其说最好。然厥后荆公行新法，公上书争之，乃曰：'为国者未论行事之是非，先观众心之向背。'其说却有病，天下岂有悖理伤道之事，可以众心之所向而姑为之乎？宜其不足以服荆公，而指为战国纵横之学也。"④ 但是我们要看到苏轼"先观众心之向背"并非是要以民意决定当政者取舍的意思，而是要重视民意。如果民意是正确的，就要"有则改之"；如果民意是有问题的，就要"无则加勉"，像盘庚那样做劝导的功夫，以争取民众的支持。总之，不能对民意不予理睬甚至采取压制政策。苏轼以为这样做的目的是争取民心。他说："由此观之，人主之所恃者，人心而已。人心之于人主也，如木之有根，如灯之有膏，如鱼之有水……人主失人心则亡。"⑤

所以，在苏轼看来，从众的本质虽然是"从其不言而同然者耳"，但是为了获得民众的支持，获得人心，从政者"先观众心之向背"也是非常必要的，就是要顺应民意、劝导民意，而不是压制民意。因此，苏轼有关从众的思想前后并不是矛盾的。苏轼在《东坡书传》中用从众的思想反对了王安石的违众自用

---

① 曾枣庄、舒大刚：《三苏全书·东坡书传》（第2册），语文出版社2001年版，第38页。
② 曾枣庄、舒大刚：《三苏全书·东坡书传》（第2册），语文出版社2001年版，第102页。
③ 苏轼：《苏轼文集》，孔凡礼点校，中华书局1986年版，第730页。
④ 罗大经：《鹤林玉露》，中华书局1983年版，第111页。
⑤ 苏轼：《苏轼文集》，孔凡礼点校，中华书局1986年版，第730页。

的思想，在其他的地方也反复用这种符合情本论的观念与王安石不顾民意的思想倾向做了针锋相对的斗争。

苏轼、王安石对民意截然相反的看法导致了他们对之采取了不同的应对措施。王安石主张采取压制民意的做法，而苏轼则主张广开言路。对《尚书·盘庚上》"盘庚敩于民，由乃在位，以常旧服，正法度，曰：'无或敢伏小人之攸箴！'"，王安石解释道："小人之箴虽不可伏，然亦不可受人之妄言。妄言适足以乱性，有至于亡国败家者，犹受人之妄刺，非特伤形，有至于杀身者矣。故古之人塞逸说，放淫辞，使邪说者不得作，而所不伏者嘉言而已。"① 苏轼对此批评道："矇诵、工谏、士传言、庶人谤于市，此先王之旧服正法也。今民敢相聚怨谤，疑当立新法行权政，以一切之威治之。盘庚，仁人也。其下教于民者，乃以常旧事而已，言不造新令也；以正法度而已，言不立权政也。曰'无或敢伏小人之攸箴'者，忧百官有司逆探其意而禁民言也。盘庚迁而殷复兴，用此道欤！"② 王安石的做法是"使邪说者不得作"，显然是动用行政手段约束老百姓的言论自由。这种做法与苏轼主张的"常旧事"而"不造新令正法度""不立权政"的仁人做法背道而驰，因而将批判的矛头指向他。苏轼认为盘庚之所以能复兴商朝主要得益于他所实行的广开言路、体察民情的亲民政策。他说："……盘庚，德之衰也。其所以信于民者未至，故纷纷如此。然民怨谤逆命而盘庚终不怒，引咎自责，益开言路，反覆告谕，以口舌代斧钺，忠厚之至，此殷所以不亡而复兴也。后之君子厉民以自用者，皆以盘庚藉口，予不可以不论。"③ 释《尚书·盘庚中》"以民迁，乃话民之不率"，苏轼又说道："民之弗率，不以政令齐之，而以语言晓之，此盘庚之仁也。"④ 反对用政令来压制民意，主张对民众的"怨谤逆命"晓之以理、动之以情。

王安石对民意实行高压政策，并且相信这样会避免"亡国败家"和"杀身"的灾祸，因而过于相信行政手段所取得的立竿见影的效果，与重视高压政策相关，王安石也相信刑罚治理国家的作用。

---

① 程元敏辑：《三经新义辑考汇评（一）——尚书》，（台北）"编译馆"1986年版，第87页。
② 程元敏辑：《三经新义辑考汇评（一）——尚书》，（台北）"编译馆"1986年版，第87—88页。
③ 程元敏辑：《三经新义辑考汇评（一）——尚书》，（台北）"编译馆"1986年版，第93页。
④ 曾枣庄、舒大刚：《三苏全书·东坡书传》（第2册），语文出版社2001年版，第42页。

三

与反对用政令的简单办法来压制民意相关联，苏轼也反对过分依赖刑罚来推行政策法令的实施，这也是苏轼反对王安石《尚书新义》最大的原因。从《东坡书传》中，我们可以看到苏轼对王安石偏重用刑罚甚至用重刑的诠释进行了有力的批驳。

王安石解释《尚书·康诰》"人有小罪非眚，乃惟终，自作不典，时乃不可杀"时，说："人有小罪，非过眚也：惟终成其恶，非违误也。乃惟自作不善，原其情乃惟不以尔为典式也，是人当杀之无赦。乃有大罪，非能终成其恶也，乃惟过眚，原其情乃惟适尔，非敢不以尔为典式也。是人当赦之，不可杀。"①苏轼批驳道："信如此说，周公虐，刑杀非死罪，且教康叔以人之向背以为喜怒，而出入其生死也。法当死，原情以生之可也；法不当死，而原情以杀之可乎？情之轻重，寄于有司之手，则人人可杀矣。虽大无道、嗜杀人之君，不立此法，而谓周公为之欤！……末世法坏，违经背礼，然终无许有司论杀小罪之法，况使诸侯自以向背为喜怒，而专杀非死罪者欤！……予恐后世好杀者以周公为口实，故具论之。"②驳斥了王安石以向背为喜怒刑杀非死罪者的看法，以为这是好杀，是使用重刑。

苏轼反对重刑不仅在于这种刑罚给人们带来巨大的痛苦，而且这种手段也不能有效地治理社会，反而会加剧问题的严重性。这我们可以从苏轼批驳王安石对于《尚书·康诰》的解释中看得非常明白。这段经文的节略是这样的："……元恶大憝，矧惟不孝不友。……刑兹无赦。"王安石解释道："'乃其速由文王作罚，刑无赦，此父子兄弟所以为无可赦之道。'周公诰康叔速由文王作罚刑，而诛此不孝不友之人。盖殷俗之薄，非罚不能齐整其民而使之迁善，故其说不得不然也。"③对于殷俗不孝不友的陋习，王安石主张用刑罚加以整肃，苏轼对此大不以为然。他驳斥王安石道："……至于父子兄弟相为逆乱，则治之当

---

① 程元敏辑：《三经新义辑考汇评（一）——尚书》，（台北）"编译馆" 1986 年版，第155 页。
② 程元敏辑：《三经新义辑考汇评（一）——尚书》，（台北）"编译馆" 1986 年版，第155 页。
③ 程元敏辑：《三经新义辑考汇评（一）——尚书》，（台北）"编译馆" 1986 年版，第157 页。

有道，不可与寇攘同法。我将诲其子曰：汝不服父事，岂不大伤父心？又诲其父曰：此非汝子乎，何疾之深也？……曰'乃其速由文王作罚，刑兹无赦'，则民将辟罪不暇，而父子兄弟益相忿疾，至于贼杀而已。……"① 不孝不友的陋俗毕竟与寇攘不同，不可使用刑罚的手段，应当用晓之以理、动之以情的劝告方式加以逐渐改变。如果使用刑罚追求立竿见影的效果，则必然会适得其反，可能引发更加严重的骨肉相残的惨剧。

苏轼虽然反对王安石偏重刑罚的做法，但显然不意味着他忽视刑罚和法律在维护社会秩序和稳定上的作用，而是反对以依靠刑罚为主来治理国家。释《尚书·召诰》："其惟王勿以小民淫用非彝亦敢殄戮，用乂民，若有功"，王安石说："不敢慢小民而淫用非彝，亦当敢于殄戮有罪以乂民也。"② 这种诠释毫无顾忌地渲染了刑罚的作用，遭到了苏轼的反对，但他并未完全否定刑罚的作用。他说："刑固不可废也，而恃刑者必亡。"③ 所以苏轼的主张是符合儒家传统的德主刑辅的治国方针，而王安石以刑罚为主甚至采用重刑，则势必偏离了儒家的这个治国传统，其实质就有法家的申韩之术之嫌了。

对于法律，苏轼以为其固然不可缺少，但是光有良法还不行，还要有实行良法的人才，因此他主张人法并重。对《尚书·周官》中"以公灭私，民其允怀。学古入官，议事以制，政乃不迷"的话，苏轼解释道："先王人、法并立，而任人为多，故律设大法而已，其轻重之详，则付之人；临事而议，以制其出入，故刑简而政清。……今律令之外，科条数万，而不足于用，有司请立新法者，日益而不已。呜呼！任法之弊，一至于此哉！"④ 苏轼批评了当政者过分依凭法律条文的作用，则势必出现法律条文有限而现实情况变化无限之间的冲突，因此，就会陷入不断制定新法而实际又不够用的尴尬处境。从现代立法精神来讲，苏轼的这个批评当然是狭隘的，但是他强调执法者对于法律相辅相成的作用，则无疑是正确的。

苏轼的哲学强调"道可致而不可求""故凡不学而务求道，皆北方之学没者

---

① 程元敏辑：《三经新义辑考汇评（一）——尚书》，（台北）"编译馆"1986 年版，第 157 页。

② 程元敏辑：《三经新义辑考汇评（一）——尚书》，（台北）"编译馆"1986 年版，第 176 页。

③ 程元敏辑：《三经新义辑考汇评（一）——尚书》，（台北）"编译馆"1986 年版，第 177 页。

④ 程元敏辑：《三经新义辑考汇评（一）——尚书》，（台北）"编译馆"1986 年版，第 208 页。

也"①，以为要对事物进行反复的实践探索才能够达到精于用物的程度，任何事情都不是一蹴而就的，都有一个无法超越的过程。因此，苏轼反对王安石的激变，主张渐变。因为，这样的变化才能无法察觉，而这正是万物都遵循的变化轨迹，因而就更能减轻变化带给老百姓的影响和痛苦。在上文苏轼反对王安石主张对殷地陋俗采取刑罚的手段加以改变的批驳中，苏轼最后总结道："……舜命契为司徒，曰：'敬敷五教，在宽。'宽之言缓也；所以复其天性，当缓而不当速也。"② 任何事情都有其自身发展的过程，追求一蹴而就的效果反而会事与愿违，所以苏轼以为对老百姓要实行宽仁之政，改变他们的风俗宜缓不宜速。释《尚书·太甲下》"若升高而不自下，若陟遐必自迩"，他也说："迩者远之始，下者高之本。升高而不自下，陟遐而不自迩，慕道而求速达，皆自欺而已。"③ 反对急于求成，主张循序渐进。

总之，苏轼从做事的合乎情理性所要遵循的标准情本论出发，用从众的观点批判了王安石从智性出发而以为精英分子可以违众自用的思想。为了排除民意对推行新法的干扰，王安石在《尚书》的诠释中过分渲染了刑罚的作用，而苏轼以为刑罚虽不可少，但是治国决不可以过度依赖刑罚甚至重刑，因而对王安石《尚书新义》中有关这些方面的诠释提出了严厉的批判，这也是苏轼着意写作《东坡书传》的主要原因。苏轼的哲学主张精于用物，要达到这一点就必须在现实中反复实践磨炼，而绝对不是可以一蹴而就的。因此，苏轼用渐变的看法反对了王安石所实行的像"雷霆鬼神"一样的"猛政"的激变政策。可以看出，苏轼在《尚书》诠释上对王安石的批判是以其哲学思想为基础的，其中的分歧是二人的哲学思想在经学诠释中的必然反映。

---

① 苏轼：《苏轼文集》，孔凡礼点校，中华书局 1986 年版，第 1981 页。
② 程元敏辑：《三经新义辑考汇评（一）——尚书》，（台北）"编译馆" 1986 年版，第 157 页。
③ 曾枣庄、舒大刚：《三苏全书·东坡书传》（第 2 册），语文出版社 2001 年版，第 29 页。

附录六

道在易中：苏轼哲学体系略论[①]

苏轼的思想看起来十分庞杂，但是作为蜀学的代表人物，苏轼是具有独立思想的思想家。通过大量阅读他的著述，我们发现，在他庞杂思想的背后有一个十分清晰的哲学体系的支撑，因而使得他的著述思想散而不乱，共同凝练成了蜀学学派学术上一个重要的组成部分。本文即是通过对苏轼学术著作的研究，整理出的对他的哲学体系的论述。

一、苏轼的道及道与易的关系

苏轼的最高哲学范畴是道，道作为具有超越性的最高存在也是中国古代哲学的一个重要特征。从道所具有的超越性角度出发，苏轼认为道是难以认识和不可说的，我们只能去体认它。他说："道之难见也甚于日，而人之未达也，无以异于眇。"[②] 在《虔州崇庆禅院新经藏记》中，他写道："如来得阿耨多罗三藐三菩提，曰'以无所得故而得'。……以吾之所知，推至其所不知，婴儿生而导之言，稍长而教之书，口必至于忘声而后能言，手必至于忘笔而后能书，此吾之所知也。口不能忘声，则语言难于属文，手不能忘笔，则字画难于刻琱。及其相忘之至也，则形容心术，酬酢万物之变，忽然而不自知也。自不能者而观之，其神智妙达，不既超然与如来同乎！故《金刚经》曰：一切贤圣，皆以无为法，而有差别。以是为技，则技疑神；以是为道，则道疑圣。古之人与人皆学，而独至于是，其必有道矣。"[③]

如果用物达到了"相忘之至""不自知"的"神智妙达"的境界，这就与

---

① 2010 年度四川省教育厅社会科学科研基地项目"苏轼与王安石哲学思想比较研究"（10ZX007）。原载《中州学刊》，2012 年第 3 期。
② 苏轼：《苏轼文集》，孔凡礼点校，中华书局 1986 年版，第 1981 页。
③ 苏轼：《苏轼文集》，孔凡礼点校，中华书局 1986 年版，第 390 页。

如来的境界，即道的境界相同了，这个境界的特点是无，所以苏轼认同了《金刚经》"皆以无为法"的结论。但道又不是无，因为如果道是无，就与道不可言说相矛盾。他又说："得道者无物无我，未得者固将先我而后物。夫苟得道，则我有余而物自足，岂固先之耶？"① 自我能做到无就是一种无心的境界，所以苏轼在这个意义上将无心等同于无。这种无心或无的境界，就是一种"物我相忘""天人合一"的境界，对这种境界的追求正是儒家哲学的一个重要特征。

苏轼在说到道与易的关系时，说："相因而有，谓之'生生'。夫苟不生，则无得无丧，无吉无凶。方是之时，易存乎其中而人莫见，故谓之道，而不谓之易。有生有物，物转相生，而吉凶得丧之变备矣。方是之时，道行乎其间而人不知，故谓之易，而不谓之道。"② 在物未生成之时，宇宙空无一物，所以"谓之道，而不谓之易"，但是却有生物的可能性，因为"易存乎其中而人莫见"。苏轼又说："圣人知道之难言也，故借阴阳以言之，曰：'一阴一阳之谓道。'一阴一阳者，阴阳未交而物未生之谓也。喻道之似，莫密于此者矣。……若夫水之未生，阴阳之未交，廓然无一物而不可谓之无有，此真道之似也。阴阳交而生物，道与物接而生善，物生而阴阳隐，善立而道不见矣。"③ 如果将以上两则引文合看，则我们就可以看出苏轼所说的"廓然无一物"最类似于道，但又不是道的含义所在。因为廓然无一物是从易的角度而言，此时易还没有演化为万物，而易（物）很显然不是道，但是此时世界的表象又是无。因此，从与道最大的特点无之相同来说，此时的易最与道相似；但是从易不是道来说，"廓然无一物"，我们也不可以说是道。所以只能说最与道相似。苏轼认为道与易是联系在一起的，道是世界的本体论根源，而易是世界生成的宇宙论根源。

苏轼说在无物之阶段，最类似道，还是相对于万物生成之阶段"有"而言的。在他看来，万物生成以后，易就由廓然无一物发展成为有形有象之万物。此时，道就隐藏在物中，因此常常受到物的遮蔽；不像在物未生成阶段，彼时的道别无一物之遮蔽，因此表现得明显一些。所以苏轼将道呈现得明显的阶段称之为道，将易呈现得明显的阶段称之为易。这也表明道最显著的特性就是无，易最显著的特性是有形有象之万物。所以在物未成之阶段称为道，是相对于物已成之阶段称为易而言的。

---

① 苏轼：《苏轼文集》，孔凡礼点校，中华书局1986年版，第176—177页。
② 曾枣庄、舒大刚：《三苏全书·苏氏易传》（第1册），语文出版社2001年版，第357页。
③ 曾枣庄、舒大刚：《三苏全书·苏氏易传》（第1册），语文出版社2001年版，第351—352页。

从上文所引，我们还可以进一步看出苏轼所阐述的道与易的关系。在未生成物阶段，道与易就相辅相成。并非是有个道在前，而后有易。但是朱熹却抓住了苏轼"道与物接而生善"这句话而批评他将道与物分离，他说："故率性而行，则无往而非道。此所以天人无二道，幽明无二理，而一以贯之也。而曰阴阳交而生物，道与物接而生善。物生而阴阳隐，善立而道不见。善者道之继而已，学道而自其继者始，则道不令。何其言之谬耶？且道外无物，物外无道。今曰道与物接，则是道与物为二，截然各据一方，至是而始相接也，不亦谬乎？"① 但我们通过对苏轼道与易关系的考察，发现苏轼的本意是说物质始生，道即寓于其中，这并不表明：道寓于物有一个始点，它们原本是分离的。因为苏轼将易分成两个阶段，即无形无象的阶段和有形有象的阶段，在前一个阶段主要呈现为道，后一个阶段主要呈现为易。因此，物生成以后，似乎道这时才开始寓于物之间。但是我们就苏轼道与易自始至终相辅相成来看，道都是寓于易之中，不存在道与易分离的情况。所以，也不存在道与物分离的情况。苏轼这样说主要还是根据他对无形无象和有形有象两个阶段的不同特点来说的，前者主要表现为道，后者主要表现为易（物）。但从整个无形无象和有形有象都统称为易来看，苏轼的道都寓于易之中，因此，他的本意是以为道与易是不相分离的。这与朱熹的观点实际上是一致的。从苏轼"道行乎其间而人不知"更可以直接地看出，他是主张道行乎物之间，只是我们看不见罢了。

正如前文已述，道隐藏在易中，我们只有通过易才能体认道。更具体地说，苏轼以为只有通过易并达到无心的境界才能体认到道，而无心在苏轼哲学中有三个方面的含义。

二、无心的三种含义

（一）"物我相忘"——有意识地做到无心

受到佛道及当时学界静坐风气的影响，苏轼也通过静坐的方式来体认道。在解《庄子·广成子》中，苏轼写道："窈窈冥冥者，其状如登高望远，察千里之毫末，如临深府幽，玩万仞之藏宝也。昏昏默默者，其状如枯木死灰，无可生可然之道也。曰：道止于此乎？曰：此窈冥昏默之状，乃致道之方也。如指以为道，则窈冥昏默者，可得谓之道乎？人能弃世独居，体窈冥昏默之状，以入于精极之渊，本有不得于道者也。学道者患其散且伪也，故窈窈冥冥者，所

---

① 曾枣庄、舒大刚：《三苏全书·苏氏易传》（第 1 册），语文出版社 2001 年版，第 354 页。

以致一也，昏昏默默者，所以全真也。"①

苏轼以为静坐修炼只是一种致道的途径，还不是道本身，但是这种修炼还是有重要意义的。其一，它能够使我们的心灵宁静下来，因为学道最大的障碍之一就是"散且伪"。现在内心宁静下来，就能为下一个阶段的悟道做好准备。其二，从道与易的关系来考察，道隐藏在易之中，因此，我们必须通过易来体认道。在易未形成万物之前，是"廓然无一物"的世界。根据通过易来体认道的原理，这时，易未形成万物，我们只能在无之中来体认道。因此，我们静坐、无思也是一种通过易来体认道的方式，这与在万物形成以后，通过具体的事情来体认道的原理在本质上是没有什么差异的。概而言之，如果我们承认通过万物来体认道是一种悟道的方式，那么，我们也势必要承认通过易还未形成万物时之无来体认道也是一种悟道的方式。但是苏轼为什么要说单纯地通过这种方式"本有不得于道者"呢？因为在苏轼看来，易既有无形无象的阶段又有有形有象的阶段，如果只是通过无形无象来体认道，则很显然就遗漏了有形有象的阶段。因此，这种工夫在苏轼看来只是做到了一半，换句话说，如果不在有形有象的阶段来体认道，则我们悟道的努力就是半途而废。因此在无之中悟道只是悟道的一个部分，是一种途径，光有此很显然是不够的。所以，苏轼说这种方式对于我们最终目的的悟道是"本有不得于道者也"。

在苏轼的另一处阐述中，我们看到，他就十分明白地认为通过无形无象体认道也是悟道的一种重要方式。他说："于是幅巾危坐，终日不言，明目直视，而无所见；摄心正念，而无所觉，于是得道。"② 苏轼常常往佛教寺庙焚香静坐悟道就是一个很好的例证，他写道："间二日辄往，焚香默坐，深自省察，则物我相忘，身心皆空，求罪垢所从生而不可得。一念清净，染污自落，表里倏然，无所附丽。私窃乐之。且往而暮还者，五年于此矣。"③ 通过默坐，苏轼感觉"物我相忘""一念清净"，思想中也就没有任何成见和私虑的丝毫影响。

所以，在苏轼看来，静坐无疑是一种达到无心境界的途径，它主要是通过无形无象之易来体认道；只是相对于悟道还必须通过有形有象之易来实现而言，光有它还是不完整的。它的精髓就是"物我相忘"，有意识地做到无心。实际上，在苏轼看来不仅在特殊的时候（如静坐）要这样做，而且在日常生活中有时也要有意识地做到"物我相忘"。这就是在我们应物的时候要有意识地忘记那

---

① 苏轼：《苏轼文集》，孔凡礼点校，中华书局 1986 年版，第178 页。
② 苏轼：《苏轼文集》，孔凡礼点校，中华书局 1986 年版，第575 页。
③ 苏轼：《苏轼文集》，孔凡礼点校，中华书局 1986 年版，第392 页。

些私心杂念，达到一种类似静坐式的无心状态。

（二）"未尝有心也，心以礼作"——在应物上的无心

在万物形成以后，易进入了有形有象的阶段，此时道隐藏在万物之中。怎样才能体认存于万物之中的道呢？苏轼以为仍然是要做到无心，而这种无心是指应物而使物各得其所，因而这种无心实际上是指没有私心自用，即没有以任何私心来应物。苏轼以为要在应物中真正达到无心的境界，就必须应物而合理，因为，如果我们不能做到合理应物，则我们内心必然对此耿耿于怀，所谓的无心也必然是自欺欺人的事情。即使自己不自责，也会遭受他人的责备，因而自我难以做到置身事外。所以，苏轼说："凡事之因物而中理者，人不知其有是也。饮食未尝无五味也，而人不知者，以其适宜而中度也。"① 应物而合理自然就能达到无心的境界，因此，应物做到合理是通达无心的必由之路。苏轼以为要做到应物而合乎情理，使物各得其所，则须遵循两个方面的标准。

一个标准就是要没有私念和各种成见。在《思堂记》中，苏轼以为思不能是"世俗之营营于思虑者"，即思不能是个人私利之思虑。他说："是故临义而思利，则义必不果，临战而思生，则战必不力。……思虑之贼人也，微而无间。"② 苏轼阐述了心存私念而不能做到无心给我们造成的伤害，这是他从反面讲只有达到无心的境界才能悟道。无心也并不是什么也不做，什么也不遵循，只是不要用自己的私心来应物，则能应物而不累于物，这就是无心。在《东坡书传》中，苏轼说道："未尝作事也，事以义起；未尝有心也，心以礼作。"③ 将事情做得符合义与礼，则我们就能在道义上做到真正的心无挂碍，否则，所谓的无心也就是麻木不仁。可见，苏轼无心思想虽来自佛道思想的启迪，但是却融进了儒家积极有为的内容。

苏轼还以为我们只有做到了消除各种先入为主的各种分别、成见以后，我们才能做到无心，才能达到物各得其所的境地。他说："夫男者岂乾以其刚强之德为之，女者岂坤以其柔顺之道造之哉？我有是道，物各得之，如是而已矣。圣人者亦然。有恻隐之心，而未尝以为仁也；有分别之心，而未尝以为义也。所遇而为之，是心著于物也。人则从后而观之，其恻隐之心成仁，分别之心成义。"④ 各种看法只是人们事后所做出的评价，而我们在应物之时这些结论一定

① 曾枣庄、舒大刚：《三苏全书·论语说》（第3册），语文出版社2001年版，第240页。
② 苏轼：《苏轼文集》，孔凡礼点校，中华书局1986年版，第363页。
③ 曾枣庄、舒大刚：《三苏全书·东坡书传》（第2册），语文出版社2001年版，第15页。
④ 曾枣庄、舒大刚：《三苏全书·苏氏易传》（第1册），语文出版社2001年版，第345页。

不能先入为主地横亘于心，以至于成为我们悟道的障碍。

做到无心的另一个标准就是情本论。正如上文所引，苏轼认为："未尝作事也，事以义起；未尝有心也，心以礼作。"① 他要求做事符合义与礼，而义与礼是以人情为基础的，所以苏轼的这个标准归根结底还是情本论的标准。他说："夫圣人之道，自本而观之，则皆出于人情。……今夫五常之教，惟礼为若强人者。何则？人情莫不好逸豫而恶劳苦……"② 苏轼以为，礼看起来有强迫人遵守的性质，因此，在五常之中给人的印象好像不是以人情为基础的。苏轼的言下之意是五常之中的仁义礼智信都是以人情为基础的，只是礼给人的印象有约束人言行的特性，但仍然是以人情为本的。苏轼将情本论提高到五常之本的高度，足见情本论在苏轼哲学中的重要地位。情本论是五常之本，也是做任何事的出发点和标准。

苏轼认为如果我们能够扫除心中顽固的私念与成见，遵循一定的"义"与"礼"的标准，就能做到应物而无心，就能应物而不累于物，应物而无不使得物各得其所。他说："夫无心而一，一而信，则物莫不得尽其天理以生以死。"③

（三）"不自知"——精于用物上的无心

苏轼体认存在于有形有象之中的道，一方面要循礼而应物，这样才能在应物中使得物各得其所，心不为物所累，因而就能达到无心的境界。另一方面要做到用物而"不自知"，这是指经过反复实践，用物达到非常娴熟的程度以后自然而然地进入到无心的境界。苏轼以为达到用物而"不自知""莫知其所以然而然"的程度也是悟道的一种非常重要的方式。他说："是岂非性也哉？君子之至于是，用是为道，则去圣不远矣。虽然，有至是者，有用是者，则其为道常二。犹器之用于手，不如手之自用，莫知其所以然而然也。……虽有圣智，莫知其所以然而然。君子之于道，至于一而不二，如手之自用，则亦莫知其所以然而然矣。此所以寄之命也。"④ 总括而言，苏轼特别提出"不自知"和"莫知其所以然而然"这些说法，表明我们要做到无心，须要反复实践，不断磨炼，直至达到用之而不自知的程度，因而达到无心是一个不断探索而非一蹴而就的过程。这表明苏轼非常重视实践能力的培养，与他在各项艺术才能的成长过程中的切

① 曾枣庄、舒大刚：《三苏全书·东坡书传》（第2册），语文出版社2001年版，第15页。
② 苏轼：《苏轼文集》，孔凡礼点校，中华书局1986年版，第61—62页。
③ 曾枣庄、舒大刚：《三苏全书·苏氏易传》（第1册），语文出版社2001年版，第346页。
④ 曾枣庄、舒大刚：《三苏全书·苏氏易传》（第1册），语文出版社2001年版，第142页。

身体验是分不开的。苏轼这个思想的意义在于他强调了我们实践的重要性，如果光讲有意识地做到无心和应物而无心，那还不全面，甚至有名无实。因为如果一件事情我们没有做好，不能做到应付自如，则我们很难不在心中不对此耿耿于怀。

苏轼以为只有在对事物进行反复实践的基础之上才能达到一个不自知的境界，才是道的境界。可见，道的境界的实现就是我们人不断进行反复实践的过程。苏轼将做到不自知看作道的境界，实际上是将实践的效果上升到本体的高度，这种对实践的认识在宋明哲学中是绝无仅有的。当然他不以为在某件事上体认到了道就等于一劳永逸，因为世事永无止境，所以我们的实践就永无止境，因而体认道就是一个永恒的过程。苏轼的这些看法在今天仍然有它的现实意义和价值，也是其哲学最精彩和最有价值的地方。

总之，当我们通过有形有象的易来体认道时，此时只有做到了无心，即没有自己的私虑而能循礼才可谓体认到了道，此时是"未尝有心也，心以礼作"。此阶段另一种体认道的方式是将此应物做到"不自知"的无心境界。但是我们也要通过无形无象的易来体认道，即做静坐的工夫修养和在日常生活中有时也需要有意识地做到无心，这也有利于为体认有形有象的易更好地除去私虑。总括而言，苏轼所阐述的这三种无心都是一种道的境界，都可以体悟到道。这三种途径都可以归纳为通过易来体认道，因此，从本质上讲还是一种途径来体认道，只是从形式上讲有三种罢了。

从以上三种形式的无心的阐述来看，虽然无心的说法借鉴于佛道，但是除掉第一种无心有些佛道的影子而外，后两种悟道方式上的无心完全是在佛道的形式里融进了儒家积极有为的精神。而且苏轼用佛道无心的形式将儒家的这种积极有为的精神上升到本体论的高度，体现了他对道德性命之学的独特建构。①

三、性情论内在于道与易的体系之中

苏轼的性情论不仅是他哲学思想中的重要组成部分，而且它有助于我们更深入地理解道与易的关系。所以，当我们从道与易的角度来讨论苏轼的哲学体

---

① 虽然苏轼的人性论只是借鉴了佛道的形式，而其主要内容具有儒家积极有为的入世精神，但是依然遭到了正统儒家的批判。王若虚在《滹南集》中批评道："其说（苏轼的人性论）近于释氏之无善恶，辨则辨矣，而非孟子之意也。"（《滹南集》卷八，文渊阁四库全书本）朱熹也认为苏轼"特假于浮屠'非幻非灭，得无所还'者为是说……而溺于释氏'未有天地已有此性'之言"（《杂学辨》，文渊阁四库全书本），而不是儒家的故物了。

系的时候，有必要对苏轼的性情论与道、易关系做一些概要的探讨。

道是本体，易是生生之用。作为万物之一的人类，从其表象而言，首先落入了易的范畴之中。因此，作为与他物区别开来的人的自然之性与情是属于易的。所以，在苏轼看来，既然我们是通过易来体认道，那么，我们在对待人的性情这个"易"的时候，我们也可以通过它而实现对道的体认。

当我们体悟到道时，也就体悟到了人的本性。这个本性就是道在人身上的显现，此本性即道。所以，苏轼思想中的人性应当有两个层面的含义：即超验的本体之性与经验范畴的自然之性。这种区分似乎与理学家程颐将性分作天命之性和气质之性有些接近，但是这种性之二元论在他们的哲学思想中的划分的根据及涵义有着实质差异。程颐是通过对气质之性的超越与抑制以便使人的思想与行为都合乎至善无恶的天命之性，而苏轼是在承认人的自然之性的前提下，通过人的自然性的合理与理性的满足而达到无心的境界，即通过自然之性而达到道的境界，即本体之性的境界。很显然，在苏轼哲学中，自然之性与本体之性是一致的，而在程颐哲学中，气质之性与天命之性表现为很大程度上的对立。

苏轼对人性的论述明显分成早期和后期两个阶段。在早期，苏轼主要阐述了自然之性，有关的论述集中于嘉祐六年应制科所上《中庸论》等二十五篇中，其中尤为重要的是《扬雄论》，当时苏轼只有二十六岁。他说："人生而莫不有饥寒之患，牝牡之欲，今告乎人曰：饥而食，渴而饮，男女之欲，不出于人之性也，可乎？是天下知其不可也。圣人无是，无由以为圣；而小人无是，无由以为恶。圣人以其喜怒哀惧爱恶欲七者御之，而之乎善；小人以是七者御之，而之乎恶。由此观之，则夫善恶者，性之所能之，而非性之所能有也。"① 在《中庸论上》中，苏轼更是明白地说："人之好恶，莫如好色而恶臭，是人之性也。好善如好色，恶恶如恶臭，是圣人之诚也。"②

饮食男女是人之性，则我们可以看到苏轼是将人之欲望看作性，这种意义上的性我们可以称为自然之性。苏轼紧接着用七情来对此进行了概括，并且以为没有这些包含七情在内的自然之性作为基础，圣人与小人都不能成其为是其所是的样子。苏轼进一步认为，这个基础不具有善恶的性质，也并不决定主体行为的善恶与否。但圣人可以以此自然之性作为基础而为善，小人可以以此作为基础而为恶。所以，自然之性是可以引起善恶的结果，是从基础的角度而言，并不是从哲学本体的根源而言。这是苏轼早期的说法。

---

① 苏轼：《苏轼文集》，孔凡礼点校，中华书局1986年版，第111页。
② 苏轼：《苏轼文集》，孔凡礼点校，中华书局1986年版，第61页。

后期苏轼在完成于元丰四年前后的《苏氏易传》（又名《东坡易传》《毗陵易传》等）中对性的看法有了新的发展。① 这时已年近五旬的苏轼，已转向从善恶根源的角度对人性进行阐述。他说："古之君子，患性之难见也，故以可见者言性。夫以可见者言性，皆性之似也。君子日修其善，以消其不善；不善者日消，有不可得而消者焉。小人日修其不善以消其善；善者日消，亦有不可得而消者焉。夫不可得而消者，尧舜不能加焉，桀纣不能亡焉，是岂非性也哉？君子之至于是，用是为道，则去圣不远矣。虽然，有至是者，有用是者，则其为道常二。犹器之用于手，不如手之自用，莫知其所以然而然也。性至于是，则谓之命。命，令也。君之令曰命，天之令曰命，性之至者亦曰命。性之至者非命也，无以名之，而寄之命也。死生祸福，无非命者。虽有圣智，莫知其所以然而然。君子之于道，至于一而不二，如手之自用，则亦莫知其所以然而然矣，此所以寄之命也。情者，性之动也，溯而上，至于命；沿而下，至于情，无非性者。性之与情，非有善恶之别也，方其散而有为，则谓之情耳。命之与性，非有天人之辨也，至其一而无我，则谓之命耳。"②

"古之君子，患性之难见也"，这个性不可能是早期所指的自然之性，而是本体之性，本体之性当然是难以认识的。虽然如此，但是本体之性的特点我们还是可以认识到的。苏轼此处用君子日消其不善、小人日消其善的论据很显然是受到了老子"损之又损，以至于无为"③ 和事物内部的对立双方与对立的事物双方是互相依存关系思想的影响。老子说："长短相形，高下相倾，音声相和，先后相随。"④ 以为万物具有对立性，如果消除了对立的一方，另一方也就不存在。没有长就没有短，没有善就没有恶，没有恶就没有善。因此，善者日消不仅是消除了善，也消除了善者的对立面恶，因为对立双方是互相依存的关系；同样恶者日消不仅消除了恶，也消除了善。长期做这样的修养功夫，自我就进入了一个无恶无善的境界。朱熹在评论苏轼这段话的时候，也是从类似于无的最初之"本然"和"萌蘖"来理解，只不过朱熹站在理学家的立场上以为最初之本然是"至善"，而苏轼认为它是具有无之特点的"性"或"道"。朱熹说："夫谓不善日消而有不可得而消者，则疑若谓夫本然之至善矣。谓善日消而

---

① 苏轼：《苏轼文集》，孔凡礼点校，中华书局1986年版，第1380页。
② 曾枣庄、舒大刚：《三苏全书·苏氏易传》（第1册），语文出版社2001年版，第142—143页。
③ 《老子译注》，冯达甫译注，上海古籍出版社1991年版，第111页。
④ 《老子译注》，冯达甫译注，上海古籍出版社1991年版，第6页。

有不可得而消者，则疑若谓夫良心之萌蘖矣。以是谓性之所在，则似矣。"① 从苏轼所说的"命之与性，非有天人之辨也，至其一而无我，则谓之命耳"这句话来看，这个无善无恶的境界的主要特点就是无，即"志其一而无我"的境界。无的特点，从主体"我"来说就是要做到无心。这种具有无之特点之性是引起善恶的根源，苏轼说："孟子之于性，盖见其继者而已。夫善，性之效也。孟子不及见性，而见夫性之效，因以所见者为性。"② 这种本体之性的特点我们根据苏轼的话"性至于是，则谓之命"，还可以概括为性命之性。所以苏轼的本体之性与其道相对应实际上也有三个层面的含义，即与在无形无象阶段之道所对应的本体之性和与在有形有象阶段之道所对应的应物而自然及精于用物而不自知的本体之性。就后两个层次的本体之性而言，它是经验范畴的性通过修养工夫到达一定层次的结果，因此，这种意义上的本体之性要经过一定的努力才能达到。

综合前后两个时期苏轼对人性的论述来看，前期的自然之性引起善恶是从作为基础的角度而言的，而后期的本体之性引起善恶是从根源的角度而言。从哲学的角度讲，苏轼后期的人性论从本体之性入手来讨论善恶问题，比起前期来更显哲理的致思。苏轼在其学术活动的前后期，虽然讨论善恶的角度有了明显的变化，但是他对性具有善恶属性的否认则是前后一致的。苏轼认为，本体之性能成就各种各样可能性，但各种可能性又不是性所本有，这种人性论无疑受到了王弼注老的影响。"照王弼看来，任何具体的东西（有），都不能作为另外一个具体东西的本体，更不能是整个宇宙的本体。因为具体的东西总有其规定性，是方的就不能又是圆的，是温的就不能又是凉的。"③ 苏轼也是在这个意义上来谈论人性，所以说性不是善，也不是恶，因为具体的东西不能成为万物的本体。

苏轼用性之本体解释了善恶产生的根源，但是一个人如果能达到本体之性的境界，就必然外显为应物而使物各得其所；如果能从伦理属性的角度进行评判，则必然是善的，而不是恶的。从总的方面来看，善恶是我们人能否按照达到本体之性须遵循的标准而引起的结果。例如，我们需要遵守情本论的标准，否则可能就引起恶的结果。至于为什么我们不能遵守一定的标准而导致恶，是

---

① 朱熹：《杂学辨》，四库全书本。

② 曾枣庄、舒大刚：《三苏全书·苏氏易传》（第1册），语文出版社2001年版，第352页。

③ 北京大学哲学系中国哲学教研室：《中国哲学史》，北京大学出版社2003年版，第156页。

因为性从根源的角度讲就有可能导致恶，所以苏轼不用像程颐那样引入气质之性的范畴来解释恶之产生的问题。我们怎样才能体认到道与性，在有物有象的阶段，我们只有遵循了自然规律以后，达到了"莫知其所以然而然"的程度，才能体认到道之无的特性。而在儒家思想家中，其道总是最终落实到人文的意义来说的，因而道更多的是指社会规范。所以，苏轼认为我们只有在遵循了由情本论所确立的社会规范之后，不断实践，才能最终体验到"莫知其所以然而然"的境界，才可谓体认到了道。这样，苏轼的道与事物的规律与社会规范从本质上讲是一致的。因此，规律与规范在苏轼看来，就是道在事物和社会活动中的具体表现。由于道主要是指由情本论所确立的规范，因而情本论在苏轼的哲学体系中占有重要的地位。

苏轼的本体之性具有无的特点，的确受到了佛道思想的影响。所以，金朝的王若虚批评苏轼"近于释氏之无善恶，辨则辨矣，而非孟子之意也"①，是有一定的道理的。虽然如此，苏轼认为人性无善无恶，但是为了体认这个本体却必须具有积极的入世精神，将各种事情做得合乎情理；而按照没有私虑和情本论的标准来从事一切事务方可谓做得合乎情理，才能够体认性之无。从此角度而言，苏轼在人性论上虽然借用了佛道和玄学的思维模式，但是却具有儒家积极用世的精神，从而与佛道思想有了本质的区分。

我们明白了苏轼对人性的看法有两个层面的意思以后，就可以更好地理解苏轼的性情关系与道与易关系的内在联系。苏轼的性情关系也应当从性的两个层面上分别加以考察，从本体之性的角度而言，性情关系就是道与易的关系，即性是情的本体，情是性的发用。只有通过情的合理满足，才能实现性、体悟性。从性为自然之性的角度来看，性情关系是同一个层面上一致的关系，是相对于本性之体而言处在用层面上的派生关系。因此，从性的第一个层面的含义来看，性情关系就是道与易的关系；从性的第二个层面来看，性情关系都处在易的范畴之内，都是道在易领域的表现。由此可见，苏轼的性情关系与道与易的关系是紧密相关的。

自我做到尽性就能应万物之变，表现在外的情的特点就是自然洒脱与快乐。苏轼说："凡物皆有可观。苟有可观，皆有可乐，非必怪奇玮丽者也。餔糟啜漓皆可以醉；果蔬草木皆可以饱。推此类也，吾安往而不乐。"② "……且名其台

---

① 王若虚：《滹南集》卷八，四库全书本。

② 苏轼：《苏轼文集》，孔凡礼点校，中华书局1986年版，第351页。

曰超然，以见余之无所往而不乐者，盖游于物之外也。"① "游于物之外"就是摆脱了尘世不必要的思虑，无思无为，如此才能真正地洒脱快活，也才能体验本体之性。

综观全文，苏轼用道与易的关系来构建其哲学体系，作为本体之道只有通过易才能体认。苏轼以为悟道的关键是要做到无心，无心有三种含义，因此，悟道的方式也有三种。在第三种方式的悟道中，苏轼将实践的效果提升到本体的高度，凸显了他哲学的独特品质与价值。性情论是苏轼哲学的一个重要内容，它也是内在于道与易这个结构体系之中。

---

① 苏轼：《苏轼文集》，孔凡礼点校，中华书局 1986 年版，第352 页。

附录七

对物的认识①
——以王阳明的认识为中心

对物的认识，在古代哲学思想发展的起始阶段，由于人们的思想与现实及周围环境联系得非常紧密，因而不可能产生物是否存在的问题意识。但是随着人类哲学思辨的发展和对精神生活追求的提升，对物的态度逐渐发生了分歧。佛教从外物必将消失的角度得出外物的存在是虚幻的，而不是真实存在的，对物的真实存在性提出了质疑。人类对外物存在的质疑的主要原因在于：我们应当知道什么是真正重要的东西，不要因为追逐外物而丢掉了更为根本的东西；因为外物不具有自性，只是完善我们人格的一个外因。

下面笔者以王阳明对"物"的认识为考察中心，通过与对物也非常关注的其他几位哲学家的分析比较可以看出，王阳明正是通过对"物"的独特认识才确立起他的哲学思想体系的，而这一点在其他几位哲学家的思想体系中也有着举足轻重的作用。由此，我们可以看出对物的认识在哲学史的演进上也扮演着一定的角色。

一

首先，我们通过古代学者对《大学》中"格物"的解释这个窗口看出他们对"物"的认识之不同。《大学》中有关"格物"这个名词的原文是："古之欲明明德于天下者，先治其国；欲治其国者，先齐其家；欲齐其家者，先修其身；欲修其身者，先正其心；欲正其心者，先诚其意；欲诚其意者，先致其知；致知在格物。"②

---

① 原载《湖北社会科学》，2011年第6期。
② 朱熹：《四书章句集注》，中华书局1983年版，第3页。

东汉末年的经学家郑玄的解释是："格，来也。物，犹事也。其知于善深，则来善物。其知于恶深，则来恶物。言事缘人所好来也。此致或为至。"①

隋唐之际的经学家孔颖达遵循"疏不破注"的原则对郑玄的解释因袭不改，他说："致知在格物者，言若能学习，招致所知。格，来也。已有所知则能在于来物；若知善深则来善物，知恶深则来恶物。言善事随人行善而来应之，恶事随人行恶亦来应之。言善恶之来，缘人所好也。……物格而后知至者，物既来则知其善恶所至。善事来则知其至于善，若恶事来则知其至于恶。既能知至，则行善不行恶也。"② 郑玄与孔颖达将"格"解释成"来"，可以说没有得到后人多大的响应。他们对"格物"的解释遵循了行为与后果是对应关联的思想理念。司马光将"格物"解释成："格，犹扞也、御也。能扞御外物，然后能知至道矣。"③ 将"格"解释成"扞""御"，在此，司马光强调了自我对外物诱惑的抵御。其解释也没有成为后世奉行的圭臬。二程的看法是："格，至也。穷理而至于物，则物理尽。"④ "物来则知起，物各付物，不役其知，则意诚不动。意诚自定，则心正，始学之事也。"⑤ 二程对"格"的解释，就是主张遵循事物的规律而消除主观的成见。二程中的程颐还说："格犹穷也，物犹理也，犹曰穷其理而已。穷其理然后足以致之，不穷则不能致之。"⑥ "问：'格物是外物？是性分中物？'曰：'不拘，凡眼前无非是物。物皆有理，如火之所以热，水之所以寒。至于君臣、父子间，皆是理。'"⑦ "物则事也。凡事上穷极其理，则无不通。"⑧ 虽然，程颐对"格"字给出了几种不尽相同的解释，但是我们看到二程都是将格物理解成穷究事物之理的意思。

从以上的解释可以看出，虽然上述学者对"格"的解释很不相同，但是他们无一例外地将"物"理解成为身外之物或是心中之事物，与后来王阳明理解的"心外无物"⑨ 中的"物"专指"心中之事"不一样。理学集大成者朱熹对"格物"解释道："格，至也。物，犹事也。穷至事物之理，欲其极处无不到

① 纪昀等：《钦定礼记义疏卷》卷七十三，文渊阁四库全书本。
② 纪昀等：《钦定礼记义疏卷》卷七十三，文渊阁四库全书本。
③ 《礼记集说》卷一百四十九，陈澔校注，文渊阁四库全书本。
④ 程颢、程颐：《二程集》卷二上，中华书局 1981 年版。
⑤ 程颢、程颐：《二程集》卷六，中华书局 1981 年版。
⑥ 程颢、程颐：《二程集》卷二十五，中华书局 1981 年版。
⑦ 程颢、程颐：《二程集》卷十九，中华书局 1981 年版。
⑧ 程颢、程颐：《二程集》卷十五，中华书局 1981 年版。
⑨ 王守仁：《王文成公全书》卷四，文渊阁四库全书本。

也。"① 又说："所谓致知在格物者，言欲致吾之知，在即物而穷其理也。盖人心之灵，莫不有知，而天下之物，莫不有理。惟于理有未穷，故其知有不尽也。是以《大学》始教，必使学者即凡天下之物，莫不因其已知之理而益穷之，以求至乎其极。至于用力之久，一旦豁然贯通焉，则众物之表里精粗无不到，吾心之全体大用无不明矣。此谓物格，此谓知之至也。"② "故致知之道，在乎即事观理，以格夫物。格者，极至之谓。如'格于文祖'之格，言穷之而至其极也。"③ 朱熹继承了二程的学说，其物也包括外在之事物和心中之事情。与此相应，格物的含义也就是既要穷尽外在事物之理，也要穷尽心中之事之理。所以，程朱由格物所格到的理既包括外在事物之理，也包括符合道德规范之理，与王阳明从物专指心中之事而认为格物的含义就是要在心中之事上尽力体现自我的良知本心不同。王阳明开始也受到程朱格物学说的影响，对着书院里的竹子格了七天，企图从竹子身上发现具有普遍意义的真理，但是理不仅没有格到，反倒因此生了一场大病。王阳明由此领悟到从外在的事物是格不到具有普遍意义的真理的。经过多年的反复的磨炼，他终于对格物学说有了自己独到的体悟。"'致知'云者，非若后儒所谓充扩其知识之谓也，致吾心之良知焉耳。良知者，孟子所谓'是非之心，人皆有之'者也。是非之心，不待虑而知，不待学而能，是故谓之良知。是乃天命之性，吾心之本体，自然灵昭明觉者也。"④ 王阳明将扩充到的外在知识完全排除在致知之知外，致知之知的含义限制在是非之知上。可见致知之知是具有道德良知的含义，而不是知识之知的意义。"物者，事也，凡意之所发必有其事，意所在之事谓之物。格者，正也，正其不正以归于正之谓也。正其不正者，去恶之谓也。归于正者，为善之谓也。夫是之谓格。"⑤ "格物是止至善之功，既知至善，即知格物矣。"⑥ "'格物'如孟子'大人格君心'之'格'。是去其心之不正，以全其本体之正。但意念所在，即要去其不正，以全其正。即无时无处不是存天理。即是穷理。"⑦ "无善无恶是心之体，有善有恶是意之动，知善知恶是良知，为善去恶是格物。"⑧ 王阳明将物解释成事，从格物解释的历史回顾可以看出，他的解释吸取了前人的经验。但是王阳

① 纪昀等：《钦定礼记义疏卷》卷七十三，文渊阁四库全书本。
② 纪昀等：《钦定礼记义疏卷》卷七十三，文渊阁四库全书本。
③ 朱熹：《晦庵集》卷十五，文渊阁四库全书本。
④ 王守仁：《王文成公全书》卷二十六，文渊阁四库全书本。
⑤ 王守仁：《王文成公全书》卷二十六，文渊阁四库全书本。
⑥ 王守仁：《王文成公全书》卷一，文渊阁四库全书本。
⑦ 王守仁：《王文成公全书》卷一，文渊阁四库全书本。
⑧ 王守仁：《王文成公全书》卷三，文渊阁四库全书本。

明将这个事又只是限制在自我心中之事上，从而使得他的解释具有自己的特色。虽然程朱从格外在事物之理出发而最终又主要落实为格心中之事之理，但是我们由此也可以看出王阳明更加直接继承了先秦思孟学派所开创的重视心性道德的传统。

与学习一般的知识相比较，对自我道德品质的改造是对自我素养的真正提升，这是一种真正脱胎换骨的自身变革，因而不只是像学习外在的知识那样容易做到。王阳明的格物是要格心中之事，使自己从道德上认识到应当怎样做，并且在实践中实际上也是这样做，从而将学习和实践相结合，竭力做到学习与实践相一致。在学习的同时，也就是在改变自我，而不是为了学习而学习；如果不能改变和提高自我，就算不上是一种真正的学习。这就是王阳明知行合一的思想。他说："盖天下之学，无有不行而可以言学者……是故，知不行之不可以为学，则知不行之不可以为穷理矣；知不行之不可以为穷理，则知知行之合一并进，而不可以分为两节事矣。"①

王阳明强调对道德的学习，即要知道，而知道了就是实践了。这就是王阳明知行合一思想另外一个方面的含义，强调了知就是行，与上述所讲到的只有行了的知才是真知相辅相成，共同构成了知行合一完整的含义。王阳明说："行之明觉精察处便是知，知之真切笃实处便是行。"② 他从知了就是行了的角度强调了人们必须严格对自我动机进行把关，"须要彻根彻底不使那一念不善潜伏在胸中"。③ 这种知行合一强调了摒绝不应有的知，也就是说不好的念头都不应该产生，这从源头上杜绝了犯错误的可能性。

但是，单单追求知识，则与自我的道德素质的提高没有多大的关联，再说，由此也不可过渡到道德素养的提高。程朱以为通过认识一定的外在事物之理以后，从万理可以统一于一理来看，就可以过渡到认识道德之理。从现在有些科学家对科学研究达到一定的境界以后其道德境界也相应地得到了提高来看，研究自然世界的规律与自我道德境界的提高似乎有某种关联，但是这种关联不具有直接和普遍的意义。

总之，程朱及他们之前的学者与王阳明对"格物"之"物"的解释不同导致了他们所探讨的事物之理的不同，王阳明格物之物是心中之事的意思；相应地，事物所包含的理也主要局限在道德之理上，而排斥了物理之理。这样，王

---

① 王守仁：《王文成公全书》卷二，文渊阁四库全书本。
② 王守仁：《王文成公全书》卷六，文渊阁四库全书本。
③ 王守仁：《王文成公全书》卷三，文渊阁四库全书本。

阳明"物"与"物"之"理"的概念比起程朱等来其范围无疑进一步缩小，因而，研究外在事物和事物包含的理也进一步遭到了忽视，转而更加加强了对思想领域的关注。

二

王阳明的"物"是指主体的心中之事，他只注重关注我们人所经验的意义世界，而对之我们没有关注的世界不做关注。与王阳明相比，禅宗的风动幡动的公案，主要是讲到风动和幡动也是我心中的风动和幡动，风动、幡动也是依赖心动，而没有独立性。从心与外物的关系而言，如果我们的心能做到无念、无相、无住，就没有所谓的外物。心能做到无念、无相、无住，就是能做到心不动；心不动连外物都没有，更何来外物之动呢？因此，不是风动、幡动而是心动。这个命题也是从境由心生这个前提推论出来的。仁者之所以心动，还是仁者没有顿悟的原因。如果顿悟了，就没有心动，因而就自然没有风动和幡动。这种思想主要体现了禅宗重视自我的主体性，强调不能受到外物的影响与牵累。《坛经》也说："自心是佛，更莫狐疑。外无一物而能建立，皆是本心生万种法。"① 心有生灭作用，幡是由于心生的结果，那么幡动自然也是心生的结果。禅宗强调了自性清静和主体不受外界的影响。外境实际上是由于本心作用的结果，如果能做到本性清静，自我就能做到兀然自立，不为外物所动。

前文已经提到王阳明认为物是"意所在之事"，即心中之事，则他提出"心外无物"的命题就是最自然不过的事情了。但是禅宗提到的风与幡是实实在在的外物，否认这些外在事物的存在无论怎么说都是与常识背道而驰的。禅宗这种遭到常识诘难的困境在他们自己看来当然也自有可通之处，因为他们也是从外在事物不具有自性因而是一种短暂即虚幻的存在的角度否认事物的真实存在性；也就是说禅宗并不否认眼前事物的当前存在性，只是从事物必将消灭的角度认为外在之物不是一种真实的存在，而是一种虚幻。从另一个方面讲，禅宗否认外物的真实存在性从反面强调了主体必须抛弃杂事的纠缠，心无尘世的拖累，这样才能活得更加洒脱。从佛教精进不止的角度讲，如果一个人真要做到精进不止，只有对外物保持一种淡定和身处其外的舍离心态才能够更好地做到。

① 释普济辑：《五灯会元》卷一，西南师范大学出版社 2005 年版。

三

与王阳明"心外无物"的命题表面相似且也涉及对"物"的认识的思想是英国哲学家贝克莱提出的"存在就是被感知"①。贝克莱的"存在"是自我看到的表象，这个表象从我能看到它而言是千真万确存在的；从表象的可感知，因而就可以说这个引起表象的外物就存在。所以外物是依赖表象而存在，而表象又是以我们人可以感知到它而存在。所以，得出的结论就是外物依赖我们的感知而存在。贝克莱的这个结论自然会引出这样一个问题，即天地万物中有许多外物不被我们人所感知，那它存不存在呢？这就是一个很大的问题。所以，贝克莱的理论遇到了外物是否存在的困境。而王阳明"心外无物"的理论是不会遭遇到这样的困境的，因为王阳明的"物"就是"心中之事"，心中之事在心中当然不在心外。所以，贝克莱"存在就是被感知"与王阳明"心外无物"的命题看上去相似，但是由于二者对物的规定的差异因而表现的理论实质实际上不相同，由此也引起了这两个命题不同的发展趋向。

由于我们没有感知到的外物其存在是一个千真万确的事实，而自己的理论与这个常识又相抵触。在这种困境下，贝克莱只好请出上帝来论证人没有感知到的外物也是存在的。因为在我们没有看到外物时，上帝看到它了；既然外物被上帝感知到了，所以人没有感知到的外物也是存在的。从人没有看到的外物依赖上帝的存在而言，这种外物的存在也不具有独立性。从外物的存在必有一个感知到它的主体而言，当我们人没有感知到它时它也存在，这只能证明上帝感知到它了，贝克莱由此也证明了上帝的存在。但是贝克莱这里无疑犯了循环论证的错误。

有关王阳明与贝克莱的不同，陈来先生评价道："……心外无物的提出，对阳明来说，本来与贝克莱与胡塞尔不同，并不是面对外在的客观物体，而是着眼于实践意向对于'事'的构成作用，因而心外无物本来与那种认为个体意识之外什么都不存在的思想不相干，至少对于一个儒家学者，绝对不能认为父母在逻辑上后于我的意识而存在，也更不可能认为我的'意之所在'不在父母时父母便不存在。"②

---

① ［英］贝克莱：《人类知识原理》，关文运译，商务印书馆 1973 年版，第21 页。
② 陈来：《有无之境——王阳明哲学的精神》，北京大学出版社 2006 年版，第52 页。

　　当然，我们回过头来再看看王阳明这个"心外无物"的命题，从字面上看，无疑也使他要面对常识的诘难。因为我们通常所说的物就是外在物体的意思，至少包括了外在之物。所以"心外无物"这个命题就很容易引起我们的误解，难怪有人据此以为王阳明是一个主观唯心主义者，以为在他看来，外在的物都是依赖我们的心而存在的。从这个误解出发，也就容易得出王阳明与贝克莱在对外物的态度上有着相似的思想。但是，从我们以上分析可以知道，王阳明的"心外无物"与贝克莱的"存在就是被感知"有着立论的显著差异。

　　综上所述，无论是程朱、王阳明、禅宗以至于西方的主观唯心主义者贝克莱都不能否认外物的现实存在，虽然他们对外物的态度表现出了千差万别的不同，而我们正是从这些学派或学者对待外物不同的态度上管窥到他们思想的不同来。他们的思想都涉及"物"这个对象，而这个物又是我们人类百说不厌的话题和形影不离的伙伴。我们愿从以上思想家对"物"的思想中获得更多的教益与启示，从而不断开启我们的心智，谋划我们更加美好的未来。

附录八

论儒学的内在超越性①
——兼与任剑涛先生商榷

内在超越性主要是由现代新儒家提出用以与西方文化的外在超越性相比较的一种对儒学的特性所做的理论概括，其中以牟宗三先生对这个论断着力最多②，他是在康德的架构上凸显儒家的超越性特性，从儒家的智心（自由无限心）来凸显儒学也是内在的③。后来余英时也坚持了这种看法，使得这种理论在海内外产生了广泛的影响。然而这并非意味着它得到了学界的普遍认同，事实上，学者们对这个理论的看法态度迥异，既有赞成也有反对④。最近，任剑涛先生又对这个提法做了长篇批驳，他的这篇《内在超越与外在超越：宗教信仰、道德信念与秩序问题》一文⑤（以下简称任文）更加深了人们对这种理论看法的分歧。因此，我们就有必要澄清这种理论的特质及其功能作用，从而判别它的理论意义到底如何。

一、任文反对内在超越性的说法主要是反对将儒学等同于宗教

任文认为"超越"一词是在西方宗教文化意义上的一种特殊的用法，而儒学不是宗教，因而不能认为儒学是超越的。所以用内在超越性来概括儒学的特性首先从超越的角度分析就文不对题。因此，认定新儒家武断地将儒学看作宗教是任文反对新儒家内在超越性这个论断的前设。

任文说道："从理论论证上看，儒家内在超越说有着一个从强势到弱势的代换性陈述：强势的陈述进路是，儒家'就是''既超越'且'又内在'的，即儒家完全具备了宗教的要素与道德的动力，它不仅将基督教体系中的外在化的

---

① 国家社科基金项目"中国现代哲学主体意识的重构问题研究"（12XZX008）。原载《学术界》，2013年第12期。

② 郑家栋：《断裂中的传统》，中国社会科学出版社2001年版，第203—208页。

③ 牟宗三：《现象与物自身》，（台北）：台湾学生书局1990年版，"序"，第5—8页。

④ 郑家栋：《断裂中的传统》，中国社会科学出版社2001年版，第202页。

⑤ 任剑涛：《内在超越与外在超越：宗教信仰、道德信念与秩序问题》，载《中国社会科学》，2012年第7期。

超越世界内置于心，而且克服了基督教将超越外在化……弱势的陈述进路是：当证明儒家属于内在超越论，必然面对某种逻辑困难时，使得这样一个似是而非的论断，有了一个较为模糊和权宜的替代性说法——那就是儒家同时具有'内在性'和'超越性'的精神品质。"①

任文在本页的注释中也强调了这种看法："本文并不打算反驳儒家具有超越性的论说，相反赞同这种说法。……本文反驳的是儒家'既内在又超越'的强势论断，即将儒家视为与基督教一样的'超越'说法。当然毫无疑问的是，在泛泛的形式化一致性基础上建立起来的儒家超越性论说，意义也是十分有限的。"②

将上面两段文字互参，我们就可以知道任文为什么反对将儒家与基督教进行对比，是因为儒学不是一种"具有超越的宗教化实质结构"的体系，不是宗教，则就没有超越性，就没有形上性，就只能从经验层面来讲儒学。所以任文首先反对强势的内在超越性的说法，但又说在形式化一致性基础之上中西文化的比较其意义也是十分有限的。因此，他强调道："这（弱势的陈述进路——引者注）不仅混淆儒家与基督教的嫌疑，而且有混淆宗教文化与世俗文化的嫌疑。"③ 中西文化间精神指向的差异性结构很大，一个是宗教，一个不是。如果用超越来笼统指代它们，则只是形式化的特点。任文的这种说法就是说即便我们不是在宗教的意义上进行中西文化的比较，而是在中西文化都具有的宗教性意义的这种超越意义上所做的比较，其意义也是十分有限的。说得直截一点，就是这种比较也是没有多大的价值，虽然作者声称他并不反对超越性的说法。

二、儒学的内在超越性一说并不必然等于将儒学看作宗教

任文认为坚持内在超越说的牟宗三与余英时所使用的超越一词都是来自宗教，因而，这个舶来词的使用与儒学是宗教的看法会产生一种互为因果、互相呼应的效果。他说："在牟、余（即牟宗三与余英时——引者注）的论证中，超越一词的引入，就是从宗教中而来的；同时，内在的道德，也被界定为宗教性

---

① 任剑涛：《内在超越与外在超越：宗教信仰、道德信念与秩序问题》，载《中国社会科学》，2012 年第 7 期。
② 任剑涛：《内在超越与外在超越：宗教信仰、道德信念与秩序问题》，载《中国社会科学》，2012 年第 7 期。
③ 任剑涛：《内在超越与外在超越：宗教信仰、道德信念与秩序问题》，载《中国社会科学》，2012 年第 7 期。

的存在。这无疑是一种将儒家植入宗教框架中展开的论述。"① 我们认为无论超越这个词是否必定与宗教有关，但是都不妨碍在我们所认为的意义上独立灵活地使用它，而不必一定拘泥于它在宗教意义上的用法。当然我们不排斥可以从内在超越说出发来进行儒教的建构工作，但是我们也可以不是这样，而只是从儒学所具有的形上性的角度来理解内在超越说，并且它能有效揭示儒学的特性。即便是作者他也承认内在超越说与儒教建构没有必然联系。既然如此，我们就不能说它"是将儒家植入宗教框架中展开的论述"。因此，作者所说的"……内在超越说具有一种仅仅将宗教视为建构人心—社会政治秩序最优位的、完备性学说的化约性风险，对哲学和道德学说所发挥的同样功能掉以轻心了"②，就是一种不必要的担忧了。

以上我们是通过对词语通常使用的规则来揭示"超越"一词并不必定拘守于宗教意义上的运用，现在，我们再来看看对内在超越性这个理论贡献最大的牟宗三先生是否是在儒学为宗教的意义上使用这个词。任文首先认为牟先生是在儒学为宗教的意义上使用超越这个词，他说："分析起来，这种断定（内在超越）主要是基于基督教对儒家构成的宗教压力与政治压力导致的。传统儒家既不追求宗教意义的超越，也不追求本体论—知识论意义上的超越。"③ 作者以为基督教作为宗教构成了对儒学的压力，所以，新儒家才说儒学也具有超越性，也是宗教，其实牟先生的内在超越性不是在这个用意上被逼出来的。可以说任先生误解了牟宗三对超越一词的使用。这一点，我们通过以下的分析将会看得更清楚。

任文说："按照论者的分析，牟宗三试图超克康德将先验与经验打为两截的弊端，从康德的超验返归超越的'古义'。"④ "显然，牟宗三在中国（儒家）文化与西方（现代）文化的比较中确立起来的'内在超越'理论，有一种'一石二鸟'的策略指向……"⑤ 综合以上两段的论述看，任文的看法是建立在这

---

① 任剑涛：《内在超越与外在超越：宗教信仰、道德信念与秩序问题》，载《中国社会科学》，2012 年第 7 期。

② 任剑涛：《内在超越与外在超越：宗教信仰、道德信念与秩序问题》，载《中国社会科学》，2012 年第 7 期。

③ 任剑涛：《内在超越与外在超越：宗教信仰、道德信念与秩序问题》，载《中国社会科学》，2012 年第 7 期。

④ 任剑涛：《内在超越与外在超越：宗教信仰、道德信念与秩序问题》，载《中国社会科学》，2012 年第 7 期。

⑤ 任剑涛：《内在超越与外在超越：宗教信仰、道德信念与秩序问题》，载《中国社会科学》，2012 年第 7 期。

样一种看法基础之上的推论，即牟宗三对康德"超越"一词的看法与他比较中西文化的特点所用以标示儒学特点的"超越"一词的用法完全相同。但是作者的这个看法很难令人苟同。因为，这二者之间不存在必然等同的关系，所以，当任文一口咬定二者相同的时候，其结论就难以成立。

事实上，学者们认为牟氏不是在康德"超越"意义上使用这个概念。郑家栋说："这其中的分别，亦划清了牟本人与康德之间的界限；前者主要是在本源、根源、创造者、创生者的意义上讲'超越'，此当然不同于康德之'超离的解析'（或云'超验的解析'），亦不同于康德之'超越的解析'（或云'超验的解析'）。相比较而言，牟氏哲学所使用的'超越'一语似乎更近于中世纪存有论意义上的'超越'观念。"① 郑家栋认为牟宗三对超越的运用与康德不同，而更接近于中世纪存有论意义上的"超越"。在另一处地方，郑家栋从存有论的角度表达了类似的看法，他说："他（牟氏）是在'创生''创造'的意义上言'超越'，'能创造万物'这重含义，当然是康德的'超验'所不具有的。"② 郑氏正是在这个意义上说牟氏的"超越"与中世纪的存有论接近。但郑氏所没有指出的是，牟氏的"超越"只是在存有与创生的意义上与中世纪的存有论相似，而在内涵上与中世纪的存有论有重大区别。这从牟宗三对儒家的"超越"的说法看得一清二楚，他说："若越出现象存在以外而肯定一个'能创造万物'的存有，此当属于超越的存有论。但在西方，此通常不曰存有论，但名曰神学，以其所肯定的那个'能创造万物'的存有是一个无限性的个体存有，此则名曰上帝（智神的上帝，非礼神的上帝）。吾人依中国的传统，把这神学仍还原于超越的存有论，此是依超越的，道德的无限智心而建立者，此名曰无执的存有论，亦曰道德的形上学。"③ 牟氏在此说得很清楚，他对"超越"一词的使用在存有与创生的意义上的确接近中世纪的存有论，郑家栋也正是根据此点得出他的结论。但是很显然牟氏的"超越"与中世纪存有论的内涵不同，一个强调的是上帝，一个强调的是道德。

在这个认识基础之上，我们再回过头来看看任文认为牟氏"超越"一词有"一石二鸟"的策略，就不知道这样的见解从何说起。联系以上所引用的任文两段话来看其原因只能是作者对郑家栋与牟氏的意思均产生了误解。他认为郑家栋所提出的牟氏对康德先验与经验打成二截的超克而回到中世纪存有论意义的

---

① 郑家栋：《断裂中的传统》，中国社会科学出版社 2001 年版，第220 页。
② 郑家栋：《断裂中的传统》，中国社会科学出版社 2001 年版，第218 页。
③ 牟宗三：《圆善论》，（台北）台湾学生书局 1985 年版，第340 页。

超越的古义有两个目的：一是表明中国古代有知识论，一是表明中国古代有宗教。实际上，郑家栋的意思是牟氏恢复了对康德以为不可认识的"超越"实体的认识①，而认为是可以认识的，并且是存有的形上体，是创生的形上体。牟氏是在中世纪的创生的存有论上恢复"超越"的古义，而中西在创生的存有论上相同的同时，在内涵上又有重大的区别。牟氏并非有所谓一石二鸟的企图，即他的超越只是道德存有论意义上的，而非知识论和宗教意义上的超越。

李明辉也持类似看法，他说："这（牟宗三喜用康德的字眼'超越性'与'内在性'一事——引者注）只能证明他是从康德哲学中借用'超越性'与'内在性'这两个概念，未必证明他是依康德的意义来使用这对概念。……最合理的解释或许是：他并未完全依据康德的意义使用这对概念。"②

综上所述，牟宗三是在道德的意义上使用超越这个词，而非是在康德的意义上运用这个词。即是说牟氏的超越没有宗教和知识的意义，只有道德上存有和创生的意义。而在存有与创生的意义上，牟氏的超越与中世纪的存有论相同，所以，中西文化在这一点上的类似性，是牟氏相对于西方的基督教的外在超越性提出儒家文化具有内在超越性的基础和根据。从中西文化这一点的类似性来看，内在超越性与外在超越性是可以进行比较的。既然用这对概念进行中西文化的比较有非常大的作用，所以这种用内在超越性来概括以儒家思想为主的中国文化就是有意义的。

既然牟先生不是在宗教和康德意义上使用这个词，因而将引起儒学学理上的一些问题的责任归咎于这个概念的使用就有误解或偏见之嫌。任文说："转而从基督教神学与儒学的比较视角审视内在超越性，则必须同时将儒学的德性神圣化和世俗化，并将儒学的德性修养论或道德实践工夫论，塑造为人心内部的厮杀过程。这样不单将儒学圆融的德性实践撕裂为需要超越的主题和实际追求超越的主体，将主体肢解，而且将一个圆融的道德实践过程（三纲八目）解读

---

① 任文对郑家栋所理解的康德的超验可能也没有做细致的分析。按照郑家栋的理解，康德的 transcendent 之所以最好翻译为"超验"，而不是"超越"，是因为他反对中世纪存有论的超越中的上帝是可以认识的，所以，在界限之外是不可知的，所以我们也不能说在界限以外有超越的实体，这个实体超出了人理性的认识范围，所以是超验的。郑家栋的这个看法是很有道理的。如此看来，郑家栋并没有认为牟氏超克康德之先验与经验打成二截一说，这里的问题核心是对超验与超越的区分，而先验与经验在这里并不是问题的关键所在。

② 李明辉：《当代儒学的自我转化》，中国社会科学出版社 2001 年版，第131—132 页。

为未超越与已超越的两个极端。"① 笔者以为任文以上所说到的导致儒学出现以上所列举的几对关系的对立，并非是受到从超越性的中西文化比较的影响所导致，而是由于我们在思辨过程中所必然导致的结果。如果作者注意到了程朱理学将心分作道心和人心，而将道心净化人心是做存天理、灭人欲的工夫以后②，我想他就不会轻易得出以上的结论，就不会认为导致他所列举的结果是由于从基督教神学来审视儒学的内在超越性所引发的。程朱理学所提出的性即理的思想必然也会引起类似的结果。而程朱理学是儒学发展历史上的一个重要阶段，并对儒学的发展产生了深远的影响，所以不能将这个特点排除在儒学固有的特点之外，而认为是我们今天在进行中西文化比较的时候惹的祸。

三、新儒家是在宗教性的基础之上进行中西文化的比较

正如前文所述，任文不仅反对在宗教意义上进行中西文化的比较，实际上也不看好在宗教性超越性的意义上进行中西文化的比较。所以，我们要看看，中西在超越性方面所具有的相同性是否只是形式化的相同。所谓形式化的相同是指没有实质内容，而只是表面上的相同。但是儒学在宗教性上与基督教有相同之处，而这一点是有实质内容的。牟宗三在论述儒学所具有的宗教性时说："若谓中国文化生命，儒家所承继而发展者，只是俗世（世间）之伦常道德，而并无其超越一面，并无一超越的道德精神实体之肯定，神性之实、价值之源之肯定，则即不成其为文化生命，中华民族即不成一有文化生命之民族。"③ 牟宗三这里所说的"道德精神实体""神性之实"即表明了儒学所具有的形上性、宗教性意义上的超越性一面。儒学虽然不是宗教，但它具有宗教性在学术界已经达成了共识，而这一点主要是从形上性来说的。而西方基督教的神所具有的形上性也是不言自明的，所以，从形上性来说，中西文化具有共同性，都有超越现实的一面，这也正是上文所论述的郑家栋认为牟氏的超越一词是回复到了中世纪存有论意义的根据所在。即肯定了二者都具有"精神实体"，当然康德认为它是不可认识的，所以就没有精神实体一说，只有这种理念。但是西方文化的主流还是认为有这样的精神实体，即上帝的存在。中国的精神实体就是道德精神。中国的道德精神实体当然也是由天帝这个观念演化而来，天帝在人格神

---

① 任剑涛：《内在超越与外在超越：宗教信仰、道德信念与秩序问题》，载《中国社会科学》，2012 年第 7 期。

② 杨国荣：《杨国荣讲王阳明》，北京大学出版社 2005 年版，第8—9 页。

③ 牟宗三：《牟宗三哲学与文化论集》，白欲晓编，南京大学出版社 2010 年版，第74 页。

意义上逐渐弱化，逐渐转化成为道德的化身，因而形成了以道德精神实体为主体的形上超越。就超越于经验之上的实体而言，儒家文化的宗教性、超越性与形上性是非常明显的，因而这个实体的存在不容否认。所以，中西文化的超越性就不是所谓泛泛的形式化的相同性，而是在精神实质上具有相同性。因而可以在这个相同性的基础之上进行中西文化的比较，以便看出它们各自的特点和差异性。

既然儒家的宗教性是通过道德精神实体表现出来，所以，当我们从宗教性的角度来比较中西文化的时候，不仅不会掩盖儒学的德性，反而更加凸显了这种特性。而任文强调了儒学是德性之学、经验之学，他说："儒家思想的着眼点并不在超越问题上面。与其说儒家关注的是内在超越问题，不如说儒家关注的是人性回归问题。唯有后者才鲜明地体现了儒家价值的特质。'学问之道无他，求其放心而已矣'，将人丧失的善性良心寻找回来，是学问的根本。"① 这种看法只是看到了德性的"道中庸"一面，而忽略了它的"极高明"一面。② 事实上，"求放心"与实现善性良心的显现与超越实质是一样的，只是后者更强调了它的形上超越性。从目标上说，超越是善性良心，是相对于现状而言的，这个善性良心是形上的，因此说它是超越的。

任文这种否定儒家的独立不依的超越性的观点可能是受到了郑家栋的影响。郑氏以为既然儒学的天道是流行于现实事物之中，则天道的独立不依的超越性也就值得质疑了。他说："如果绝对性（天或天道）只能够存在、表现和作用于宇宙万物的流变过程中，那么它又将如何确立自己独立不依的'超越性'。"③ 我们认为儒学的独立不依的一面仍然是有的，同时性与天道为一。超越性具有两面性，既内在又独立，在理论上也是圆融的。牟先生一生的哲学实践，一个主要的任务就是要将儒学独立不依的超越性挺立起来。这一点，摩尔（F. C. Moore）博士做了很好的评价，他说："牟教授由儒家心性之学作起点，建立一套形上学的思想，他名之曰'道德的形上学'；亦可以说，他为一个超越义（非内在义）的形上学系统，提供了道德的证明。这一勇敢而有原创性的思想线索，具有深远的成果。"④

---

① 任剑涛：《内在超越与外在超越：宗教信仰、道德信念与秩序问题》，载《中国社会科学》，2012 年第 7 期。

② 任剑涛：《内在超越与外在超越：宗教信仰、道德信念与秩序问题》，载《中国社会科学》，2012 年第 7 期。

③ 郑家栋：《从"内在超越"说起》，载《哲学动态》，1998 年第 2 期。

④ 牟宗三：《牟宗三哲学与文化论集》，白欲晓编，南京大学出版社 2010 年版，第 24 页。

四、牟氏思想中超越与内在的实质

我们以上重点阐述了内在超越性的说法不是基于儒学是宗教的基础之上所提出的看法，而是基于儒学与西方宗教都具有宗教性而言。因此，在它们共同所具有的超越性的基础之上，进行中西文化的比较是完全可以的。以下我们再通过牟宗三对这个理论的有关陈述检视这种提法在他的思想发展脉络中是否圆融。如果牟先生在阐述这个理论时本身的论证没有什么问题，再加上我们前面的论述表明它又很好地概括和揭示了儒学的本质特性，则我们可以说牟先生的这个概括从本身的论证到外部的概括都是有说服力的，因而这个学术名词在进行中西文化比较时就有很大的理论效力和意义。

从牟先生有关超越性思想的发展来看，他对儒家思想超越性特性的认识有一个从外在超越到内在超越的演变。随着超越性从"人不即是天"到"即人即天"的转化，牟宗三所认为的超越性已经发生了微妙的变化。① 从这个天道下降而为人性来看，性与天道为一（详下），天人之间的距离感顿然消失。但是，即便这样，我们仍然不能否认牟宗三先生的天道没有超越性。因为，虽然即人即天，但是，就从当下我们无法完全达到性与天道的要求来看，这种性与天道相对于当下我们道德境界的现状而言，都具有超越性和崇高性。②

天道与性的相近不能否认超越，只能证明是内在。新儒家所发表的《宣言》从原始儒家那里去论证超越，是儒学超越性一个很好的例证。③ 这种超越后来虽然为宋儒所淡化，但是也不排斥，从宋儒相信天人感应的态度即可见一斑。④ 所以，在中国人的思想里，天道的独立不依性与超越性也非常突出，而就这个天道与性为一来看，它又是内在的。

因此，我们讲它具有超越性，给我们一个奋进的目标。虽然我们可能永远

---

① 郑家栋：《断裂中的传统》，中国社会科学出版社 2001 年版，第 273—279 页。

② 我们不能因为以儒家为主的中国古代思想中的人格神意义的超越向着道德实体意义上的天道的超越的转变而认为儒学的超越性消失，但是任文仍然以孔子不语怪力乱神而否定儒学的超越性。他说："儒家解决这种冲突的基本方式是当下的、现世的、直接的、内在的，但并不寻求哲学的或宗教的'超越的'目标。尤其是将超越界定在严格的宗教意义上的时候，儒家创始人孔子就更是以'不语怪力乱神'为整个古典儒家立规了。"（转引自：任剑涛：《内在超越与外在超越：宗教信仰、道德信念与秩序问题》，载《中国社会科学》，2012 年第 7 期。）这种看法似有武断之嫌。

③ 唐君毅：《中华人文与当今世界》，（台北）台湾学生书局 1975 年版，第 879—884 页。

④ 李俊祥：《道通于一——北宋哲学思潮研究》，北京师范大学出版社 2006 年版，第 383—387 页

都无法实现它，但是它为我们指明了方向和确立了生活的法则，这对于我们来说意义就非同寻常。就此点而言，就有了一种宗教的作用。因此，我们从这个角度讲，儒学具有超越性和宗教性应是完全可以讲的。我们不能说牟宗三先生所讲的超越性从外在性下降为内在性其超越性就不存在了，就否定他的这种超越性的说法。

以上我们讨论了在学者们看来牟宗三超越观念在其思想发展脉络中的演进及其所存在的一些问题，我们再来看看在学者们看来牟宗三对内在一词的使用是否有类似的情况。牟宗三是在康德的意义上来理解内在这个词，即"真正的'内在'不能够只是'被意识到'，而应当是'被知'"①。但牟宗三与康德以为超越实体是不可以"知"，而只能"思"不同，他以为形上实体可以通过智知而认识。正是在这个意义上，我们才说超越实体下降而为我们的人性，性与天道为一②，是因为我们的智知可以直觉德性实体的存在。智知是性与天道为一的根源。概言之，牟氏认为人有智知的能力，所以，性与天道为一，我们才说我们的超越性是内在的超越性。而康德否认智知，也就否认了性与天道为一，所以，康德所认为的超越不是内在的。如果顺着牟先生的这个思路进行分析，则中世纪存有论意义上的上帝由于我们可以认识到它，那么这种意义上的上帝既是超越的，又是内在的。那不就与西方文化是外在超越的论说有冲突吗？这个原因只能是，西方的宗教以为宗教精神虽然可以内化为我们的信仰，但是我们又永远无法等同于上帝，只能部分了解上帝，人神之间有一道不可逾越的鸿沟。即是说，上帝有我们人所不能知的地方，从这个意义上，我们才说西方文化富有外在超越的精神。我们不能从牟氏的内在是在康德意义上来言说的，就意味着中世纪的存有论也是内在的，从而就说用这对范畴来比较中西文化的差别就有问题。所以，牟先生在中国哲学中天道与性为一的基础之上说儒学的特点是内在的，而西方宗教是外在的，还是能十分有效地揭示问题的实质，因而在理论上就具有较强的概括性和认识问题实质的效用。综合以上牟先生有关内在与超越的阐述，其内在超越的观念在他的思想发展脉络中是圆融的，在中西文化比较中也能显示出较强的理论效力。而任文却说："前者（内在——引者注）是动机论的指向，后者（超越——引者注）是效果论的主张。这不是在同

① 郑家栋：《断裂中的传统》，中国社会科学出版社 2001 年版，第222 页。
② 郑家栋：《断裂中的传统》，中国社会科学出版社 2001 年版，第276—279 页。

一个逻辑上展开的运思。"① 任先生这种看法是将超越的目的论误解为效果论，而用超越的动机来要求自己就能达到超越的目的。所以，从根本上讲内在与超越是一致的，即有什么样的动机就能实现什么样的目的。正是孔子所谓的"我欲仁，斯仁至矣"。

总之，内在超越观念并非像任文所认为的那样流弊丛生，而是有很强的理论解释和应用的功能；正因为如此，它才产生了广泛的影响。这一点，正如郑家栋所言："'内在超越'一语已在国际学坛获得较为普遍的接受，不仅杜维明、刘述先等新儒家学者持之甚坚，且新儒家圈子外一些从事于中国思想文化研究的学者（如张灏等），事实上也认为这一用语能够标示出中国思想文化的某些基本特征……"他接着说道："或许真正重要的不是这一提法本身，而是它所彰显出来的问题。基本价值上的真空和批判意识的丧失，是中国文化现代发展中一个突出的问题。"② 此言不虚，可见我们对超越的独立不依一面的坚守在当今时代更必不可缺少，同时内在的也必须是超越的，这两个方面的超越不可偏废，它们与内在形成了一个有机的整体。

---

① 任剑涛：《内在超越与外在超越：宗教信仰、道德信念与秩序问题》，载《中国社会科学》，2012 年第 7 期。

② 郑家栋：《从"内在超越"说起》，载《哲学动态》，1998 年第 2 期。

参考文献

一、著作部分

1. 〔汉〕孔安国传、孔颖达正义：《尚书正义》，上海古籍出版社 2007 年版。

2. 〔汉〕董仲舒：《春秋繁露》，山东友谊出版社 2001 年版。

3. 〔晋〕陈寿：《三国志·诸葛亮传》，裴松之注。

4. 〔唐〕韩愈：《韩昌黎全集》，中国书店 1991 年版。

5. 〔宋〕李觏：《李觏集》，中华书局 1981 年版。

6. 〔宋〕石介：《尊韩》，上海辞书出版社/安徽教育出版社 2006 年版，《全宋文》本。

7. 〔宋〕富弼：《论灾异而非时数奏》，上海辞书出版社/安徽教育出版社 2006 年版，《全宋文》本。

8. 〔宋〕王安石：《王文公文集》（上），唐武标校，上海人民出版社 1974 年版。

9. 〔宋〕王安石：《临川集》，四部丛刊本。

10. 〔宋〕王安石：《王安石老子注辑本》，容肇祖辑，中华书局 1979 年版。

11. 〔宋〕张载：《张载集》，中华书局 1978 年版。

12. 〔宋〕程颢、程颐：《二程集》，中华书局 1981 年版。

13. 〔宋〕苏轼：《东坡书传》，中华书局 1991 年版，丛书集成初编本。

14. 〔宋〕黄庭坚：《黄庭坚全集》，四川大学出版社 2001 年版。

15. 〔宋〕吕本中：《吕氏童蒙训》，海南出版社 2002 年版。

16. 〔宋〕晁公武：《郡斋读书后志》，上海古籍出版社 2003 年版，四库本。

17. 〔宋〕晁公武撰：《郡斋读书志校证》，孙猛校证，上海古籍出版社1990年版。

18. 〔宋〕晁说之：《嵩山集》，四部丛刊本。

19. 〔宋〕韩琦：《文正范公奏议集序》，上海辞书出版社/安徽教育出版社，《全宋文》本。

20. 〔宋〕朱熹：《四书章句集注》，中华书局1983年版。

21. 〔宋〕朱熹：《朱子全书》，上海古籍出版社/安徽教育出版社2002年版。

22. 〔宋〕朱熹：《朱熹集》，四川教育出版社1996年版。

23. 〔宋〕朱熹：《朱子语类》，黎靖德编，中华书局1986年版。

24. 〔宋〕黄震：《黄氏日抄》，上海古籍出版社2003年版，四库本。

25. 〔宋〕林之奇：《尚书全解》，上海古籍出版社2003年版，四库本。

26. 〔宋〕林之奇：《拙斋文集》，上海古籍出版社2003年版，四库本。

27. 〔宋〕陆游：《老学庵笔记》，中华书局1979年版。

28. 〔宋〕李焘：《续〈资治通鉴〉长编》，中华书局1979年版。

29. 〔宋〕李樗、黄櫄：《毛诗李黄集解》，上海古籍出版社2003年版，四库本。

30. 〔宋〕吕陶：《净德集》，上海古籍出版社2003年版，四库本。

31. 〔宋〕李衡：《周易义海撮要》，上海古籍出版社2003年版，四库本。

32. 〔宋〕邵博：《邵氏闻见后录》，中华书局1983年版。

33. 〔宋〕史浩：《尚书义讲》，上海古籍出版社2003年版，四库本。

34. 〔宋〕魏了翁：《鹤山大全集》，四部丛刊本。

35. 〔宋〕王应麟：《困学纪闻》，上海古籍出版社2003年版，四库本。

36. 〔宋〕佚名：《靖康要录》，上海古籍出版社2003年版，四库本。

37. 〔宋〕陈亮：《人法》，上海辞书出版社/安徽教育出版社2006年版，《全宋文》本。

38. 〔宋〕叶大庆：《考古质疑》，上海古籍出版社2003年版，四库本。

39. 〔宋〕杨时：《龟山集》，上海古籍出版社2003年版，四库本。

40. 〔宋〕杨仲良：《长编纪事本末》，北京图书馆出版社2003年版。

41. 〔宋〕马永卿：《元城语录》，中华书局1991年版，丛书集成初编本。

42. 〔宋〕朱弁：《曲洧旧闻》，上海古籍出版社2003年版，四库本。

43. 〔元〕脱脱等：《宋史》，中华书局1985年版。

44. 〔宋〕彭耜：《道德真经集注》。

45. 〔宋〕僧惠洪：《冷斋夜话》卷六，四库全书本。

46. 〔明〕马明衡：《尚书疑义》，上海古籍出版社2003年版，四库本。

47. 〔清〕黄以周：《续〈资治通鉴〉长编补遗》，上海古籍出版社1986年版。

48. 〔清〕皮锡瑞：《经学通论》，中华书局1954年版。

49. 〔清〕孙诒让：《周礼正义》，中华书局1987年版。

50. 〔清〕黄宗羲、全祖望：《宋元学案》，中华书局1986年版。

51. 〔清〕王夫之：《读四书大全说》，中华书局1989年版。

52. 〔清〕永瑢、纪昀等：《四库全书总目·经部》，上海古籍出版社2003年版，四库本。

53. 〔清〕全祖望：《鲒埼亭集外编》卷二三《荆公周礼新义题词》，四部丛刊本。

54. 〔清〕方玉润：《诗经原始》，中华书局1986年版。

55. 梁启超：《饮冰室合集》第七册《王荆公》，中华书局1989年版。

56. 胡适：《记李觏的学说》，见《胡适文存》二集卷一，黄山书社1996年版。

57. 冯友兰：《新世训》，生活·读书·新知三联书店2007年版。

58. 冯友兰：《中国哲学史》（上），华东师范大学出版社2000年版。

59. 柯昌颐：《王安石评传》，商务印书馆1948年版。

60. 贺麟：《文化与人生》，商务印书馆2005年版。

61. 唐君毅：《中国哲学原论——原性篇》，中国社会科学出版社2005年版。

62. 侯外庐主编：《中国思想史》（第四卷上），人民出版社1959年版。

63. 侯外庐主编：《宋明理学史》（上卷），人民出版社1984年版。

64. 钱穆：《初期宋学》，见《中国学术思想史论丛》（五），安徽教育出版社2004年版。

65. 邱汉生：《诗义钩沉》，中华书局1982年版。

66. 杨伯峻：《论语译注》，中华书局2006年版。

67. 周予同：《周予同经学史论著选集》，上海人民出版社1983年版。

68. 邓广铭：《邓广铭自选集》，首都师范大学出版社2008年版。

69. 邓广铭：《邓广铭治史丛稿》，北京大学出版社1997年版。

70. 邓广铭主编：《中国大百科全书·中国历史·辽西夏金史》，中国大百科全出版社1988年版。

71. 余英时：《宋明理学与政治文化》，吉林出版集团有限公司 2008 年版。

72. 马振铎：《政治改革家王安石的哲学思想》，湖北人民出版社 1984 年版。

73. 漆侠：《宋学的发展与演变》，河北人民出版社 2002 年版。

74. 漆侠：《王安石变法》，上海人民出版社 1959 年版。

75. 程元敏辑：《三经新义辑考汇评（二）——尚书》，（台北）"编译馆" 1986 年版

76. 程元敏辑：《三经新义辑考汇评（一）——尚书》，（台北）"编译馆" 1986 年版。

77. 程元敏辑：《三经新义辑考汇评（三）——周礼》，（台北）"编译馆" 1987 年版。

78. 陈植锷：《北宋文化史述论》，中国社会科学出版社 1992 年版。

79. 张宗祥：《王安石〈字说〉辑》，福建人民出版社 2005 年版。

80. 唐莫尧：《诗经新注今译》，巴蜀书社 2004 年版。

81. 陈来：《宋明理学》，辽宁教育出版社 1991 年版。

82. 杨国荣：《宋明思想和中华文明》，学林出版社 1995 年版。

83. 蒙培元：《理学范畴系统》，人民出版社 1989 年版。

84. 张祥浩、魏明福：《王安石评传》，南京大学出版社 2006 年版。

85. 方健：《范仲淹评传》，南京大学出版社 2001 年版。

86. 蒋义斌：《宋代儒释调和论及排佛论之演进：王安石之融通儒释及其程朱学派的排佛反王》，（台北）商务印书馆 1988 年版。

87. 罗竹风主编：《汉语大词典》，上海辞书出版社 1986 年版。

88. 刘象彬：《二程理学基本范畴研究》，河南大学出版社 1987 年版。

89. 李之鉴：《王安石哲学思想初探》，中国文联出版社 1999 年版。

90. 刘泽华、张分田主编：《中国政治思想史·隋唐宋元明清卷》，浙江人民出版社 1996 年版。

91. 李华瑞：《王安石变法研究史》，人民出版社 2004 年版。

92. 李祥俊：《王安石学术思想研究》，北京师范大学出版社 2000 年版。

93. 方笑一：《北宋新学与文学——以王安石为中心》，上海古籍出版社 2008 年版。

94. 郭建：《五行六典——刑罚与法制》，长春出版社 2008 年版。

95. 杨倩描：《王安石〈易〉学研究》，河北大学出版社 2006 年版。

96. 刘成国：《荆公新学研究》，上海古籍出版社 2006 年版。

97. 梁涛：《郭店竹简与思孟学派》，中国人民大学出版社 2008 年版。

98. 李金水：《王安石经济变法研究》，福建人民出版社 2007 年版。

二、论文部分

99. 唐庆增：《王安石之经济思想》，载《光华大学半月刊》第二卷第 4 期，1933 年 11 月。

100. 漆侠：《宋学的发展与演变》，载《文史哲》，1995 年第 1 期。

101. 吕锡琛：《经典诠释的向度与中国哲学的理论重建》，载《哲学动态》，2006 年第 5 期。

102. 张广保：《经世致用：荆公新学对经学原典精神的复归》，见《经学今诠续编》（《中国哲学》第二十三辑），姜广辉主编，辽宁教育出版社 2001 年版。

103. 金春峰：《概论理学的思潮、人物、学派及其演变和终结》，载《求索》，1983 年第 3 期。

104. 葛金芳：《近二十年来王安石变法研究述评》，载《中国史研究评述》，2000 年第 10 期。

105. 李之鉴：《王安石"道有体有用"思想评论》，载《平原大学学报》，1989 年第 3 期。

106. 杨柱才：《王安石的性命学说》，载《抚州师专学报》，2001 年第 2 期。

107. 李俊祥：《王安石的儒学人物评价及其道德观》，载《江西社会科学》，2002 年第 7 期。

108. 李祥俊：《王安石的儒学人物评价及其道统观》，载《江西社会科学》，2002 年第 7 期。

109. 肖永明：《荆公新学的两个发展阶段及其理论特点》，载《湖南大学学报》（社会科学版），2000 年第 1 期，

110. 肖永明：《王安石的本体论建构及其特点》，载《湖南大学学报》（社会科学版），2000 年第 2 期。

111. 李晓：《论均输法》，载《山东大学学报》（哲社版），2001 年第 1 期。

112. 程念祺：《王安石变法的几个经济问题》，载《上海师范大学学报》，1986 年第 3 期。

113. 范立舟、徐志刚：《论荆公新学的思想特质、历史地位及其与理学之关系》，载《西北师大学报》（社会科学版），2003 年第 3 期。

114. 刘固盛：《王安石学派的老学思想》，载《海南师范学院学报》（人文社会科学版），2002 年第 1 期。

115. 尹志华：《王安石的〈老子注〉探微》，载《江西社会科学》，2002 年 11 期。

116. 魏明福：《论王安石兼收并蓄的思想特征》，载《江苏行政学院学报》，2008 年 4 期。

117. 魏明福：《王安石与老子哲学》，载《江苏社会科学》，2004 年 3 期。

118. 王书华：《二程对荆公哲学的批判》，载《孔子研究》，2004 年第 5 期。

119. 金生杨：《论王安石〈淮南杂说〉中的异志思想》，载《四川大学学报》，2002 年第 6 期。

120. 熊凯：《近十年来的荆公新学研究》，载《东华理工学院学报》（社会科学版），2006 年第 1 期。

后 记

　　本书是在博士毕业论文基础上修订而成的，论文的写作主要是在我的导师陈卫平教授的悉心指导下完成的。从论文的选题到最终的确定，从选题报告到论文初稿的完成都与陈老师认真的分析、反复的辩明和不厌其烦地听我陈述的认真、谦和的态度分不开，对于恩师在我论文撰写上所付出的辛劳和汗水，除了猛力学习和写作更好地完成论文以外，没有其他更好的报答方式，因为，他对我们最大的期望就是我们能够尽更大力量写出尽可能更高质量的论文。事实上，我也是以这种沐浴着各方的关心所油然而生的感动而努力地工作着，每天起早摸黑地奋力搏击，不断地将论文的写作一步步地推向深入。付出总会有收获，我也感觉在写作上有了一些自己的体会，也发现了一些新问题，提出了一些新观点。这些成绩给了我无限的满足感和成就感，我愉快地感觉到将这种奋力拼搏的精神保持下去对自己是大有益处的。

　　论文的写作还得到了其他老师和同学的指导与帮助。首先要感谢的是在选题报告的时候，各位专家和学者提出了十分宝贵的意见，对我论文的写作直接起到了非常有力的帮助。上海社会科学院哲学研究所的周山老师对于我的论文所给予的期望和指导至今历历在目，他所提出的一些意见我在论文的写作中也作为一种潜在的思想贯穿在其中；复旦大学的林宏星老师对我的论文写作的难度进行了仔细地分析，使我能有充分的时间提早做好这些方面材料的收集工作，为论文的顺利写作奠定了基础。我校哲学学院的几位老师也提出了宝贵的意见。李申老师用他的博学告诫我哪些书籍需要参考，他提的这些书籍我也进行了充分的研读；方旭东老师提出的批评意见使我认识到了自己知识储备的不足和开题报告的写作的不够细心，使我对论文写作需要投入的精力与时间有了充分的认识，张丽华老师也为我提供了一些可用的参考书目。另外，论文的写作也得到了兰州大学的李晓春老师的帮助。我校的众师兄师弟在论文的写作中更是鼎力相助，其中金新林、伍小杰和张波的帮助尤其不能忘记，复旦大学西哲博士生王荣祥、华东师大西哲博士生何江新和中国社会科学院研究生院的李世凯和余强军两位中哲博士生也给予了各方面的帮助，在此一并深致谢忱。

另外，三年博士生的学习，对于我这个成家但未立业的人来说实属不易，幸得我的爱人陈映凤的容忍与谦让，在此，向她表示诚挚的感谢。……

论文的完稿并非标志着我在对王安石哲学思想的研究上可以到此为止了，相反，还有许多问题有待深入。惜乎论文的写作限于自己的学术素养和时间等因素，这篇论文虽有待完善却也只能告一段落了。对于我的研究来说，它却意味着一个全新的开始，下一个起点。这真是应了那句从远古时代一个诗人传过来的老话"路漫漫其修远兮，吾将上下而求索"。

2010 年春于上海师范大学西部图书馆特藏室
2014 年春改于宜宾学院
2019 年修订